U0803997

绿电与冬奥

—— 技术创新 ——

中国电机工程学会　国家电网有限公司　组编

中国电力出版社
CHINA ELECTRIC POWER PRESS

图书在版编目（CIP）数据

绿电与冬奥 . 技术创新 / 中国电机工程学会，国家电网有限公司组编 . —北京：中国电力出版社，2022.1

ISBN 978-7-5198-6332-6

Ⅰ . ①绿… Ⅱ . ①中… ②国… Ⅲ . ①冬季奥运会—用电管理—北京— 2022 Ⅳ . ① G811.212 ② TM92

中国版本图书馆 CIP 数据核字 (2021) 第 267647 号

出版发行：中国电力出版社
地　　址：北京市东城区北京站西街 19 号（邮政编码 100005）
网　　址：http://www.cepp.sgcc.com.cn
责任编辑：钟　瑾　（010-63412867）
责任校对：黄　蓓　于　维
装帧设计：北京大良造品牌顾问有限责任公司
责任印制：钱兴根

印　　刷：北京博海升彩色印刷有限公司
版　　次：2022 年 1 月第一版
印　　次：2022 年 1 月第一次印刷
开　　本：787 毫米 ×1092 毫米　16 开本
印　　张：3.75
字　　数：60 千字
定　　价：30.00 元

版 权 专 有　侵 权 必 究

本书如有印装质量问题，我社营销中心负责退换

《绿电与冬奥》丛书编委会

主　　编　舒印彪

科普顾问　黄其励

主　　任　李同智　林铭山

编委会成员（按姓氏笔画排序）

丁　莉　于德明　马家斌　王西胜　王　刚　王伟胜　王继业

石庆周　刘明志　刘前卫　刘继东　汤　涌　李　政　肖立业

张丽英　陈　梅　单葆国　高昆仑　常　青　路书军

科普策划　肖　兰　周　缨　曹　荣　伍晶晶

《技术创新》编写组

主　　编　刘前卫　王西胜

副 主 编　王宣元　邓　春

编写人员　白　恺　张家琪　盛　兴　王沛然　巩　宇　王冠楠　梁伟宸

刘　亮　赵　婷　刘林林　胡应宏　李　烜　赵玉冰

审　　稿　卢　林　罗　湘

前言

2020 年 9 月 22 日，习近平主席在联合国大会发言中提出“中国将提高国家自主贡献力度，采取更加有力的政策和措施，二氧化碳排放力争于 2030 年前达到峰值，努力争取 2060 年前实现碳中和”，彰显了中国积极应对气候变化、走绿色低碳发展道路、推动全人类共同发展的坚定决心。2022 年 2 月 4 日，第 24 届北京冬奥会、冬残奥会将拉开大幕，奋进的中国与奥林匹克再度牵手，北京将成为世界上首座“双奥之城”。北京 2022 年冬奥会秉持绿色、共享、开放、廉洁的办奥理念，从能源、建筑、交通、碳汇等方面，通过前沿技术应用，推进碳减排措施，开展完整的碳中和实践，让绿色办奥成为北京冬奥会最亮底色，为实现碳达峰碳中和目标创造新典范。

习近平总书记强调，我们将竭诚为世界奉献一届奥运盛会。办好北京冬奥会、冬残奥会是党和国家的一件大事，是对国际社会的庄严承诺。能源电力行业完整准确全面贯彻新发展理念，强化绿色低碳技术攻关和示范应用。国家电网有限公司以科技创新服务绿色冬奥，建设张北柔性直流电网示范工程，建立跨区域绿电交易机制，推进能源清洁高效利用，为重大赛事场馆实现绿电安全可靠供应提供可推广的中国智慧、国网方案。

中国电机工程学会和国家电网有限公司组织策划了《绿电与冬奥》科普丛书，将电力科普和冬奥人文知识有机融合，面向公众倡导绿色低碳理念，普及电力科学知识和冰雪运动常识，展示科技冬奥能源电力创新成果。国家电网有限公司冬奥合作工作领导小组办公室相关成员部门、机构，国网北京电力、国网冀北电力、中国电科院、英大传媒集团等单位参与了丛书各分册的编撰和审稿。《绿电与冬奥》丛书共 5 个分册：《低碳冬奥》展现绿色电能如何用低碳、可靠、高效的方式点亮冬奥之光；《绿色电能》介绍奥运史上实现场馆“绿电”供应的全过程；《技术创新》展示为冬奥提供安全、可靠、清洁电力保障的多项创新技术；《智慧用电》介绍冬奥会中无处不在的用电及电力赋能5G、云转播等各种应用；《可靠供电》介绍了冬奥供电保障体系等内容。

世界期待中国，中国做好了准备。《绿电与冬奥》科普丛书就像奥运五环，环环相扣，分册展示了能源电力行业全面落实国家重大战略，深入推动能源革命，保障安全可靠清洁供电，服务绿色冬奥，服务碳达峰碳中和的生动实践和创新形象。绿色电能服务低碳奥运，科技之光点亮精彩五环！让我们共同期待一届精彩的奥运盛会，向世界展示真实、立体、全面的中国！更快、更高、更强——更团结！一起向未来！

目录
CONTENTS

绿电技术在赛区

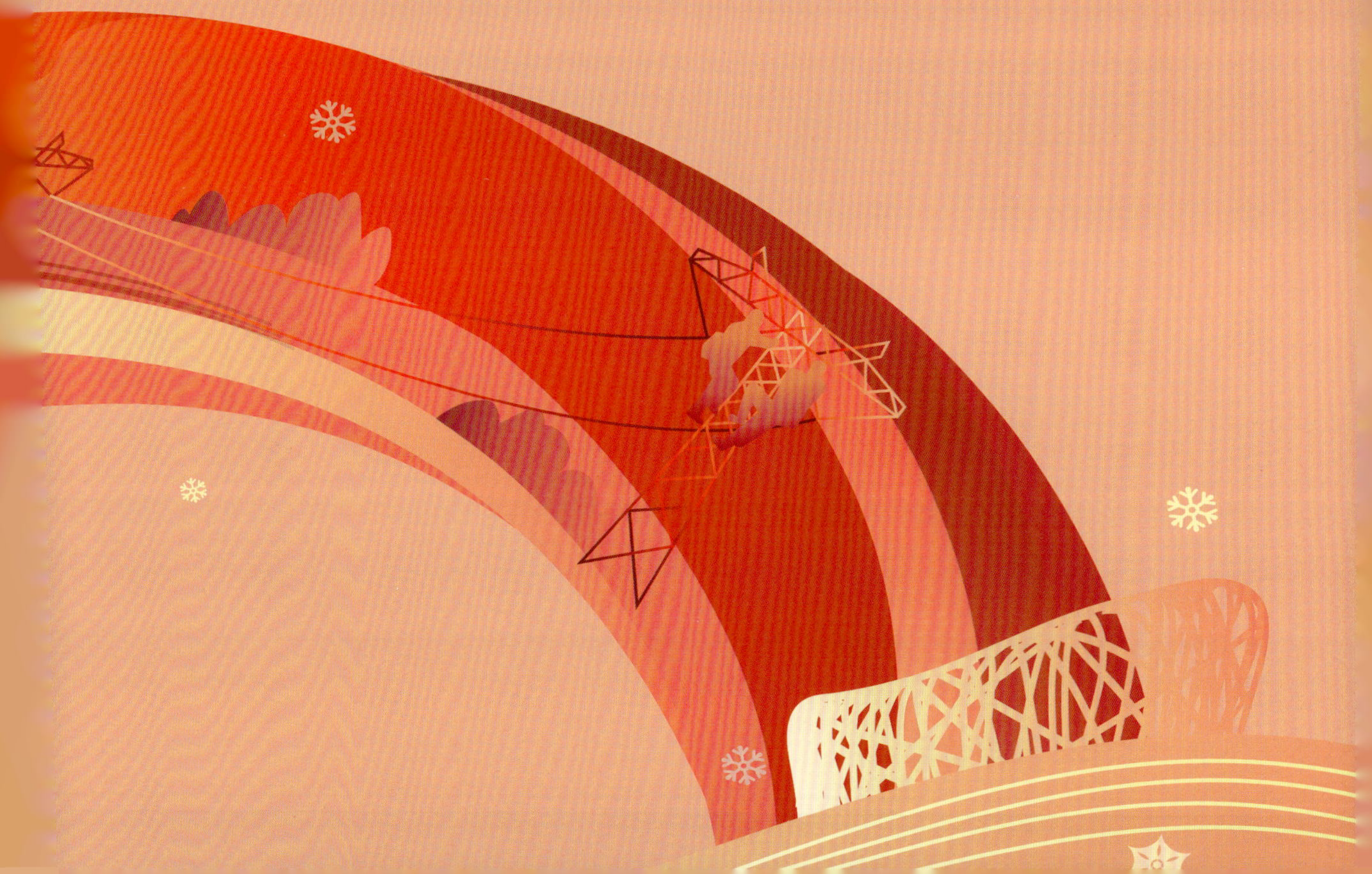

绿色发电新技术

???

你知道吗

- 来自张家口地区的风能、太阳能如何高效转化成绿色电能？

- 世界上最大的“充电宝”如何为北京冬奥会场馆提供电力保障？

绿色巨人高科技——风力发电新技术

“一年两场风，一场刮半年”这是过去人们对河北张家口地区为风所困的写照。而今，这躲不掉的大风已成为张家口地区的“宝贝”，风力发电已成为这里最具潜力的新型绿色产业。张家口地区已成为北京 2022 年冬奥会和冬残奥会（简称北京冬奥会）供电的大型新能源基地。

2007 年张家口坝上地区作为国家首个百万千瓦级风电示范基地获批建设之际，张家口风电装机总容量仅有 22 万千瓦。到 2021 年，张家口已经并网大型风电场 84 座，总装机容量已达到 1354 万千瓦。风电机组主流机型的单机容量已经从世纪初的 600 千瓦发展至如今的 3000 ~ 5000 千瓦，发电效率大幅提升，每千瓦·时风电的成本已经从当初需要补贴大幅下降到与常规的火力发电相当，甚至更低。从设计到制造，从选址到选型，从安装到运行，从维护到检修，从传统的材料学、空气动力学、电工学，到最新的人工智能、机器人、预测控制等各类新技术，让我们能用上越来越便宜、优质的风电！

风电机组大叶片

叶片是将风能转化为机械能的重要部件，是获取高经济收益的基础。当前最受关注的叶片技术主要有翼型设计、结构设计、材料和工艺，在获得高风能利用系数的同时，配合独立变桨等控制技术，可降低在各种运行工况下的载荷，避免叶片在寿命期内损坏带来成本极高的更换费用。

为什么风电机组越来越高、叶片越来越长？

由于风速通常会随着高度增加而增大，所以当今陆上新建风电机组塔筒高度大都接近，甚至超过 100 米，同时叶片也越来越长，这样叶轮就可以捕捉更多风能，容量就越来越大。单机容量越大，制造、安装、维护的相对成本越低。

2014 年在国家风光储输示范电站启动吊装的国内首台 5 兆瓦风电机组，是当时国内单机容量最大的陆上风电机组

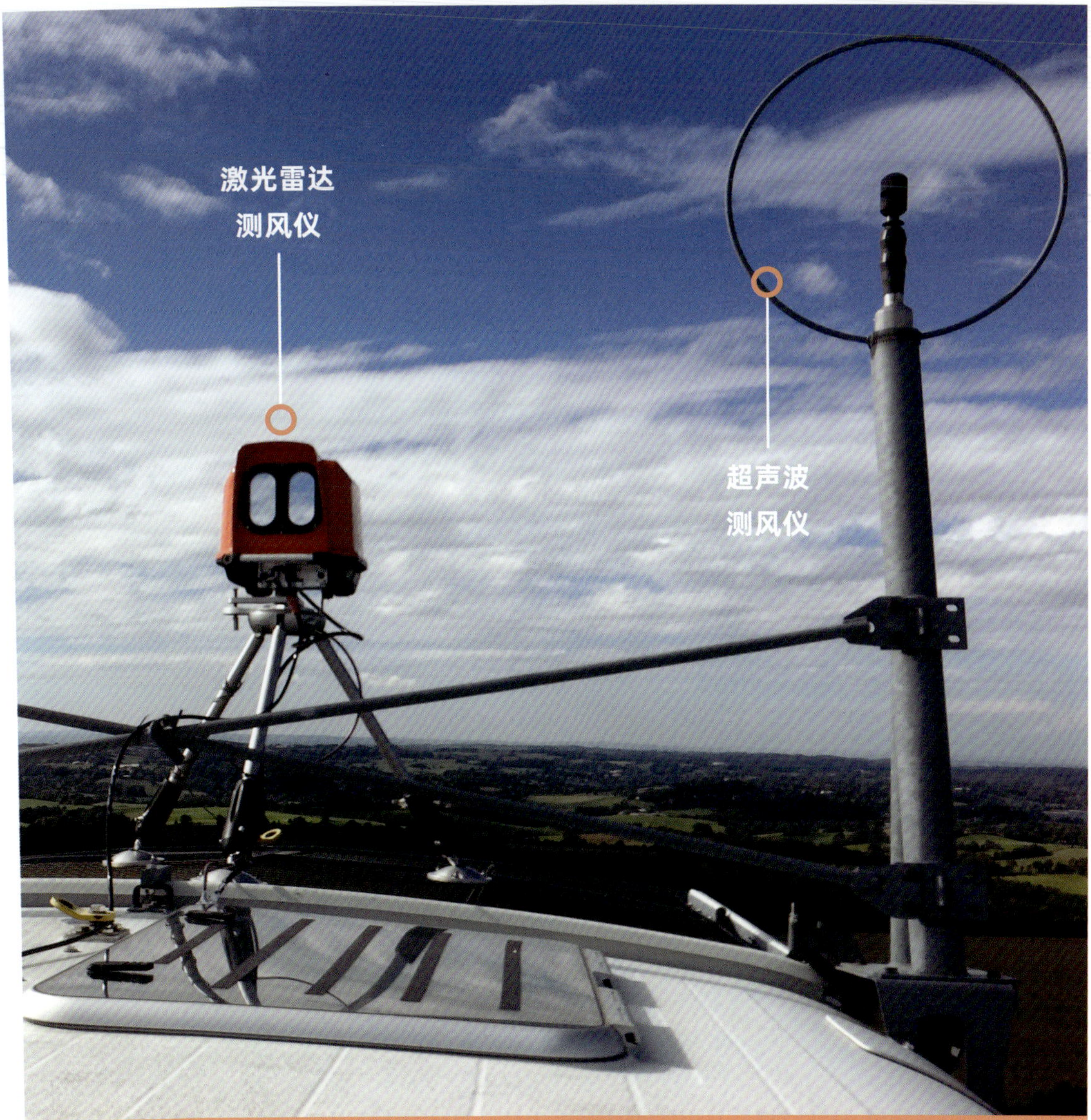

绿色巨人的“眼睛”——风速测量新技术

实时、准确的风速测量是保证风电机组在最佳发电状态运行的基础。传统的机械式风向标和风杯风速计安装在机舱尾部，受叶轮遮挡和尾流干扰，测量误差大，还常受冰冻、风沙等恶劣天气影响而失效。如今，张家口地区新装风电机组大多都用上了更先进的超声波测风仪或激光雷达测风仪，通过发射和接收脉冲波的方式可以准确、稳定、实时、可靠地测量风轮前数百米的来风情况，包括来风风速、风向、湍流等数据，而且耐腐蚀、防风沙、防灰尘、 防结冰、防太阳辐射和防鸟类攻击。通过叶轮“精确对风”可以避免因瞬时阵风等引起故障或停机，这双“眼睛”可以让机组发电量提升 2% ~ 4%。

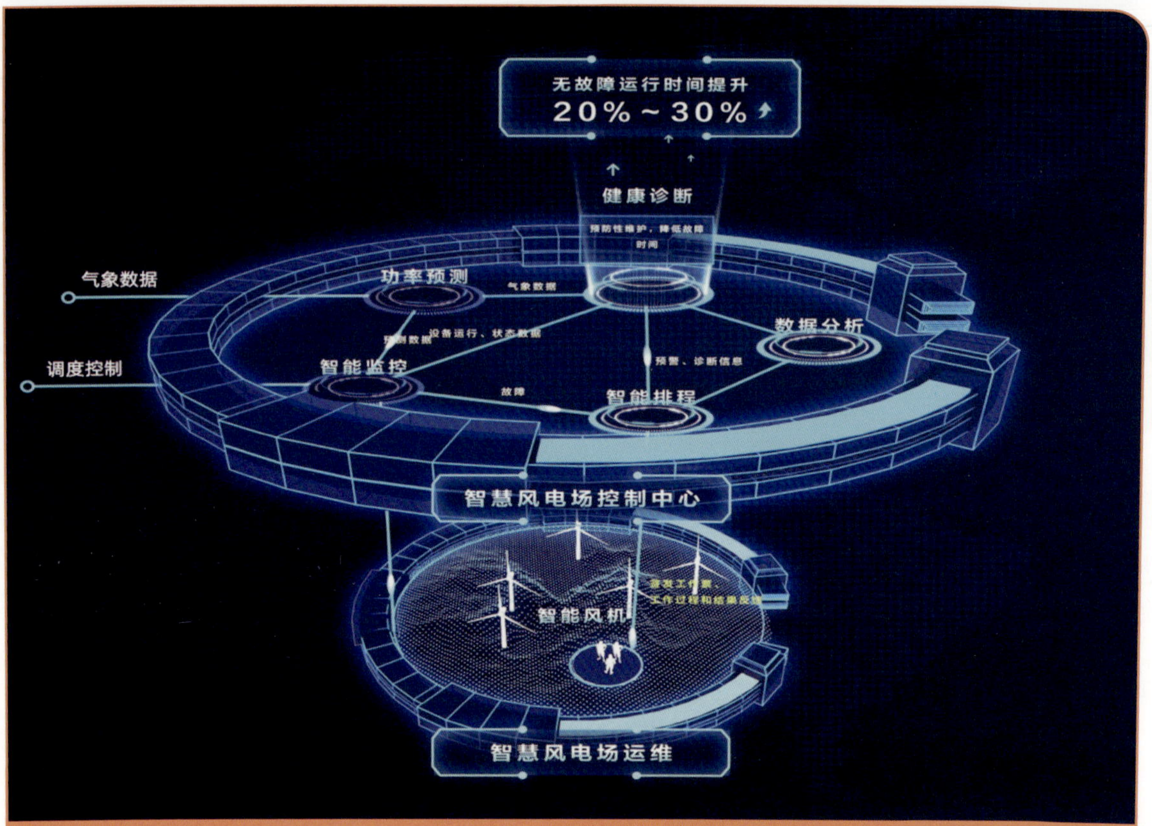

数字技术赋能高效运维

国家风光储输示范电站的风电数字孪生技术是基于发电设备大部件运行的秒级全量数据，构建风电机组的数字孪生模型，从设备可视化、缺陷可识别、性能可优化三个层面，充分利用数字孪生作为物理空间的虚拟化镜像优势，实现对新能源发电设备可靠性评价、故障诊断、缺陷智能识别和发电性能的优化提升，从而提升新能源发电设备的发电量和可靠性。

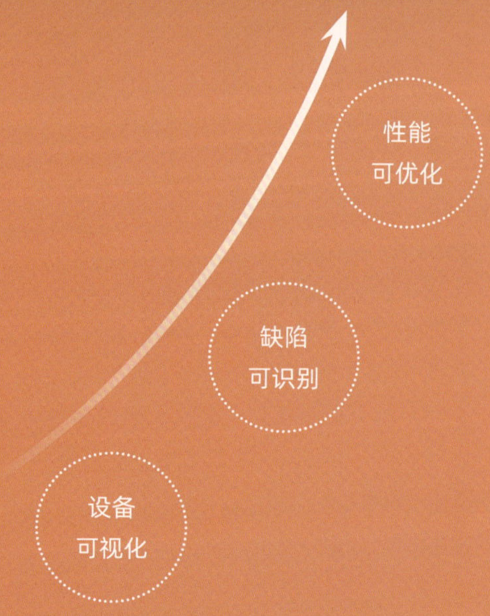

数字孪生

数字孪生是以数字化方式创建物理实体的虚拟模型，借助数据模拟物理实体在现实环境中的行为，通过虚实交互反馈、数据融合分析、决策迭代优化等手段，为物理实体增加或扩展新的能力。作为一种充分利用模型、数据、智能并集成多学科的技术，数字孪生面向产品全生命周期过程，发挥连接物理世界和信息世界的桥梁和纽带作用，提供更加实时、高效、智能的服务。

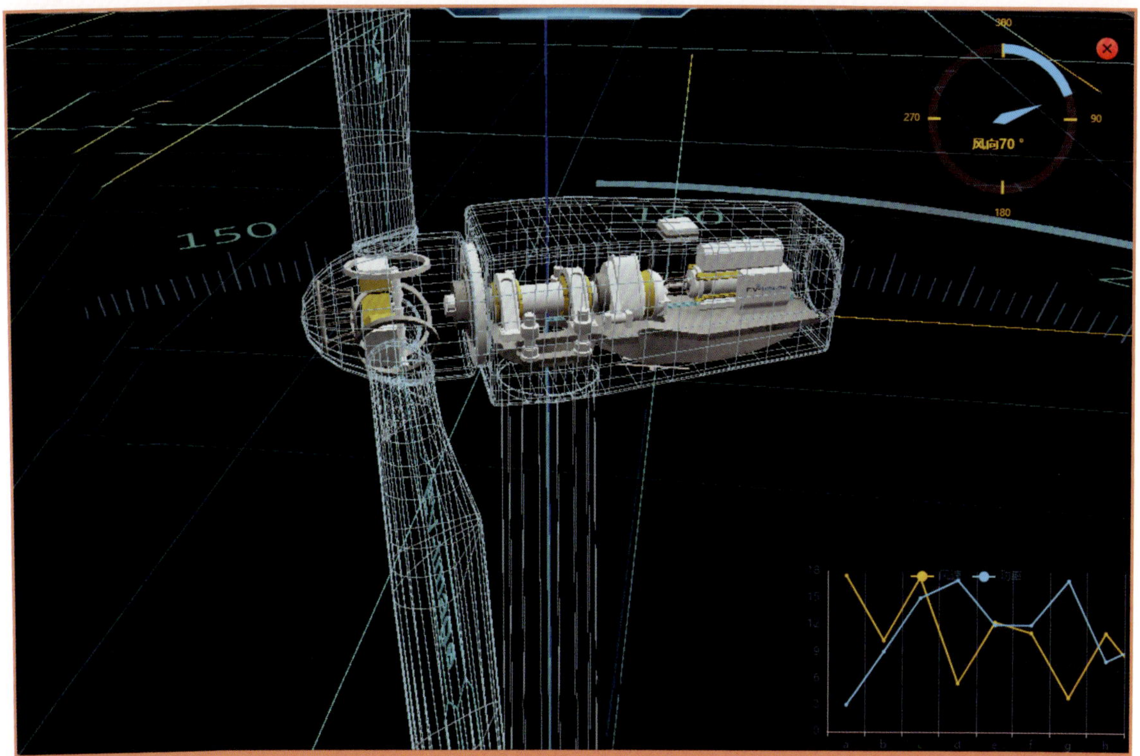

应用数字孪生技术模拟风电机组单机

阳光馈赠的绿色电能——光伏发电新技术

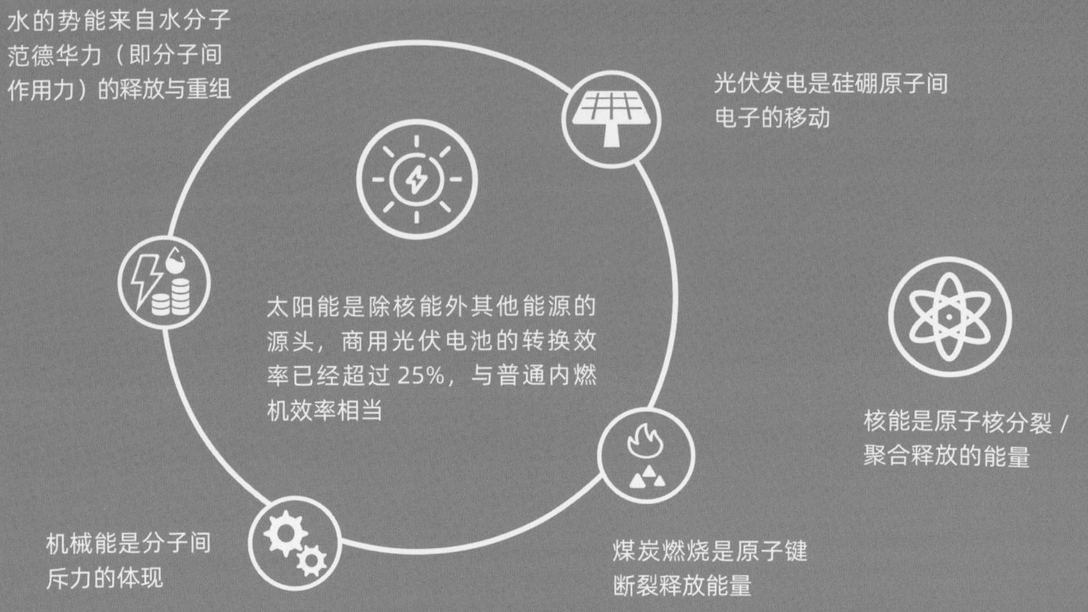

光伏发电是最接近终极的能源形式之一，如此高效、清洁的发电方式当然是北京冬奥会供电的主角之一。

张家口市地域日照时数 2756 ~ 3062 小时，属于太阳能辐射Ⅱ类丰富区，坝上、坝下地区大片荒地、荒山，适宜的先天条件使光伏成为张家口地区近几年新能源高速增长的新生力量。自 2015 年国家风光储输示范电站的第一个 6000 千瓦集中式光伏电站投产，截至 2021 年 10 月，集中式光伏电站累计装机容量 530 万千瓦（96 座电站），分布式光伏电站装机容量约 70 万千瓦，这些光伏发电站累计装配逆变器超过 3 万台，组件约 2000 万件，与世界排名第四的向家坝水电站装机容量相当。

高效率光伏发电新技术

2012年以前，硅片尺寸主要为边距100毫米和125毫米两种，组件功率在300瓦以下。2019年推出166毫米和210毫米尺寸的大硅片，组件容量上升到500瓦以上，采用大电池的组件降低了制造成本，转换效率提升0.5%～0.8%。

双玻组件是两片玻璃和太阳能电池片及附属导电材料组成的复合光伏组件，可有效利用背面散射光，组件全生命周期可增发电量约20%，双玻组件用玻璃代替了传统组件塑料背板，阻绝了水汽的进入，降低了电位诱导衰减，组件寿命增加至30年。

大尺寸
高功率组件技术

双玻组件
技术

1500伏直流
高压逆变技术

大容量组串
逆变器

直流电压升高使得每条组串可串联更多组件，减少逆变器的直流线缆用量和汇流箱数量，降低电站一次投资成本；从系统的角度来看，更高输入、输出电压等级，降低交直流侧线损及变压器低压侧绕组损耗，电站系统效率可以提升1.5%～2%。已并网发电的集中式光伏逆变器容量已经达到4.15兆瓦。

组串式光伏逆变器常见容量为196千瓦、225千瓦，有部分逆变器品牌容量超过300千瓦，光伏逆变器功率密度已有了近十倍增加，可降低投资成本1%～2%。由于光伏电池间接受辐照度存在差异会带来组件失配，降低发电量，山地光伏电站更多使用组串逆变器，而平地光伏电站主要使用成本更低的大容量逆变器。

光伏电站智能运维技术

应用于光伏电站的智能运维技术有无人机红外巡检技术、组串 IV 曲线检测技术、大数据分析技术，其中，无人机红外巡检是采用工业级无人机，定期完成针对光伏组件热斑、破损、异物覆盖、阴影等故障的鉴别。借助无人机红外巡检技术，100 兆瓦光伏电站运检一次仅需要 2 ~ 3 天，大大降低了站内人员巡检工作量。

无人机可见光扫描成像

整站绘图 → 路线规划 → 自主飞行 →

无人机红外扫描成像

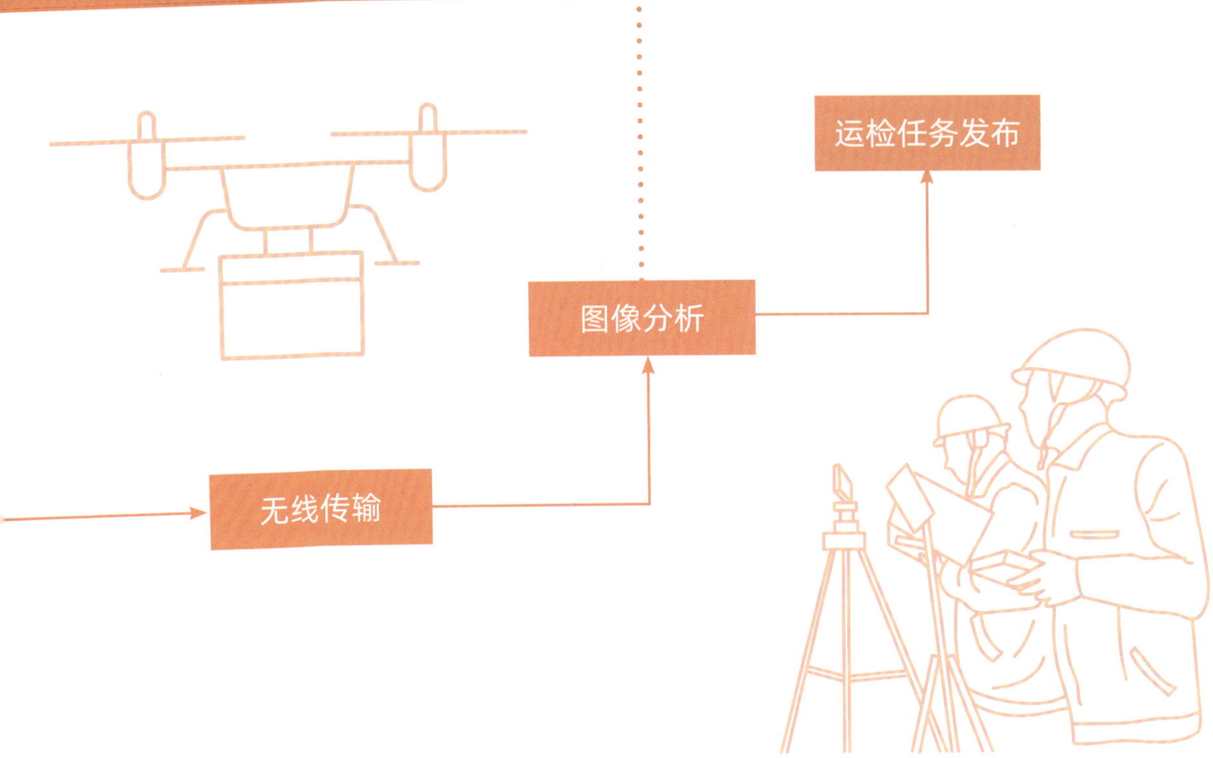

电力系统的多面选手——抽水蓄能电站

作为电力系统中最大的储能设施，抽水蓄能电站的工作原理和高山滑雪极为相似，都是利用势能和其他能量的转变。同时，抽水蓄能电站还是位多面选手，能为电力系统提供调峰、填谷、调频、调相、储能、事故备用和黑启动等多种功能。

丰宁抽水蓄能电站

上水库

丰宁抽水蓄能电站位于河北省承德市丰宁满族自治县境内，距北京市区直线距离 180 千米，含 2 台 30 万千瓦变速抽蓄机组在内，设计总装机容量达 360 万千瓦，相当于三峡电站装机容量的六分之一，有世界最大的“充电宝”之称，是北京冬奥会重点配套绿色能源设施。丰宁抽水蓄能电站配合新能源发电曲线，把随机、波动的新能源发电调节成为可靠、稳定的绿电输送到北京，为北京冬奥会场馆和赛事提供清洁可靠的绿色电力保障。

变速抽水蓄能技术

常规抽水蓄能机组主要使用的是同步电机，电机同步转速与电网的供电频率耦合在一起，水泵工况下只能在接近满功率状态下抽水，不能根据系统需要进行功率调节，无法满足电网快速、准确地进行电网频率调节的要求。

变速抽水蓄能机组采用双馈感应电机和交流励磁系统，可以在频率恒定的情况下在一定范围内变速运行，提高了抽水工况下调节输入功率的能力，为电力系统提供了相应的频率自动控制容量；在发电工况下，通过改变交流励磁系统输出电压的频率实现转速调节，进而提高机组的运行效率。

抽水蓄能电站是怎么工作的？

抽水蓄能电站有两个不同海拔高度的水库，管道将上水库和下水库连接。在抽水工况下，由电机拖动水泵将下水库的水输送到上水库蓄起来，即将拖动水泵的电能转变为水的势能。在发电工况下，蓄在上水库中的水通过涡轮机回到下水库，将水的势能转变为涡轮机的机械能，再通过机械传导驱动发电机发电，将机械能转变为电能。

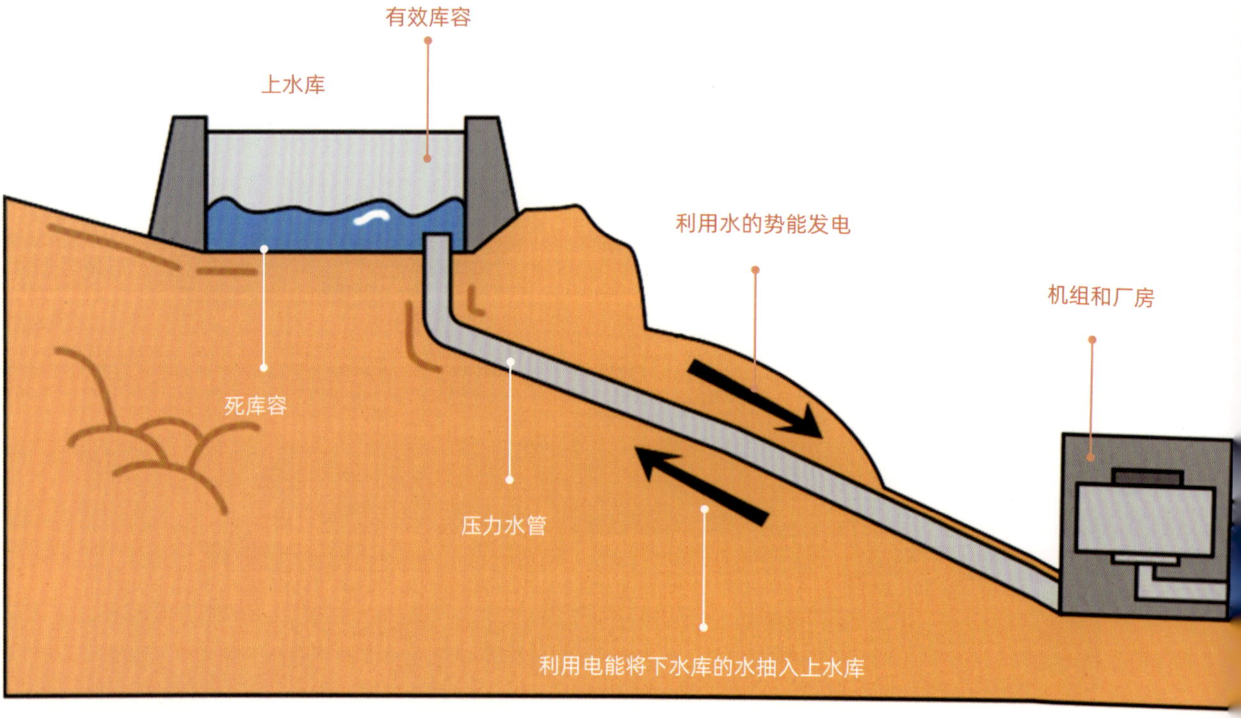

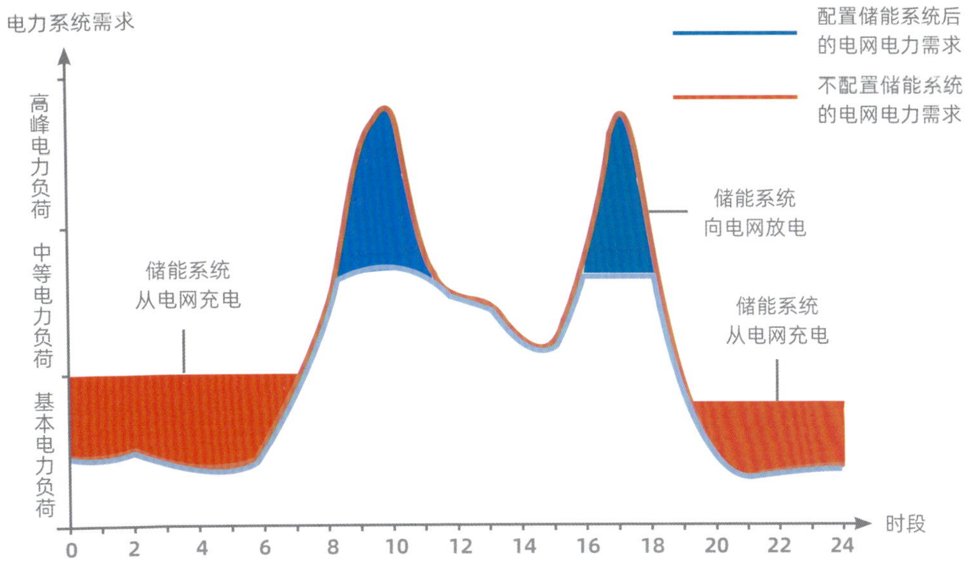

储能应用于削峰填谷

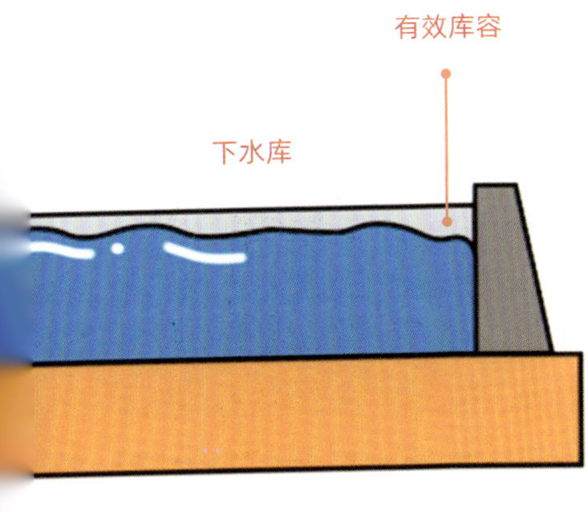

抽水蓄能电站的功能

在电力系统中，抽水蓄能电站，既是发电厂，为系统提供峰荷电能，又是用户，消纳系统低谷电能，具有调峰、填谷双重功能。

另外，抽水蓄能电站启停迅速、运行灵活、可靠，还能够承担系统调频、负荷快速跟踪、事故备用、调相、黑启动等辅助服务。

电网安全共担当——新能源主动支撑并网新技术

当电力系统出现机组跳机、线路跳闸等故障冲击时，火电、水电等常规同步发电机组凭借固有的“稳定器”特性，能帮助电力系统恢复稳定。对比看，风电场、光伏电站等新能源电站的天性是“跟随型”电源，当电网中出现类似的冲击时，它们通常会非常“敏感”，为了保护自己“不受伤害”而“脱网”（即跳机），会给整个电力系统安全运行带来威胁。通过研发新型的新能源并网控制技术，风电场和光伏电站可以从传统的“跟随型”电源，升级为具备“主动支撑”电网安全运行的电源。

虚拟同步机技术是主动支撑并网技术的一种，通过借助储能设备的能力，设计新的并网控制方式，使新能源电站像常规同步发电机组一样快速响应电网需求，可以保障 100% 绿电安全并网与远距离输送。

风电场配置储能实现主动支撑

光伏电站配置储能实现主动支撑

国家风光储输示范工程已建成世界首座百兆瓦级多类型虚拟同步机电站，树立了新能源电站担当电力系统安全运行保障责任的标杆。

光伏虚拟同步机
24 台
12 兆瓦

风电虚拟同步机
59 台
118 兆瓦

储能虚拟同步机
2 台
10 兆瓦

雪车

雪车也称“有舵雪橇”，是由车手乘坐可操纵方向的雪橇在冰质赛道上进行的竞速比赛。

雪车比赛分为单人座、双人座和 4 人座雪车。比赛开始后，参赛选手通过快速奔跑并推动雪车至起点后跃入车中，沿着人工冰道向下滑行。因其车身形状像艘小船，所以也被称作“冰上之舟”。

北京冬奥会的雪车比赛在延庆赛区的国家雪车雪橇中心进行，一共将产生 4 枚金牌，共设男子 4 人、双人，女子单人、双人 4 个小项，其中女子单人为北京冬奥会新增小项。

绿色电网新技术

你知道吗

• 什么是柔性直流输电技术？

• 向北京冬奥会场馆输送绿色电能的输电工程运用了哪些新技术？

绿色能源高速路——张北柔性直流电网

张家口坝上是一个百万千瓦级 100% 新能源基地，将这里的绿电远距离输送到北京，常规交流输电和直流输电都难堪重任。柔性直流输电技术成为破解这个难题的“金钥匙”。

±500 千伏张北柔性直流电网试验示范工程是冬奥会的重点配套电网工程，由张北、康保、丰宁和北京 4 座换流站及 666 千米的输电线路组成，于 2020 年 6 月正式投运，将张北新能源基地、丰宁储能基地与北京负荷中心隔空“牵手”，每年可向北京电网输送约 140 亿千瓦·时新能源，约占北京年用电量的十分之一，助力北京冬奥会场馆在奥运史上首次实现 100% 新能源供电。

输电线路总长度
666 千米

最大输送容量
450 万千瓦

在 ±500 千伏张北柔性直流电网试验示范工程中，张北、康保两个换流站位于张北坝上新能源基地，负责汇聚几十个风电场和光伏电站的绿电，丰宁换流站接入位于丰宁的抽水蓄能电站，负责通过控制抽水蓄能机组的发电和抽水工况，调节输送至北京延庆换流站的电能。

张北换流站

柔性直流输电技术比常规直流输电技术“柔”在哪儿？

大功率电力电子器件可以通过小电流、低电压的信号控制其主回路中电能的导通和关断，由这些器件和电容等其他辅助电气元件组成的整流器或逆变器，是电力进行交直流变换的核心。

常规直流输电中使用的是晶闸管等半控型器件，这些器件的导通可控，但关断不可控，需要额外的换相回路，从而导致常规直流输电的诸多缺点，包括需要较强的有源交流系统支撑、交流侧故障时易“换相失败”等。新能源发电机组是“弱”电源，除非与火电机组或水电机组这些“强”电源进行“打捆”输送，否则很难通过常规直流输电技术大规模可靠输送。

采用大容量全控型电力电子器件的柔性直流输电技术与常规直流输电技术的“电流源型”特性相比，“电压源型”的柔性直流输电技术具有有功、无功灵活控制、可向无源网络或者弱交流系统供电、易于构建多端直流输电系统等优点，天生具备输送新能源绿电的特质。

±500 千伏张北柔性直流电网试验示范工程共计创造 12 项世界第一。

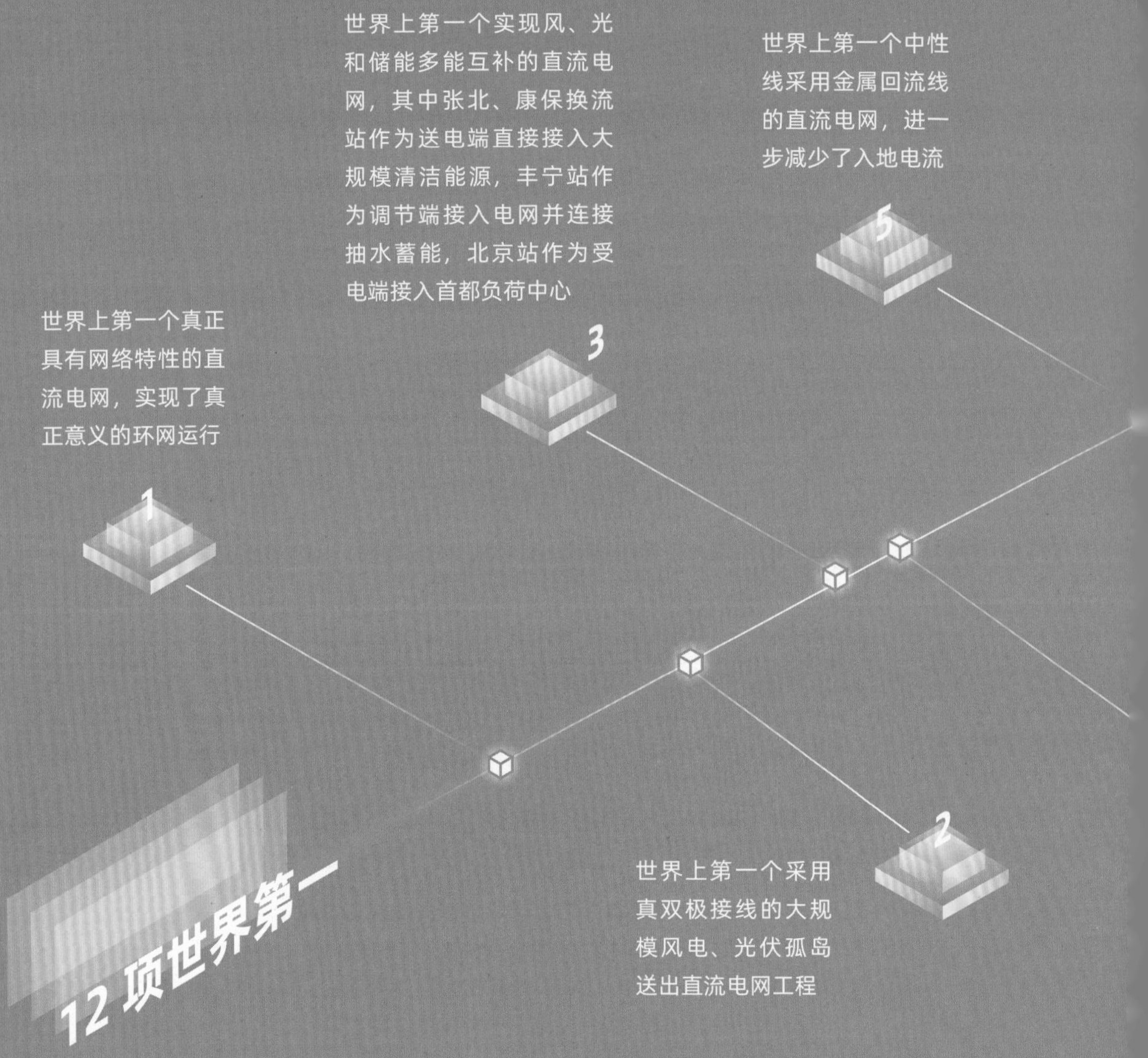

4

世界上第一个采用架空输电线路的直流电网，经济性更优

6

世界上第一个基于直流电网的多维度多要素控制保护系统，保障了直流电网直流输电系统安全、可靠、稳定的运行

7

世界上最高电压等级、最大容量的柔性直流换流站（±500 千伏、3000 兆瓦），使柔性直流工程的输送能力进一步提升

8

世界上最高电压等级、最大开断能力的直流断路器（±535 千伏、25 千安、3 毫秒），能够及时隔离故障，保证了直流电网运行的可靠性

9

世界上最高电压等级、最大换流容量的柔性直流换流阀（±535 千伏、3000 兆瓦），带动了设备升级和产业链发展

10

世界上最大容量交流耗能装置（8×375 兆瓦），实现了盈余功率的消耗

11

世界上最高电压等级、最大输送能力的直流电缆（±535 千伏、3000 安），满足了大容量直流输电工程的需求

12

世界上最大功率全控可关断器件（4.5 千伏、3000 安大功率 IGBT），促进了高电压、大电流的柔性直流工程的发展

绿电最后一公里——数字化智能配电网

±500 千伏张北柔性直流电网试验示范工程、220 千伏古杨树输变电工程、220 千伏紫山沟输变电工程等主网工程与 110 千伏奥雪、海坨、首体、玉渡变电站等配电网工程一起，为北京和崇礼的冬奥场馆群供电构建了 500 千伏多路通道、220 千伏双向电源、10 千伏双环网、“花瓣”式或专路直供的多层次坚强网架结构，保障供电方式更加安全、灵活，全面满足运动员训练、测试比赛、正式比赛、服务保障等用电需求。

110 千伏首体变电站

220 千伏紫山沟变电站

110 千伏海坨变电站

220 千伏古杨树变电站

110 千伏玉渡变电站

独特的“花瓣”式网架结构

北京冬奥会奥运村及太子城遗址公园由 110 千伏云顶变电站 10 千伏 1 号母线和 110 千伏太子城变电站 10 千伏 1 号母线形成“花瓣”网架结构，满足“*N*-2”要求，也就是说，即使配电网中同时发生两处故障，自动化系统和装置也能够及时完成负荷转供，不影响供电。

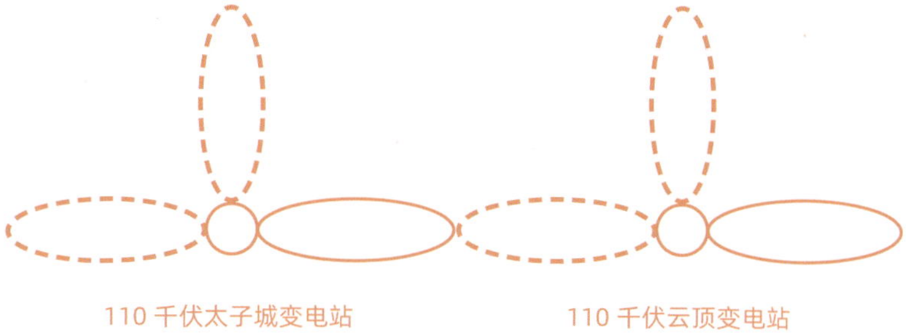

“花瓣”式网架结构

配电网双环网网架结构

配电网双环网由两个供电环路组成，每个供电环路由两个独立电源点供电，正常运行情况下处于开环运行状态。电源进线发生故障情况下，可通过母联自投及线路互投实现负荷转带。配电网双环网网架结构确保各场馆重要负荷供电可靠率达到 99.999% 以上。

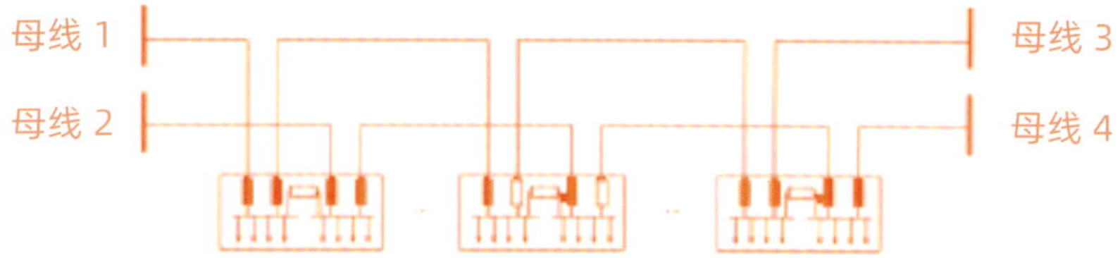

配电网双环网典型接线模式

就地消纳分布式绿电——崇礼多能互补微电网

多能互补微电网示范工程位于崇礼南交通枢纽站附近，以四端口柔性变电站为核心，接入了风力发电、1.26 兆瓦光伏发电和 700 千瓦·时储能等多种形式电能，为交通枢纽站提供高可靠绿电。工程的直流互联微电网组网方式可实现多种工作模式的无缝切换，保证负荷的不间断供电，有效提高供电可靠性。

崇礼多能互补微电网示范工程

绿色的交直流混合配电网——延庆“发充储放”充电站

在北京延庆赛区入口处，有一座电动汽车示范充电站，实现光伏发电、电池储能、直流网络、充电设施之间的能量互动融合和灵活调配，为冬奥赛区的客运巴士、物流车辆、环卫车辆、运营车辆等提供可靠的绿色电力供应。

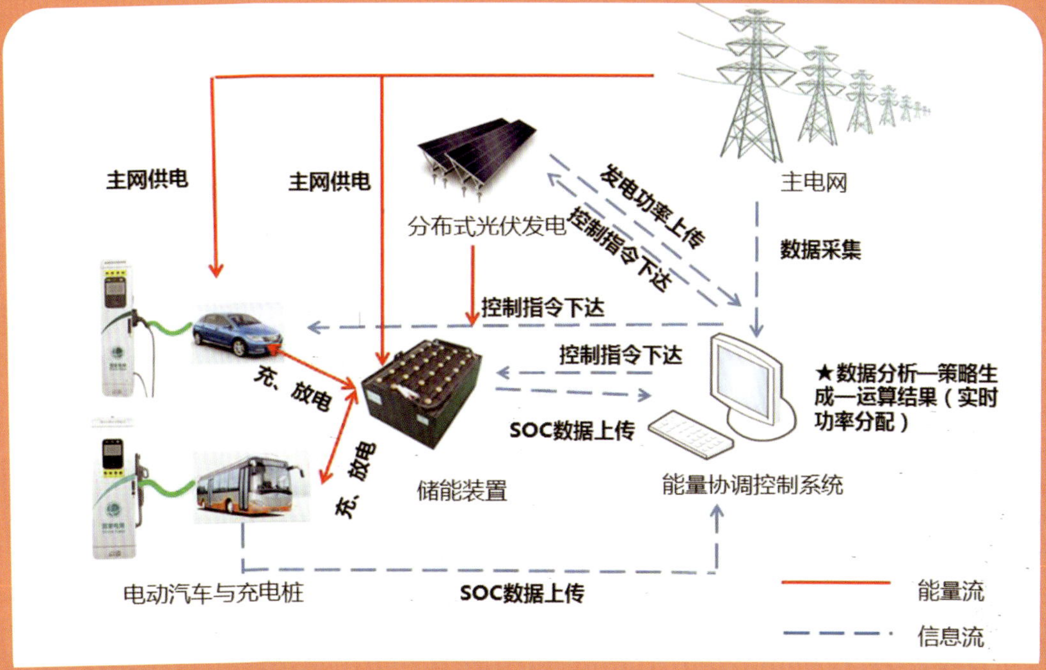

“发充储放”充电站能量流及信息流示意

数字技术赋能冬奥智能配电网

应用数字技术的冬奥配电网设备运行保障智慧系统，实现风险智能感知、巡视高效准确、故障可靠处理、事后迅速恢复，赋能冬奥场馆配电系统高效率运维、高可靠供电。

冬奥配电网设备运行保障智慧系统

模块 1
设备智慧监控

实时获得设备运行参数，与配电自动化、用户采集、地理信息、设备信息、微气象等多个信息系统联合，开发多源数据算法，实时发布设备状态风险和预警信息，分级、分类告知巡视和后台保障人员

模块 2
巡视智慧管控

将线路信息与巡视人员信息结合，自动计算合理工作量，每天将巡视任务以及风险信息发布于巡视手持机中。巡视人员接单后，系统监测巡视人员轨迹，检测开工、中期、完工图像和射频信息，确保任务 100% 完成。通过催单、效率对比、质量分析等功能，实现任务的智慧评估

模块 3

故障智慧处理

在配电网发生故障后能够迅速识别、隔离故障，将用户负荷进行自动转供，实现故障自愈，保证为用户持续供电，并将故障信息快速上报

模块 4

抢修智慧调度

根据设备类别、所在位置，自动匹配并通知最相关的抢修小组，提供合理路径和可用物资信息，全过程实时监测人、车、物的位置和仓储信息

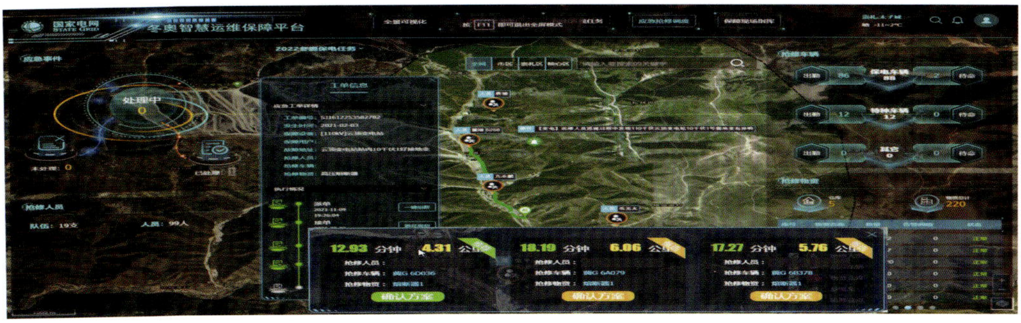

模块 5

现场智慧指挥

现场指挥部可与巡视、抢修人员通过手持机开展一对多、多对多联络实时交互，保障抢修高质量完成

掌控绿色电网安全的分分秒秒
——电网调度运行新技术

因为电以接近光速的速度传播，所以电网发电、输电、用电各个环节需要保持高度一致，有一环掉队都会对系统产生极大的危害。电网调度是为了保证电网安全稳定运行、对外可靠供电，使各类电力生产工作有序进行而采用的一种有效的管理手段。

如果把电网比作一个人，各个电站、各个用户的采集设备就好像“神经元”，将信息通过“神经网络”汇聚到数据的存储站——调控云平台中。电网调度就像一个超级大脑，同时针对有功平衡、无功平衡、事故防御等各类问题，快速作出决策，统筹指挥。

协同作战的总指挥——调控云

为北京冬奥会场馆安全供应绿电，涉及跨地区、多电压等级电网的复杂调度业务和控制技术，需要北京、张家口两地电网协调控制。依托云计算技术，每个地区电网数据信息的一片片小云朵，通过资源高速同步网，实现调控云内部云节点数据交互、业务共享，就成了一片大云朵，从而实现了海量数据的汇集和协同处理。

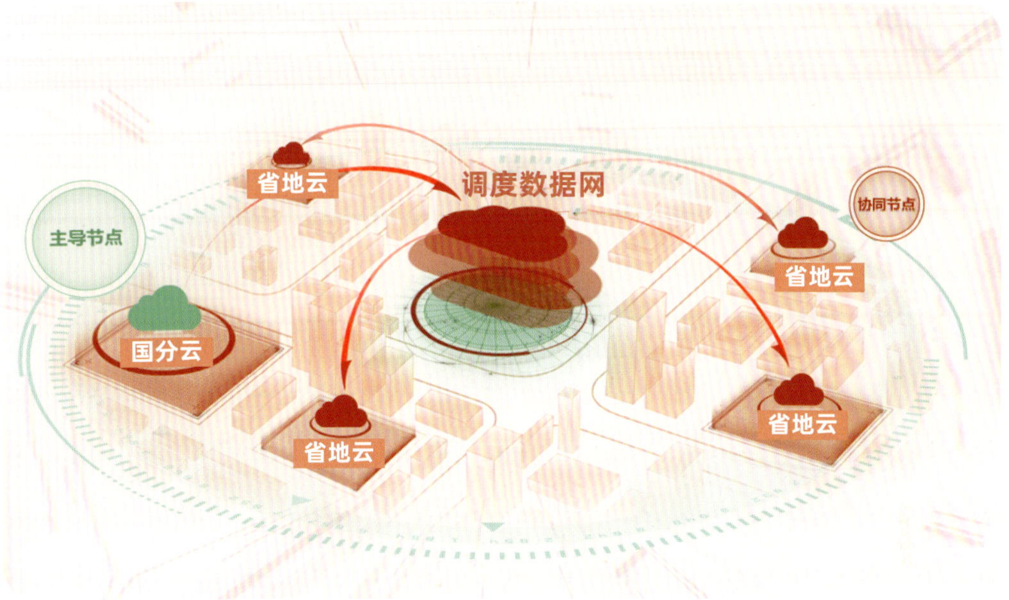
调度数据网
省地云
主导节点
协同节点
省地云
国分云
省地云
省地云

变电站
变电站
调度数据网
综合业务数据网
省电网调度控制系统

精准计算的大脑——源网荷储协同调度及功率预测系统

在高比例新能源电力系统中，无风、无光的时段可能供电不足，大风、光照非常好的时段又可能发电大于用电，导致弃风或弃光。风电和光伏发电的波动性和随机性是不同时间尺度的，也就是说，它们每秒、每分钟、每小时、每天的发电曲线都是波动、不稳定的，也是随机、难预测的。

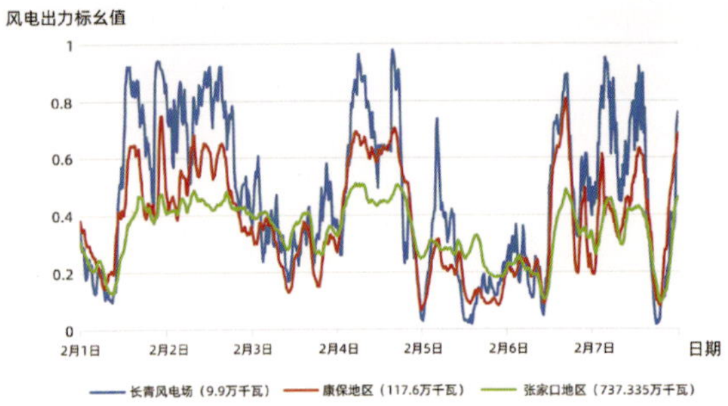

不同空间范围一周内风电出力

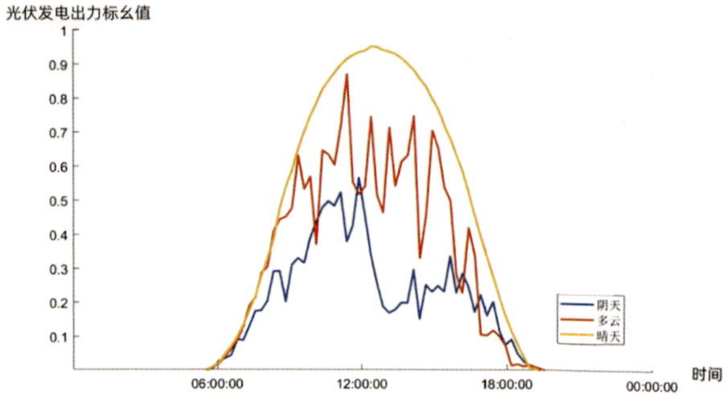

不同天气状况下光伏发电出力

源网荷储协同调度及功率预测系统是为服务北京冬奥会“低碳奥运”理念，支撑张家口新能源示范区建设而开发的新能源智慧调度系统，它解决了千万千瓦新能源“并得上”和“送得出”的难题，保障了冬奥赛区高可靠供电。

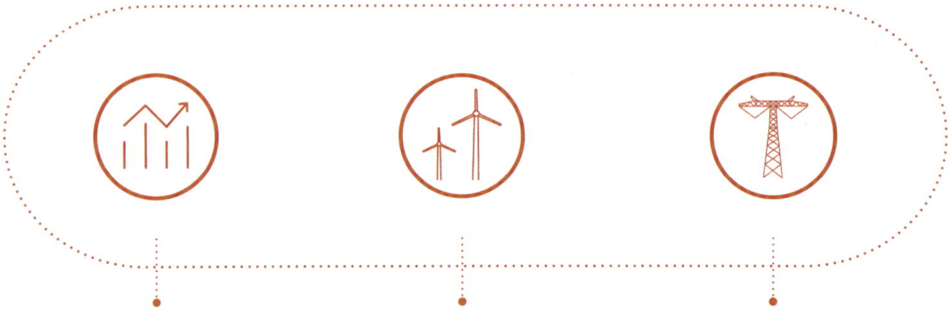

通过对大数据的统计归纳以及先进的计算方法，提高冀北地区新能源功率预测精度

在确保电网安全稳定的前提下，利用风电、光伏、电化学储能、抽水蓄能等多种电源的时间和空间互补特性，解决新能源发电波动大引起的电网有功平衡困难的问题，促进清洁能源的高效消纳

综合利用传统无功设备和柔性直流的灵活调节特点，实现动态电压控制，解决新能源波动的问题，支撑新能源安全并网

现代“孔明”知未来——高精度新能源电站功率预测技术

准确的新能源功率预测对电网绿电调度至关重要。在张北柔性直流电网运行中，电网调度会预测未来的风、光发电曲线，在张北两个送端换流站绿电充裕的“风、光大发”时段，提前安排抽水蓄能电站做好抽水的“充电”准备；而在绿电不足的“小风、无光”时段，提前安排抽水蓄能电站做好发电的“放电”准备，让北京延庆换流站可靠受电、多受绿电。

更高精度的风电功率预测

随着数值天气预报、空气动力学仿真、大数据、人工智能等技术不断进步，张家口各风电场和地区的风电功率预测精度正在不断提高。

更懂气象 —— 同时使用中国国家气象局、欧洲天气预报中心、美国大气与海洋局等全球领先的气象预报模式技术和数值天气预报数据

更懂风电场 —— 建立更高精度的风电场地理数值模型，把气象部门提供的数十千米尺度数据，降维到风电场 1 千米甚至更小尺度数据，结合每台风电机组的微地形和风电机组数据计算百米尺度的风电场

更懂风电机组 —— 每台风电机组都是独立的个体，在风电机组物理模型的基础上采用机器学习算法分析每台风电机组捕风情况，根据每个风电机组个体的发电特性针对性预测发电功率

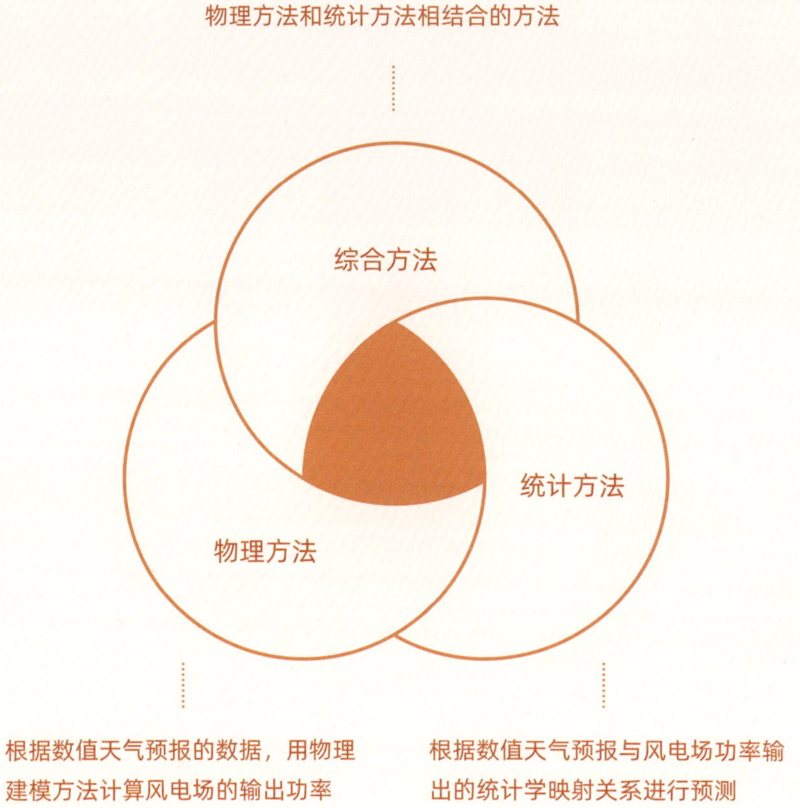

光伏发电功率预测与风电功率预测的方法大致相同——风电功率预测的关键是能够较为准确地估算出轮毂高度处的气象信息，光伏发电是更准确地预测光辐照度；对于超短期预测，风电会利用测风塔数据，光伏电站利用光辐照仪数据；微地形对风电预测精度影响较大，而光伏发电与地形关系较小。与风电每天没有固定规律不同，太阳辐照强度每天的规律性很强，因此光伏发电预测的准确率高于风电。

有序的功率预测保障有序的电力系统运行

为了保证安全、可靠、经济地供应绿电，不同时间段的调度技术关注重点不同，因此风电、光伏发电功率预测技术按预测时间分为五类，在实际运行中滚动更新。技术标准要求超短期功率预测精度应高于 90%，一天短期预测精度应高于 85%。

长期预测 —— 预测未来时间尺度以月、年为单位的输出，用于风电资源评估、风电场规划设计及选址

中期预测 —— 预测未来 3 ~ 7 天的输出，用于安排风电场检修或调试、运行方式的调整

短期预测 —— 预测未来 72 小时以内的输出，用于安排机组出力计划、优化机组组合、日前调度

超短期预测 —— 预测未来 4 小时以内的输出，用于调整发电计划、安排调度计划

实时预测 —— 预测未来 5 ~ 15 分钟的出力，用于实时调度、调整常规机组的自动发电控制

绿电运维好帮手——智能巡检

在北京冬奥会绿色电网的日常巡检工作中，应用了机器人、无人机、虚拟现实、数字孪生等先进技术。智能巡检已成为电力巡检人员新的“法宝”。

智能巡检机器人

智能巡检机器人通过红外精确测温、检零、外观检测、仪表检测、声音采集、人物头像捕捉等多种手段代替人工巡检，将采集的视频、图像、设备信息等实时传送到系统主机进行分析；如发现异常，系统主机将自动告警，同时控制机器人进行持续监测。一些机器人甚至可以配备机械臂等操作装置，在工作人员遥控下完成拉闸、灭火等操作。在为北京冬奥会供电的 500 千伏及以上变电站中，全部使用了智能机器人巡检，有效提升了巡检效率。

守护输电线路安全的“龙巢”与“天眼”

“龙巢”无人机平台是一个多功能、自主智能、灵活分布的全天候智能作业管控平台，像鸟巢一样放置在输电线路的杆塔顶端，通过移动通信网络接收指令，平台自动放飞无人机。无人机可在半径 5 千米范围内进行巡检，通过高清摄像头拍摄线路画面并传回巡检中心。

“天眼”SMART 系统直接将拍摄画面投射在操作人员的虚拟现实眼镜中，实现了“足不出户、身临其境”，开启智能化巡检新时代。

柔性直流换流站智能全景系统

±500 千伏张北柔性直流电网试验示范工程中，各个换流站的两个正负极阀厅是工程安全运行的核心。每个阀厅有 12 个换流阀阀塔和 2 个直流断路器塔，子模块超过 4000 多只，还有对应的大量保护控制组件、水冷系统等。在占地面积超过 1.6 万米 ^{2}、净高接近 30 米的阀厅中，用传统的人工巡检和运维技术难以保证安全。

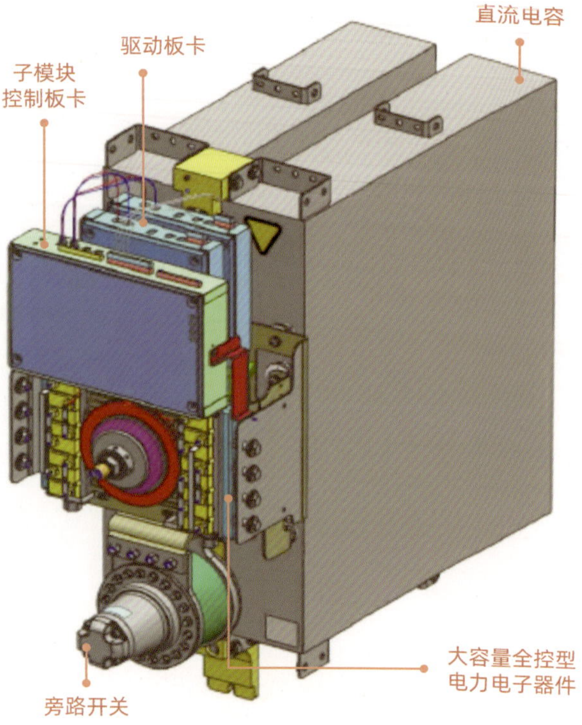

柔性直流子模块

±500 千伏张北柔性直流电网试验示范工程采用了智慧运维技术，开发了柔性直流换流站智能全景系统，整合优化现有信息化资源，利用虚拟现实、3D 建模等技术，将柔性直流换流站、一次设备及其子模块进行了三维信息化处理，并将物理设备参数和运行监测数据映射到虚拟环境中，实现设备全面监控。

1 — 融合物联网技术与变电站管理工作，显著提高日常人工巡检效率

2 — 应用大数据分析、图像识别等技术，提前、准确发现异常和可能的隐患

3 — 应用数字孪生技术，在部件发生故障时推演可能的发展过程，帮助运维人员准确找到问题根源以便快速处理

钢架雪车

钢架雪车也称无舵雪车、俯式冰橇，是以雪橇为工具，借助起滑后的惯性从山坡沿专门构筑的冰道快速滑降的一种冬季运动。

钢架雪车起源于 19 世纪瑞士山区的小城圣莫里茨。钢架雪车项目曾于 1928 年和 1948 年在瑞士圣莫里茨冬奥会上进行过比赛，此后因为过于惊险刺激一度被取消，直到 2002 年盐湖城冬奥会再度成为冬奥会正式比赛项目。

北京冬奥会的钢架雪车比赛在延庆赛区的国家雪车雪橇中心进行，一共将产生 2 枚金牌，共设 2 个小项，分别为男子钢架雪车、女子钢架雪车。

绿电技术在赛区

???
你知道吗

• 北京冬奥会场馆相关的电力输送、电力设备如何做到“运筹帷幄之中，决胜千里之外”？

• 运用了哪些“黑科技”来确保北京冬奥会用电的安全可靠？

绿色出行保障——覆盖赛区的充电网络

为了让更多人参与冬奥绿色出行，为冬季电动汽车长距离行驶续航提供保障，冬奥赛区星罗棋布了大量充电设施。除北京冬奥会崇礼赛区、延庆赛区建成充电设施外，张承高速、京新高速、京藏高速等辐射公路还沿线建成投运充电站 24 座，再也不用担心去北京冬奥会赛区看比赛找不到充电桩了。

崇礼赛区内建成投运电动汽车充电设施
128 台

配电容量
10.09 兆伏·安

延庆赛区内建成投运电动汽车充电设施
561 台

配电容量
31.27 兆伏·安

电动汽车无线充电技术

无线充电技术已广泛应用于手机、平板电脑等电子设备，运用电磁场的能量传递原理实现电子设备的无线充电。与之类似，电动汽车无线充电技术通过在充电路段地下埋藏供电导轨得以实现。当具有无线充电功能的车辆通过该路段时，电能通过高频交变磁场从供电导轨传输至车辆接收端，实现电动汽车充电。在张家口张北地区，已经建设 220 米电动汽车无线充电试验路段，试运携带无线充电接收装置的不同类型电动汽车 3 辆。

新亮相的清洁能源——氢

由于氢燃料电池只产生电和水，而且在低温等极端环境工作稳定、耐用，所以氢能汽车和电动汽车一起，成为服务绿色冬奥交通的主力军。张家口全市已有近 1000 辆氢能公共汽车在运行，北京延庆赛区也进驻了 30 辆城区和国家高山滑雪中心间的氢能大巴摆渡车。这些氢能汽车可实现零下 30 摄氏度低温启动，设计时速 100 千米 / 时，纯氢续航约 450 千米，能够适应低温、爬坡等路况，满足北京冬奥会期间低温运行要求。

- 燃烧性能好
- 无毒
- 利用形式多
- 耗损少
- 利用率高
- 运输方便
- 减少温室效应

绿电的好伙伴——绿氢

2021 年初，国内第一个风电制氢示范项目在张家口坝上的沽源风电场投入运行。用绿电制造绿氢，不但能实现氢从生产到使用的全链条清洁、零碳，还可以间接作为一种灵活的负荷消纳随机的新能源，在新能源“大发”而负荷不足时，用电制氢技术把能量转化为氢能。

氢能火炬

北京冬奥会火炬“飞扬”使用清洁的氢燃料，碳排放为零，火炬内安装有稳压装置和回热装置，稳压装置能够稳定燃烧压力，维持气焰强度，回传装置则能够保持燃料室温度和燃烧气压，保证了火炬不但可以在极寒天气使用，而且能够抵抗 10 级大风。

火炬外壳材料也体现了高科技元素。火炬采用航天级铝合金和重量轻的耐高温碳纤维材料，与相同体积的铝合金比，重量减轻了 20% 以上，实现了轻量化目标。

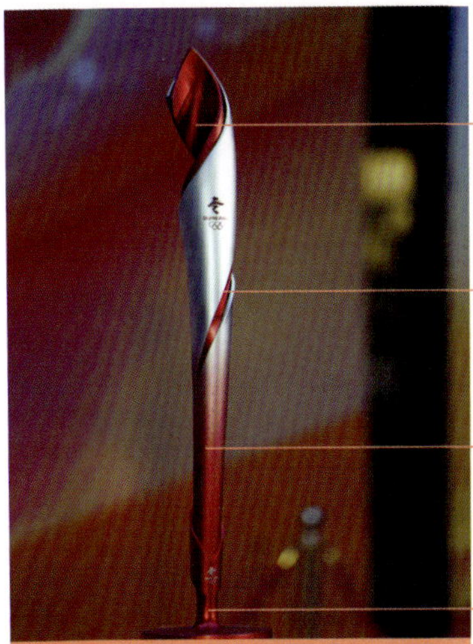

北京冬奥会火炬“飞扬”

- 火种取自奥林匹克运动的发祥地——希腊伯罗奔尼撒半岛的古奥林匹亚
- 安装有稳压装置和回热装置
- 外壳采用航天级铝合金和重量轻的耐高温碳纤维材料
- 使用清洁的氢作为燃料

运筹帷幄——冬奥电力保障

为保障北京冬奥会供电而建设的电力运行中心和供电保障指挥平台是冬奥保电这场战役的“统领”。借助先进的数字信息技术，电力运行中心和供电保障指挥平台可对所有冬奥场馆相关的电力输送、电力设备等真正做到“运筹帷幄之中，决胜千里之外”。

冬奥电力运行中心

冬奥电力运行中心（EOC）是北京冬奥会赛时电力运行的总调度中心，负责监测电力总体运行情况、处理电力汇总信息、协调电力调度、预防并及时解决电力故障，是冬奥电力运行安全的关键环节。

EOC 具有三大功能。首先，它能保证电力供应的持续可靠，采用新型传感技术，实时采集供电相关的多种状态数据，并能快速定位和检测多种电网故障；利用物联网技术和智能传感技术，帮助完成用户侧配变电站无人值班、少人值守的管理模式。其次，它能提供多种多样的供电服务，利用传感设备感知环境情况和人体活动，用优化算法得出设备的最优状态，使其在最低能耗下满足场馆需求。最后，它还具有碳足迹追踪功能，每一个进入场馆的运动员或者观众从进入场馆开始，运行中心就会追踪他们的活动带来的碳排放，并通过精确的分解、计算，把场馆的总碳排放分配到每一个人的身上。每个人的碳排放数据可以被排名，碳积分还能进行兑换。

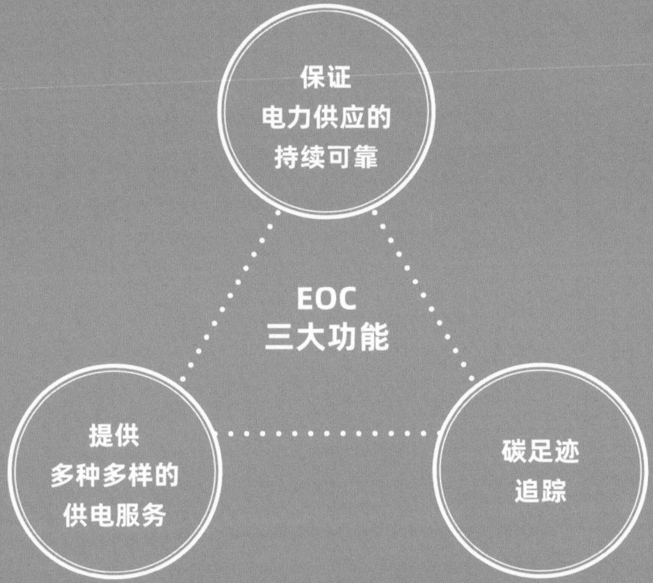

冬奥供电保障指挥平台

冬奥供电保障指挥平台应用大数据技术汇集各专业数据，接入赛事、舆情、气象等各类信息，对内支撑供电保障指挥体系高效运转，对外可为冬奥组委会提供数据服务。既可以看到整个冬奥主场馆绿电使用率、场馆用电负荷总量、场馆经济效益总量，同时还可以通过大屏幕地图看到绿色电力都被输送到了哪里。

冬奥供电保障指挥平台将不同的保电场景汇集到一起，构建了一张更为全面的冬奥保电地图即“电网一张图”，实现对冬奥场馆以及周边的保电设备、线路等的全时监控。平台可根据每天的赛事自动排出任务清单并进行展示，对当天的保电资源进行分类统计。还可以看到事故位置、原因、影响、处理进程等信息，同时在大屏幕实时地图区域可以看到抢修人员在赶往现场的具体位置。

助力实现北京冬奥会场馆“100%绿色电力供应”

99.9999%
高可靠供电

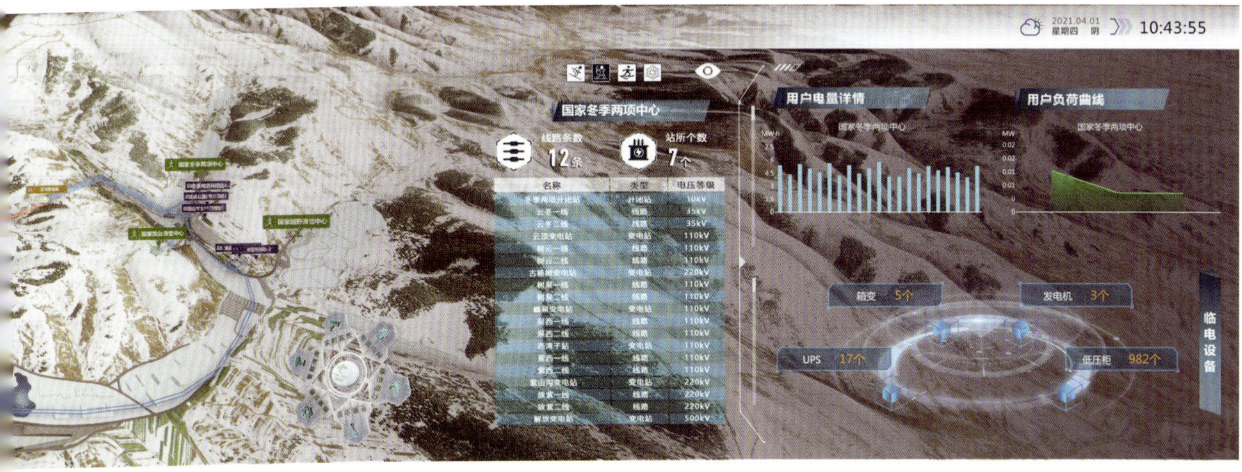

实时监测
资源保障
辅助决策
可视化指挥
在线互动
保电管理

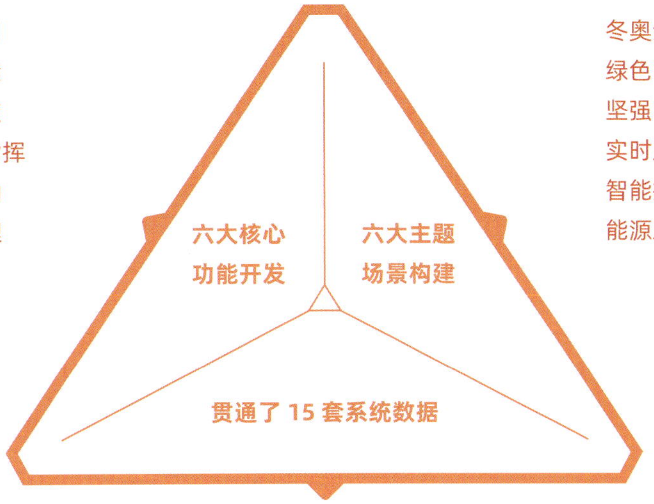

冬奥全景
绿色电力
坚强电网
实时监控
智能指挥
能源互联

省调（地调）D5000	场馆信息采集系统	统一视频监控平台
PMS2.0	用电信息采集系统	I6000
供电服务指挥系统	营销业务系统	S6000
主网管控系统	电力交易平台	统一车辆管理平台
配电自动化系统	电网 GIS 平台	智慧供应链系统

紧急情况有保障——应急抢险新装备

北京冬奥会主赛区之一的张家口崇礼县，冬季平均气温零下 12 摄氏度，降雪早、积雪厚、存雪期长，全年积雪 1.5 米左右，具有开展滑雪运动得天独厚的条件。但受地理因素影响，也会出现零下 20 摄氏度以下的极端低温天气。为此，专门配置了移动式储能应急保障电源、大容量在线并网式氢能源发电车等应急保障设备和“龙吸水”大流量排水抢险车等抢险设备。

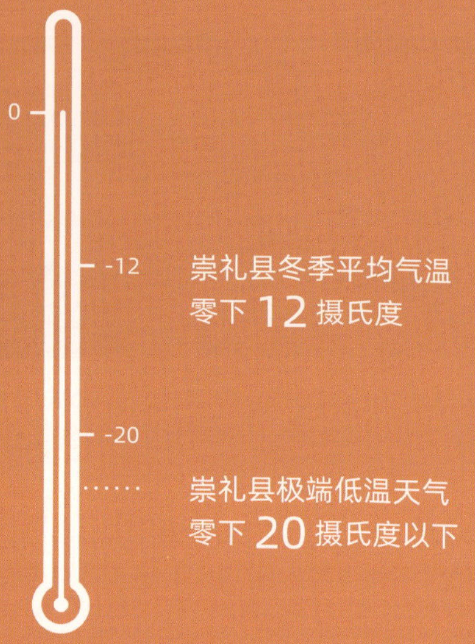

应急保障电源

移动式储能应急保障电源具备在不低于零下 40 摄氏度的极端寒冷环境下启动和快速并网切换的功能，可为冬奥赛场的制雪机、电缆车等设备提供高可靠、高品质的应急和临时供电，还可参与执行保电任务以及实现不停电检修作业。

移动式储能应急保障电源

大容量在线并网式氢能源发电车具备不间断供电和应急发电功能，配备的全智能监测系统能及时发现系统故障及设备安全隐患，可在零下 35 摄氏度的低温环境下稳定运行。

大容量在线并网式氢能源发电车

户外独立式双电源切换装置、耐低温不间断电源、耐低温固态切换开关能承受零下 40 摄氏度的严寒，实现电力供应快速恢复。

200 千伏·安户外不间断电源

抢险黑科技

为保障北京冬奥会的供电，蕴含“黑科技”的抢险设备也闪亮登场。

“龙吸水”大流量排水抢险车适用于电力隧道、地下电力设施等内涝排水抢险救灾。

“蜂巢”应急充电子母方舱是世界上第一款采用集中管理、分散使用的子母式充电方舱，能在 3 分钟内完成装、卸车。

电缆隧道巡检机器狗、防撞无人机、压缩空气泡沫主战消防车等智能设备能有效减少巡视人员力量投入，提升智能化运维水平。

“龙吸水”大流量排水抢险车

“蜂巢”应急充电子母方舱

电缆隧道巡检机器狗

压缩空气泡沫主战消防车

防撞无人机

雪橇

雪橇，即无舵雪橇，是在比赛中乘坐金属制或木制的双橇滑板沿着有各种弯度的专用冰道高速滑降至终点的一种运动。

早在1480年，挪威就已出现雪橇，到了18世纪，俄国的圣彼得堡已经将雪橇运动作为冬季的一种户外游戏。雪橇运动的真正兴起是在19世纪80年代的瑞士，1883年瑞士在达沃斯举行了世界上第一次雪橇比赛。1964年，在奥地利因斯布鲁克举办的第九届冬季奥运会中，雪橇被列为正式比赛项目。

北京冬奥会的雪橇比赛在延庆赛区的国家雪车雪橇中心进行，一共将产生4枚金牌，共设男子单人、女子单人、男子双人、团体接力赛4个小项。

历届冬奥会举办时间和地点

届数	举办时间	举办国家	举办地点
第一届	1924 年	法国	夏蒙尼
第二届	1928 年	瑞士	圣莫里茨
第三届	1932 年	美国	普莱西德湖
第四届	1936 年	德国	加米施—帕滕基兴
第五届	1948 年	瑞士	圣莫里茨
第六届	1952 年	挪威	奥斯陆
第七届	1956 年	意大利	科蒂纳丹佩佐
第八届	1960 年	美国	斯阔谷
第九届	1964 年	奥地利	因斯布鲁克
第十届	1968 年	法国	格勒诺布尔
第十一届	1972 年	日本	札幌
第十二届	1976 年	奥地利	因斯布鲁克
第十三届	1980 年	美国	普莱西德湖
第十四届	1984 年	南斯拉夫	萨拉热窝
第十五届	1988 年	加拿大	卡尔加里
第十六届	1992 年	法国	阿尔贝维尔
第十七届	1994 年	挪威	利勒哈默尔
第十八届	1998 年	日本	长野
第十九届	2002 年	美国	盐湖城
第二十届	2006 年	意大利	都灵
第二十一届	2010 年	加拿大	温哥华
第二十二届	2014 年	俄罗斯	索契
第二十三届	2018 年	韩国	平昌
第二十四届	2022 年	中国	北京、张家口

北京2022年冬奥会比赛项目、金牌数量和场馆

比赛大项	比赛分项	金牌数量（枚）	冬奥会比赛小项			场馆	赛区
			男子项目	女子项目	混合项目		
滑冰	短道速滑	9	500米、1000米、1500米、5000米接力	500米、1000米、1500米、3000米接力	2000米接力	首都体育馆	北京
	速度滑冰	14	500米、1000米、1500米、5000米、10000米、团体追逐、集体出发	500米、1000米、1500米、3000米、5000米、团体追逐、集体出发	—	国家速滑馆	
	花样滑冰	5	男子单人滑	女子单人滑	双人滑、冰上舞蹈、团体比赛	首都体育馆	
冰球	冰球	2	男子冰球	女子冰球	—	五棵松体育中心	
冰壶	冰壶	3	男子冰壶	女子冰壶	混合双人冰壶	国家游泳中心	
冬季两项	冬季两项	11	10公里短距离、20公里个人、12.5公里追逐、15公里集体出发、4×7.5公里接力	7.5公里短距离、15公里个人、10公里追逐、12.5公里集体出发、4×6公里接力	4×6公里混合接力（男子+女子）	国家冬季两项中心	张家口
滑雪	跳台滑雪	5	个人标准台、个人大跳台、团体	个人标准台	—	国家跳台滑雪中心	
	越野滑雪	12	双追逐、个人短距离、15公里、4×10公里接力、团体短距离、50公里集体出发	双追逐、个人短距离、10公里、4×5公里接力、团体短距离、30公里集体出发	—	国家越野滑雪中心	
	北欧两项	3	男子个人标准台+10公里越野滑雪、男子个人大跳台+10公里越野滑雪、男子团体大跳台+4×5公里越野滑雪	—	—	国家跳台滑雪中心 国家越野滑雪中心	
	自由式滑雪	13	空中技巧	空中技巧	空中技巧混合团体	云顶滑雪公园	
			雪上技巧	雪上技巧	—		
			障碍追逐	障碍追逐			
			坡面障碍技巧	坡面障碍技巧			
			U型场地技巧	U型场地技巧			
			大跳台	大跳台		首钢滑雪大跳台	北京
	单板滑雪	11	平行大回转	平行大回转		云顶滑雪公园	张家口
			障碍追逐	障碍追逐	障碍追逐混合团体		
			坡面障碍技巧	坡面障碍技巧	—		
			U型场地技巧	U型场地技巧	—		
			大跳台	大跳台	—	首钢滑雪大跳台	北京
	高山滑雪	11	滑降、全能、回转、大回转、超级大回转	滑降、全能、回转、大回转、超级大回转	混合团体	国家高山滑雪中心	延庆

续表

比赛大项	比赛分项	金牌数量（枚）	冬奥会比赛小项			场馆	赛区
			男子项目	女子项目	混合项目		
雪车	雪车	4	男子双人	女子单人、女子双人	四人雪车（自由性别）	国家雪车雪橇中心	延庆
	钢架雪车	2	男子单人	女子单人	—		
雪橇	雪橇	4	男子单人	女子单人	团体接力、双人雪橇（自由性别）		

北京 2022 年冬残奥会比赛项目和场馆

比赛大项	冬残奥会比赛小项			场馆	赛区
	男子项目	女子项目	混合项目		
残奥冬季两项	7.5 公里、12.5 公里、15 公里（坐姿）；7.5 公里、12.5 公里、15 公里（站姿）；7.5 公里、12.5 公里、15 公里（视障）	6 公里、10 公里、12.5 公里（坐姿）；6 公里、10 公里、12.5 公里（站姿）；6 公里、10 公里、12.5 公里（视障）	—	国家冬季两项中心	张家口
轮椅冰壶	—	—	混合团体比赛	国家游泳中心	北京
残奥冰球	—	—	混合团体比赛	国家体育馆	
残奥高山滑雪	滑降（站姿、坐姿、视障）、全能（站姿、坐姿、视障）、回转（站姿、坐姿、视障）、大回转（站姿、坐姿、视障）、超级大回转（站姿、坐姿、视障）	滑降（站姿、坐姿、视障）、全能（站姿、坐姿、视障）、回转（站姿、坐姿、视障）、大回转（站姿、坐姿、视障）、超级大回转（站姿、坐姿、视障）	—	国家高山滑雪中心	延庆
残奥越野滑雪	1 公里、10 公里、15 公里（站姿）；1 公里、10 公里、15 公里（坐姿）；1 公里、10 公里、15 公里（视障）	1 公里、5 公里、15 公里(站姿); 1 公里、5 公里、15 公里（坐姿); 1 公里、5 公里、15 公里（视障）	混合级接力 4×2.5 公里、公开级接力 4×2.5 公里	国家冬季两项中心	张家口
残奥单板滑雪	站姿障碍追逐、坡面回转	站姿障碍追逐、坡面回转	—	云顶滑雪公园	

沧海横流，方显英雄本色。

你们真正做到了

救死扶伤、大爱无疆。

你们是光明的使者、希望的使者，

是最美的天使，是真正的英雄！

党和人民感谢你们！

——习近平

（摘自2020年3月10日习近平总书记赴湖北省武汉市
考察新冠肺炎疫情防控工作时的重要讲话）

逆行

身影

战友

家书

手记

谨以“白衣执甲　逆行出征

——致敬最美战‘疫’医务工作者”丛书，

向所有最美的战“疫”医务工作者

致以最崇高的敬意！

致敬最美战“疫”医务工作者丛书

白衣执甲 逆行出征

致敬最美战“疫”疾控者

国家卫生健康委员会宣传司　指　导

中国疾病预防控制中心
人民卫生出版社　组织编写

人民卫生出版社
PEOPLE'S MEDICAL PUBLISHING HOUSE

丛书编委会

顾　问：

张宗久　常继乐　宋树立　郭燕红　焦雅辉　米　锋

主任委员：

张雁灵　吴欣娟　高　福　李新华　王雪凝　杜　贤

副主任委员：

董家鸿　张艳萍　皮红英　刘剑君　冯子健　杨　晋
朱双龙

委　员：（按姓氏笔画排序）

丁炎明　么　莉　马　慧　王　显　王　蕾　王子军
王凤丽　王昆华　王根华　王锡山　方邦江　尹　晗
石　华　代珊珊　皮雪花　成丽丽　刘红霞　刘岩岩
闫位娟　许奉彦　孙　红　苏潇歌　李　峥　李　博
李为民　李庆印　李春燕　李映兰　杨　剑　吴　瑛
应　岚　张　荔　张杏通　张利岩　张勇进　张素秋
张湘燕　陈　惠　邵晓凤　尚少梅　周荣斌　周智广
郑一宁　宗俊琳　赵　瑾　赵作伟　赵晓东　赵悦乔
赵增仁　荆　冰　胡斌春　侯　芊　祝益民　贺　彬
贾晓巍　夏宏伟　徐和平　席晶晶　黄　纯　黄继义
崔　颖　韩斌如　曾　彦　雷光华　路　凯　裴中惠
翟　慧　熊文爽　瞿介明

本书
编委会

主　　编： 高　福　李新华

副 主 编： 刘剑君　冯子健

编　　委：（按姓氏笔画排序）

王　蕾　王子军　闫位娟　苏潇歌　李　博
杨　剑　张　荔　张杏通　赵悦乔　侯　芊
贺　彬　夏宏伟　席晶晶　崔　颖　曾　彦
路　凯

致　敬

新冠肺炎疫情是新中国成立以来发生的传播速度最快、感染范围最广、防控难度最大的一次重大突发公共卫生事件。中国共产党和中国政府高度重视、迅速行动，习近平总书记亲自指挥、亲自部署，统揽全局、果断决策，为中国人民抗击疫情坚定了信心、凝聚了力量、指明了方向。全国卫生健康系统广大干部职工坚决贯彻习近平总书记重要指示批示精神和党中央决策部署，坚持把人民群众生命安全和身体健康放在第一位，义无反顾、日夜奋战，与时间赛跑，与病魔较量，展开了一场感天动地的生命大救援，为疫情防控阻击战取得重大战略成果作出了重要贡献。

沧海横流，方显英雄本色。在这场没有硝烟的战斗中，在疫情肆虐的战场上，千千万万平凡的医务工作者白衣执甲、逆行出征！“到前线去！”“到武汉去！”“我是党员，我先上！”“战病疫，救苍生，若一去不回？便一去不回！”“国有难、召必应、战必胜”……中国医务工作者以大无畏的行动谱写了可歌可泣的战“疫”篇章，以大爱唱响了“一切为了人民健康”的英雄战歌！

他们，是国之栋梁的院士，是各学科的医学专家，是南丁格尔奖章获得者；他们，是古稀耄耋老人，是全家老小依靠的家庭支柱，是刚刚踏入职场的“90后”“00后”。披上白色战袍，他们就是最坚强的战士，厚重的隔离衣下是拥有坚强意志的血肉身躯，大大的防护镜后是像星星一样明亮的眼睛；在残酷的疫情面前，他们就是生命最温暖的守护者，驱散人们的恐慌，带来生命的希望！

疫情终将过去，生活也将逐步回到正轨。回望战“疫”岁月，历史不能忘却，英雄应该被铭记。

在国家卫生健康委员会宣传司的指导下，人民卫生出版社、中国医师协会、中华护理学会、中国疾病预防控制中心策划出版“白衣执甲　逆行出征——致敬最美战‘疫’医务工作者”丛书。丛书的出版得到了国家卫生健康委员会、中宣部出版局及社会各界的大力支持和帮助。国家卫生健康委员会马晓伟主任高度重视，专门为丛书作出批示，指出：丛书真实、生动地记录这些感人至深的故事，展现了“敬佑生命、救死扶伤、甘于奉献、大爱无疆”的崇高精神，留下了珍贵的记忆载体。希望你们继续深入一线，深入基层，挖掘优秀典型和先进事迹，创造出更多反映伟大抗疫斗争精神和新时代医务人员风貌的良品佳作。

丛书包括三册:《致敬最美战“疫”医生》《致敬最美战“疫”护士》《致敬最美战“疫”疾控者》。丛书征文活动得到全国一线战“疫”医务工作者的积极响应，数千篇文章从全国汇聚。每一篇文章都凝结着作者真挚而滚烫的情感，编委们一次次地被感动、被震撼。因篇幅所限，经反复斟酌修改，最终每个分册分为逆行、身影、战友、家书、手记 5 个主题收录 100 篇文章。

希望通过本套丛书的出版，以小切口，展现大视野；以小事件，反映大情怀；以小故事，讲述大主题；以小感动，凝聚大精神；为时代画像，为历史留痕，为英雄树碑，为民族铸魂！

希望通过本套丛书的出版，通过一线医务工作者的亲身讲述，通过一个个真实的与病毒抗争、与时间赛跑的故事，还原这场特殊的“战役”，以讴歌最美的中国医务工作者群体！

希望通过本套丛书的出版，引领读者走近医务工作者，感受他们“一切为了人民健康”的职责使命，并从他们的真实经历和感受中，体会这场凝聚全民力量的疫情防控阻击战对国家和人民的重要意义。

在此，一并向参加、支持、关心丛书出版的领导、专家，向参加征文活动的每一篇文章的作者、摄影者、主人公，向各分册编委会的专家们，致以最诚挚的谢意！因篇幅和时间所限，优秀的文章未能全部录用，编委会对部分文章进行了删减和修改，难免存在不足甚至错漏之处，敬请读者斧正。

借“白衣执甲　逆行出征——致敬最美战‘疫’医务工作者”丛书，向所有最美的战“疫”医务工作者致以最崇高的敬意！

丛书编委会

2020 年 5 月

前言

一场突如其来的新冠肺炎疫情打破了春节的安宁祥和。这是新中国成立以来在我国发生的传播速度最快、感染范围最广、防控难度最大的一次重大突发公共卫生事件。世界卫生组织于 3 月 11 日表示新冠肺炎疫情已具有大流行特征，这是人类第一次遭遇的非流感病毒——冠状病毒大流行。

疫情发生之后，按照党中央、国务院的部署，全国各地和军队系统派出了最强的医疗力量。在这场没有硝烟的战“疫”中，全国各级疾控机构共选派 965 名队员驰援湖北省开展疫情分析、形势研判、现场流调、实验室检测、环境消杀、社区管理、培训指导和督导等多方面的工作。各省、自治区、直辖市疾控工作者冲在最前面，成为抗疫的主力军之一，守护人民的健康。当国家有召唤、人民有需要的时候，我们的疾控工作者舍小家顾大家，毫不犹豫地挺身而出，奔赴抗疫第一线，冒着生命危险，用精湛的技术和强大的责任与担当，守住疾病控制的第一道防线。湖北以外的广大疾控工作者同样不辱使命，不负重托，牢牢镇守住了各自的战场，作为承担“关灯锁门”职责的疾控工作者奋战在各自的岗位上。为了记录这些最美的疾控者，中国疾病预防控制中心和人民卫生出版社合作开展了“致敬最美战‘疫’疾控者”主题征文活动。

此次征文活动得到了全国各省、自治区、直辖市疾控中心的积极响应，不到一个月的时间，收到稿件 600 余篇。这些稿件经历三轮评审，第一轮由组稿部门人员根据文章是否符合征稿标准进行筛选；第二轮聘请传媒专家从文学性、可读性、传播性等角度进行评审；第三轮由行政相关人员从政治导向、符合法律法规等角度进行评审。每一篇文章都凝结了作者真挚而滚烫的情感，我们在审读时一次次地被感动震撼。遗憾因篇幅所限，编委会反复斟酌，最终选定 100 篇文章放于本书中。共分为 5 个主题，分别是逆行、身影、战友、家书、手记。这些入选的文章也许文笔不是那么成熟、优雅，但情感一定是真实的、真诚的。

最后，感谢国家卫生健康委员会宣传司的指导！感谢所有支持和参加本次征文活动的单位和同仁们！感谢编委会付出的辛勤劳动和宝贵时间！由于编撰时间有限，难免存在一些疏漏，望作者和读者理解并批评指正。

中国疾病预防控制中心

2020 年 5 月

目录

逆行

身影

战友

家书

手记

逆行

1

疫情面前义无反顾：冲锋在防疫检验一线的夫妻搭档

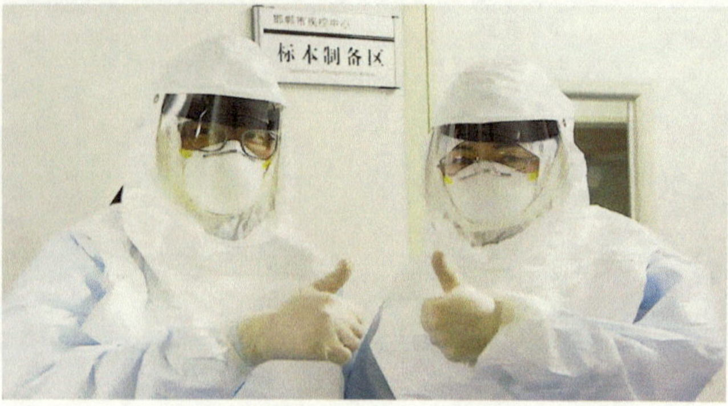

2020 年 1 月 25 日，邯郸市疾控中心核酸检测组黄亮和赵丽萍夫妻开始新一轮的新型冠状病毒核酸检测工作。

突如其来的新冠肺炎疫情暴发，医护人员迅疾进入“战时”状态。疫情就是命令，使命就是号角。没有豪言壮语，没有儿女情长，有的只是对生命的敬畏，对守护健康的执着。2020 年 1 月 30 日，在实验室持续奋战的河北省邯郸市疾控中心检验科副科长黄亮因超负荷工作，导致身体过度疲劳，不得不在实验室消毒的间隙到医院门诊输液，以此来维持自己的体力。当记者连线他时，黄亮边输液边告诉记者，等下一次实验时间一到，会立刻返回工作岗位继续奋战。

2020 年 1 月 22 日，新冠肺炎疫情发生后，身为邯郸市疾控中心检验科副科长的黄亮责无旁贷地冲到了一线，担任起全市病原微生物的核酸检测工作。由于工作量大，实验人员又不充足，黄亮每天只有 1~2 小时的睡眠时间。

在黄亮进入实验室工作后，同样在邯郸市疾控中心结核病防制科实验室工作的爱人赵丽萍，也在第一时间跟公婆商量，表达了自己也想要加入病毒检验队伍工作的想法。两位老人二话没说就同意了，同时还安慰赵丽萍：“放心去工作，孩子交给我们，不要有后顾之忧。”赵丽萍心里很清楚夫妻二人一旦都进入实验室意味着什么。有了公婆作为坚强后盾，她再也没有了顾虑。来到单位后，赵丽萍马上到领导办公室，“主任，我要加入实验团队！”“不行！孩子不管了？家不要了？你们夫妻二人有一个人去就可以了，人员不够可以临时抽调别人。”领导一句话就回绝了赵丽萍。“主任，我是共产党员，我是学检验专业的，有十二年的工作经验，我就是最合适的人选！主任就这么定了啊，时间紧，任务重，我去检验科报到了！”还没等领导说同意，赵丽萍就急匆匆地走了，就这样，她也毅然地加入了实验团队。

她在请战书中这样写道：新冠肺炎疫情来临，实验室检测任务面临前所未有的重大考验，实验人员紧缺，作为一名共产党员，一名微生物检验专业的研究生，有十二年的相关工作经验，我申请加入新型冠状病毒检测小组，和同志们一起并肩作战，为抗击疫情贡献自己的一份力量。请领导批准！

从此夫妻二人并肩作战。丈夫黄亮工作在实验室二区，直接接触标本，负责标本病毒 RNA 的提取扩增；妻子赵丽萍负责一区的反应体系配置和三区的上机操作。虽然近在咫尺，只有一墙之隔，夫妻二人却只能穿着厚重的防护服，戴着呼吸面罩，依靠对讲机或者比画手势来沟通实验过程。

由于长时间佩戴 N95 口罩，鼻梁都被卡破了皮。仅呼吸面罩的供电装备就有十几斤重，一天要背十几个小时，每次从实验室出来，贴身的衣服都像从水里捞出来一样，皮肤被汗水浸泡得泛白，护目镜上的水汽结了一层又一层……

黄亮和赵丽萍夫妻在邯郸市疾控中心核酸检测实验室工作。

每个标本箱进实验室缓冲区、一区、二区、污染区都要经过严格的消毒，返回的时候同样要进行消毒，就这样，标本箱在他们的手中传来传去，有时候累得胳膊都抬不起来。每次从实验室出来时都已经凌晨，二人拖着疲惫的身体，坐在椅子上就能睡着。可休息不了多久，下一批次标本又会送到，夫妻俩又要迎接新的实验。有时他们二人也会开玩笑地说："机器运转时间长了，还得休息，也有出故障的时候，我们比机器强。"

从开始进行实验后，黄亮就很少回家，偶尔回家，是因为实在没有可更换的衣物了。大年三十的午饭是下午四点多的一桶方便面，年夜饭的饺子也是在实验室外站着囫囵吞枣地吃了几口，大年初一夫妻二人的午饭是一桶方便面和两根火腿肠。黄亮原本打算正月初二回保定给岳父母拜年，然而，两个孩子欣喜盼望半年的回姥姥家的愿望也落空了。远在保定的岳母得知女儿、女婿一同进实验室后哭了。"她是党员，她应该上！"黄亮岳父这样一句铿锵有力的话语，表达了天下父母对子女的爱。

实验空余时间，黄亮、赵丽萍夫妻二人和家人联系时，两个孩子要视频看爸爸妈妈，赵丽萍都忍着想念说不同意，听听声音就好，因为害怕看到孩子们喊着"爸爸妈妈什么时候回家？我们想你们了"的时候会抑制不住自己的泪水。

黄亮告诉记者："在疫情到来之时，所有人都已做好了思想准备。作为一名党员，作为一名疾控工作者，我有责任和义务'战'在一线，挡在老百姓身前！这个时候我必须上，发挥我的专业特长，为战胜疫情贡献自己的一份力量。""我和我的爱人都是党员，都是疾控工作者，我们不畏风险，并肩作战，同进退，共生死！"赵丽萍如是说。

践行使命担当，彰显先锋模范。在家里，他们是儿子、是父亲、是丈夫，是女儿、是妈妈、是妻子；但在祖国的召唤和严峻的疫情面前，他们只有一个称谓——防疫战士！

舍小家、保大家，向所有奋战在疫情一线的医务工作者的无私奉献精神致敬！

（河北省邯郸市卫生健康委员会　李湛祺）

2 疾控中心

——口岸和平年代的“排雷兵”

二连浩特市疾控中心应急处置队（摄影：那英）。

腊月二十八，中心主任办公桌上年底全区鼠疫疫情的文件还未归档，贴在宣传栏上的24小时疫情值班表还在延续，晚9：45，主任接到卫生健康委领导电话通知，市医院准备接诊北京至莫斯科国际列车上的一名武汉籍发热患者。新冠肺炎疫情之下，二十多年的防疫直觉让他在挂断电话后马上集结应急处置小组。

15分钟后，各组人马几乎同一时间到位。“养兵千日，用兵一时”，这是一支经历过“非典”疫情后训练有素的防疫精兵。严密部署过后，先行出动的是流行病学调查组。疾控中心副主任带领2名流行病学调查人员赶往现场，对发热患者进行流行病学调查。流行病学调查人员详细询问患者的基本情况，排查密切接触者，生怕漏掉重要环节。有了多年开展突发公共卫生事件模拟演练的业务素质，流行病学调查工作对他们来说驾轻就熟，即便是这样，当决定谁进隔离病房进行流行病学调查时，党员韩秀芬对年轻的流行病学调查人员说："你还没结婚，你别进，我先进去。"这是当年"非典"时她第一次做流行病学调查时老同志对她讲的话。

那一夜共接到 3 次通知，流行病学调查组全员在单位待命，真正诠释了"若有战，召必回"的无悔信念。腊月二十九凌晨五点半，疾控中心主任又取回了一份样本，此时检验组的 2 名工作人员已连续奋战五个多小时，主任命令她们睡一会儿再继续，毕竟检验工作的环境具有高病毒含量风险。一个多小时后，检验人员换上厚重而又密闭的防护服继续检测，这一份样本结果出来时已是下午三点半，她们已经工作了 20 个小时。检测结果不仅关系到患者的健康，更是二连浩特市作为口岸城市在这次新冠肺炎疫情防控中的风向标，所以检测结果必须及时准确，"90 后"检验员李晓辉深知这一点，对疑似结果做了复检。

发现疑似病例后，及早排查密切接触者，对阻击疫情至关重要，因为每延误 1 秒，就存在出现新感染病例的隐患。消杀组也随即配药、着装前往现场，对市医院急救中心、发热门诊及救护车进行终末消毒。后勤保障组第一时间充实必要的检测试剂、防护用品、消杀药械等物资，做到疫情防控期间有备无患。

大年三十凌晨一点，中心主任终于等到了自治区疾控中心对疑似阳性结果的确认。战"疫"第二枪打响。流行病学调查人员火速向北京市疾控中心、武汉市疾控中心、二连海关等单位发出协查通报，对确诊病例的密切接触者及车次进行进一步追踪排查，对在我市集中观察的 6 名密切接触者的咽拭子样本进行新型冠状病毒核酸检测，结果均为阴性。这样的结果无疑是好消息，疾控工作就像和平年代的"排雷兵"，目的是力保人民无恙。

从接到首例发热患者通知到病例最终确诊，疾控中心应急处置队连续工作了近 30 个小时。全员一线，没有预备队。集体加班，一起熬年。

生命重于泰山，疫情就是命令，命令就要无条件执行，鉴于疫情随时可能蔓延，大年初二，全员放弃春节假期，逆行返岗，没有怨言，无怨无悔。队伍中有带病奋战、现场敷膏药的防疫老将，有家人患癌却坚守后勤保障的办公室主任，有将 2 岁孩子托付给老人照顾的母亲，有母亲受伤需要照顾的女儿，有回家探亲得知疫情次日就返回的外地职工，有入职不到 1 个月的退役军人，有给确诊患者送生活用品和水果的预备党员，有患感冒却不顾危险和疲劳的“90 后”准妈妈……没有请战书，他们依然是疫情一线的战士。

2019 年，由于鼠间鼠疫疫情，疾控中心放弃五一和十一假期，全员出动处理疫区，11 月份疾控中心全体职工仍在加班加点，直至 2020 年年初新冠肺炎疫情出现。这支只有 23 人的应急队伍连续作战了数月，然而疫情仍在持续，他们不知道何时才能休息，但他们知道，哪里有疫情他们就应该出现在哪里。

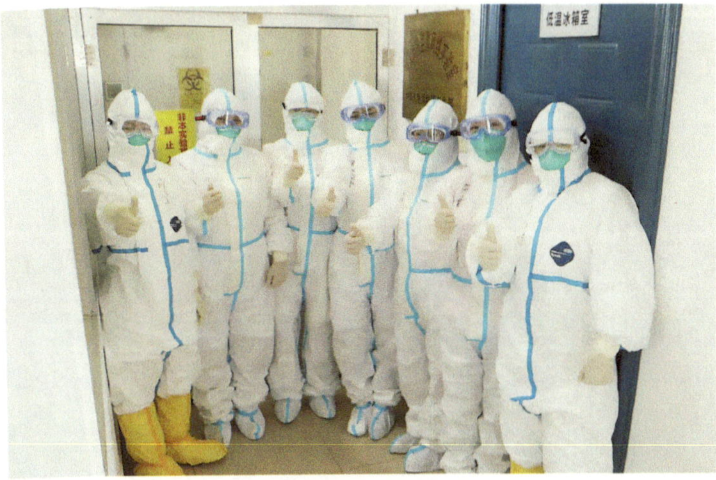

二连浩特市疾控中心新冠肺炎检验组（摄影：赵美霞）。

人人身先士卒，个个奋勇争先，是疾控中心几十年来的传统。“非典”时期，全站（那时的疾控中心还叫防疫站）人员面对突发疫情十分慌乱，而那时的防疫站站长（如今的疾控中心主任）临危受命，冲在一线，指挥全站队伍成功抗击了疫情。如今 17 年过去了，面对新冠肺炎疫情，中心主任毅然靠前指挥，且从容镇定。随着联防联控工作机制的健全、病毒检测方法的提升，经历过“非典”的老职工们如今面对疫情也忙而不乱，各项工作有条不紊循序推进。老同志们的精力不减，他们的工作状态感染着后辈，年轻的职工正是在这样的氛围下迅速成长，继承和发扬了疾控人的光荣传统，任劳任怨，无私奉献，成为疫情当前的一线人员。有2名职工甚至放弃了大城市带编制的工作机会，毅然决然留在工作岗位完成重要的流行病学调查和检验任务。我们有理由相信，疾控精神的传承必将在保护群众健康中勇立潮头。

疫情防控仍在继续，深知口岸疫情防控工作的重要性，疾控中心全员定会用自己的实际行动为人民群众的生命健康保驾护航，为筑牢口岸屏障提供坚强保障。

（内蒙古二连浩特市疾病预防控制中心　卢亚君）

3 闻令而动，勇毅前行

2020 年 1 月 31 日，沈阳北火车站，辽宁省疾控中心欢送辽宁疾控队队员出发（摄影：李磊）。

2020 年 1 月 29 日下午 2 时，中国疾控中心通过工作群向各省疾控中心发出通知，按照国家卫生健康委党组的部署，由中国疾控中心组织全国各省疾控中心对口支援武汉及湖北省 16 个地级市疾控中心开展实验室检测。接到通知后，辽宁省疾控中心立即行动，号召符合条件的实验室人员主动报名，经个人申报、中心领导班子研究决定，同意派遣张眉眉、鄂爽、王文思、于维君 4 名同志组成第一批对口支援湖北疾控工作队，备齐物资，随时待命出发。

张眉眉，主任医师，从 2003 年起，辽宁省疾控中心经历的重大公共卫生应急事件中都有她的身影，她常说："我是党员，冲在前面很正常，没什么可说的。"2003 年抗击"非典"期间，她吃住在单位，经常通宵检测样品，明明身体和精神十分疲惫却毫无怨言。2005 年人禽流感疫情防控、2008 年手足口病疫情防控、2009 年抗击“甲流”等重大疫情时，灯火通宵的实验室中常常能看到她的身影。2020 年新冠肺炎疫情防控工作中，她又冲锋在前，报名第一批辽宁支援湖北工作。作为第一批援助人员并不知道要去的地方有多么艰苦、多么危险。从单位接到通知到确定第一批赴鄂人选不足 1 个小时，就如箭在弦上蓄势待发，没有时间考虑个人的安危，无法顾及家人的想法，即便家中还有初中三年级的孩子，但此时她只有一个念头：国家有难，召必回。

鄂爽，主任医师，“余生很贵，切勿浪费；微笑面对，不留遗憾。”这是援鄂辽宁疾控队鄂爽副所长的人生信条。2020 年 1 月份刚刚援疆回来，顾不上和家人团聚，就投入到了援鄂工作中，他始终以积极乐观的态度去面对困难和挑战。面对父母的询问，他面带微笑，自信地说：“我们是全省最专业的，只要做好防护，就一点问题也没有。”那时的他对受援地的具体情况并不了解，但是为了让家人安心，让千千万万家庭安心，他必须微笑自信、顶住压力、负重前行。

王文思，主管医师，在党和人民需要的时候，舍弃新婚不久的小家，主动申请赴湖北支援，敢于担当，有所作为。

于维君，医师，“90 后”，刚刚升级为奶爸，把爱人和孩子交给家里的老人，毅然前行，报名前线。

2020 年 1 月 30 日下午 1 时，中国疾控中心电话要求，第一批赴鄂支援疾控工作队立即与湖北省咸宁市疾控中心对接出发。辽宁省疾控中心与咸宁市疾控中心建立工作联系后，决定预订当日 18 时的飞机，先飞往南昌再转车前往咸宁。后经中国疾控中心与铁路部门商洽后，改为次日乘坐高铁赴鄂。

2020 年 1 月 31 日上午 10：24，辽宁省疾控中心对口支援湖北的 4 名援鄂疾控队队员乘坐 G1292 列车从沈阳出发，他们随身携带防护用品，将在湖北省咸宁市积极同当地疾控中心协同开展新型冠状病毒实验室检验工作。同时辽宁省疾控中心党委研究同意援鄂疾控队成立临时党支部，由张眉眉同志任临时党支部书记，发挥党支部战斗堡垒作用和党员先锋模范作用，全面落实联防联控措施，坚决打赢新冠肺炎疫情防控阻击战。

2020年1月31日晚9时，辽宁援鄂疾控队一行4人终于抵达湖北省咸宁市咸宁北站，他们并没有因为10多个小时的火车旅程感到疲倦，反而对即将面对的这次战疫充满信心。咸宁市疾控中心的负责人早早来到站台等着他们的到来。在这个特殊时期，相距2 000公里的疾控战友们因为抗击疫情的共同目标走到一起，留下了这张特殊而珍贵的合影。

2020年1月31日晚9时，湖北省咸宁市咸宁北站，辽宁疾控队员和咸宁市疾控中心负责人合影（摄影：李磊）。

2020年2月1日，辽宁援鄂疾控队现场确认实验室工作流程和操作流程，就生物安全问题交换意见。他们进入实验室，认真了解检测流程，详细询问防护操作细节。根据现有的实验室条件，对整个检测流程进行优化。在原有个人防护的基础上，加穿外层隔离服、加戴第三层手套，在生物安全柜和缓冲区内设置手消，并详细规定手消的环节和步骤。

2020年2月2日，辽宁援鄂疾控队正式投入检测工作。之后的每一天，辽宁援鄂疾控队都会回传一份工作日志给单位，汇报当日队员身体状况、检测情况、遇到的困难等等，他们张弛有度、步步为营，有条不紊地开展检测工作。每天家乡的同志们都期盼他们平安凯旋，给他们更多的关爱，给他们的家属更多的关怀，及时了解、解决他们的困难。

2020 年 3 月 10 日，辽宁援鄂疾控队已经连续工作了 40 天，他们终于迎来首个阳性检测数为 0 的日子，迎来首个轮休调整。此时他们已经累计检测新冠肺炎疑似、密切接触、出院、特殊人群及环境样本 9 474 份，日检测量最多达 935 份。每一份数据都是队员们汗水的凝结，他们始终坚守着必胜的信念，践行着党旗下的誓言，坚守一线。

2020 年 3 月 31 日，在春光灿烂的三月里，载着咸宁人的祝福，载着家乡人的期盼，他们终于健康、平安地载誉归来。奋战的一幕幕在脑海里反复上演，并肩的战友，坚实的情谊，在战疫中牢固不散。再次见到他们，想给他们最美好的祝福，想给他们最崇高的敬意，想给他们一个最亲的拥抱，想给他们家人般的温暖！让我们铭记这些毅勇前行的英雄，请记住他们闪光的名字、朴实的语言和灿烂的笑脸。

2020 年 3 月 18 日，湖北省咸宁市疾控中心辽宁疾控队队员接受锦旗，合影留念（摄影：李磊）。

（辽宁省疾病预防控制中心　王娜）

4

飒沓白衣赴荆楚，风霜与共迎春来

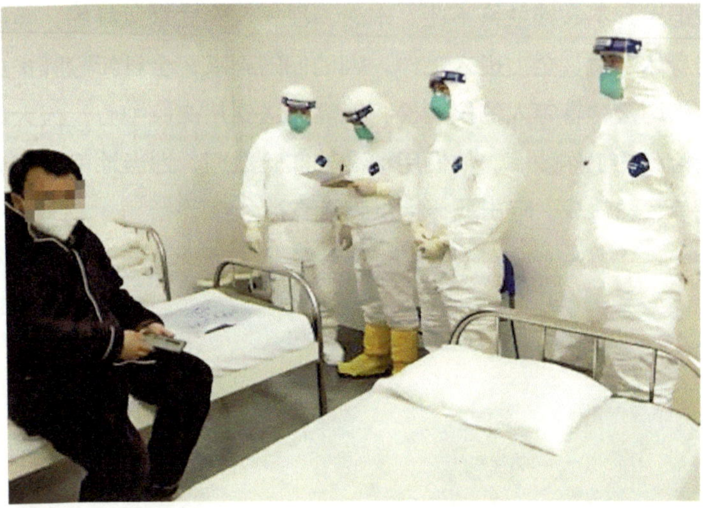

2020 年 2 月 24 日高飞、李权、杨晓巍、赵帅霖在汉川市开展流行病学调查工作（摄影：宋潇）。

黄鹤楼前，烟波浩渺，疫情如火，众志成城。2020 年伊始，新冠肺炎疫情肆虐湖北武汉，英雄的人民，正展开着一场激烈的、守卫生命的严峻斗争，痛苦而坚韧、浴火而重生。

越是艰难时刻，越能见证守望互助的真情；越是紧要关头，越要凝聚众志成城的力量。“武汉是英雄的城市，湖北人民、武汉人民是英雄的人民，历史上从来没有被艰难险阻压垮过，只要同志们同心协力、英勇奋斗、共克时艰，我们一定能取得疫情防控斗争的全面胜利。”习近平总书记的号召响彻华夏。荆楚大地，八方驰援。英勇的龙江儿女闻令而动、舍生忘死，请战、誓言、告别、嘱托此起彼伏；白袍、号角、旌旗、战鼓昭昭在目，向着疫情地图的深红处前进！前进！再前进！

2020年1月31日，按照黑龙江省疾控中心党委要求，党员宋潇、江云飞，作为专业技术人员，驰援湖北恩施土家族苗族自治州来凤县疾控中心。接到任务时，他们说："感谢组织给予这次机会，一定不辱使命！"遇到困难时，他们说："心坚石穿，愿为援鄂工作奉献全部！"后方指挥部提出队员轮替建议时，他们说："黑龙江小分队不需要轮换，我们一干到底！"猎猎白衣做铠甲，不破楼兰终不还。宋潇、江云飞到达来凤县后，克服阴冷天气带来的身体不适，全力投入工作。因他们的到来，全县新冠肺炎患者、疑似患者、密切接触者等人的核酸检测无需再送到州疾控中心，极大地提升了基层疫情检测的工作效率。他们用精准的实验数据，为当地早日打赢疫情防控人民战争、总体战、阻击战，提供强大支撑。

2020年1月29日宋潇、江云飞在来凤县开展实验室检测工作（摄影：高飞）。

2020年2月15日，出征的号角再次吹响，中心党委迅速集结高飞、李权、赵东辉、杨晓巍、赵帅霖，参加黑龙江省第五批援鄂医疗队，赴湖北孝感协助开展流行病学调查，前往武汉方舱医院参加疫情防控。战地党旗别样红，5 名党员组成临时党支部，背水一战、生死度外，冲锋陷阵、逆风疾行。清晨，他们穿着三级防护服，背上重重的装备，去病房，走留观点，上山下乡，走街串巷，入门入户；深夜，结束了连续十几个小时的高强度工作回到驻地，手套脱下手是白的，鞋子脱下脚是白的，口罩摘下是一道道深深的勒痕，继续总结工作，撰写报告，完善措施。一声誓言，一生奉献。他们化身疫情防控第一线的“隐形战士”，与确诊病例、疑似病例一对一地进行排查、询问、记录和核对，用科学的方法、专业的技术支撑起孝感疫情防控第一道大门。

2020 年 2 月 19 日，杨晨龙作别产后身体尚且虚弱的妻子，奔赴武汉第一线，主要参与青山区所辖范围的医疗机构、社区等重点场所的消杀督导等工作。以生命赴使命，秉初心换民心。一开始，他因方言障碍无法与当地居民有效沟通，愧疚自责下，连夜琢磨学习当地语言习惯，短短几天后，已经完全能够顺利、熟练地协助当地掌握疫情本底，在短时间内对当地的医疗机构、复工企业、社区、集中隔离点等场所进行风险研判，提出改进措施，提升消杀能力。星光不负赶路人，他一丝不苟的工作态度，受到当地指挥部的高度认可，所在防控组被国家三部委联合授予“全国卫生健康系统新冠肺炎疫情防控工作先进集体”。他乡的泥土，记得杨晨龙坚定的步履和无悔的付出；青春的岁月，因这场大考而显得荡气回肠。他坚信，生命和自然有约定，没有什么能够阻挡春天的归来。他说：“你看，武汉真的很美；你听，那就是万物复苏的声音。”

“疫情不退，我们不退！”铮铮誓言下，阴霾笼罩的湖北，终究变为了铁胆英雄的汇聚之地；黑白色的武汉，逐渐恢复了往日的色彩；东湖上绵延的细雨，尽数洗涤了援鄂战士们的满身疲倦。脚下泥泞、风雨与共，春归燕舞、人间值得！

抗击新冠肺炎疫情，泪水再多，终于总结成一个痛苦而美好的故事。相信，多年后回望这段时光，全国疾控人众志成城、勠力同心，不计生死、迎难而上的故事，一定会成为每个参与者永久珍藏的生命体验，也必将成为令后人赞叹的历史记忆。

（黑龙江省疾病预防控制中心　高云婷）

5

党员急先锋，疫战多面手

2020 年 1 月 20 日，陈冬华加入上海市流行病学调查队，开展调查、分析、研判工作。

陈冬华同志担任防疫消毒科副科长，主要从事急性传染病防控与消毒控制工作，是防控新冠肺炎消毒隔离组组长。

疫情就是命令，防控就是责任。在四个多月的防控阻击战中，他既是流行病学调查队员，又是集中隔离医学观察点的设计师、培训师、指导员，还是居家隔离医学观察点的“防护专家”和“消毒专家”。

冲锋在第一线，他是抗击新冠肺炎的逆行者

作为一名工作 10 多年的防疫老兵，陈冬华嗅到了一丝危机。真正疫战打响的第一枪是在 2020 年 1 月 19 日，接到集结号的一瞬间，他正在吃饭，匆忙扒拉了两口饭，就踏上了疫情处置之路，成为了这场阻击战的一名先锋队员。

穿着密不通风的防护服，戴着护目镜，雾气太大，一会儿就看不清了，他果断摘掉眼镜。没了眼镜的他在咽拭子采样时几乎是趴在被检者嘴边完成的，等流行病学调查结束，寒冬腊月里，他早已是一身臭汗。

完成现场调查返回，已是深夜，他马上开始着手撰写流行病学调查报告，病例的基本情况、就诊信息、发病前 14 天旅居史、发病后的活动轨迹、有没有可疑的病例接触、可疑的环境暴露等，有太多的信息，需要逐一整理归类。要与时间、病毒赛跑，寻找一切可能传染的蛛丝马迹，摸排感染来源、传播方式和可能的感染者。等把报告写好，已是凌晨 4 点了。

一夜未归，妻子送来了他最爱的水果和奶茶，还没来得及细细品味，他又接到了紧急征调令，成为了这场疫战的市级主力流行病学调查队员。下午 1 点准时报到，他有条不紊地安排好病例相关工作，匆忙赶回家，没能看上两个小孩一眼，扯了 2 件衣服，再次踏上征程，夜以继日、不分昼夜地开展疫情处置工作。

流行病学调查是场遭遇战，流行病学调查队员就像是在排雷，一颗一颗查验过去，雷到底埋在哪里？地铁上、火车上、公交上还是写字楼里？随着疫情升级，医院报告的疑似病例源源不断地涌进来，道口留验人员越积越

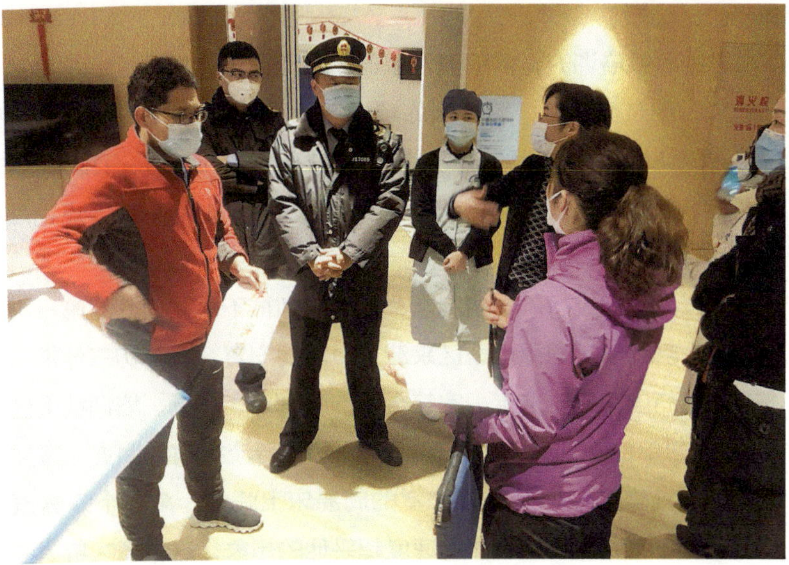

2020 年 2 月 5 日陈冬华指导集中隔离点设置与培训。

多，集中隔离点的设置成了当务之急。遭遇战进一步升级为阵地战，一场扎紧篱笆，守好营地的阵地战打响了。

一夜跑了 9 个点，他是与时间赛跑的人

“3 点开会，4 点到位”，是阻击战更是闪电战，辖区 27 个道口留验就创造了这样的组织动员奇迹。这是“战时状态”，军令如山，2020 年 1 月 24 日，全市启动重大突发公共卫生事件一级响应机制后，为防止疫情传播，道口留验大量急需隔离的重点来沪人员，集中隔离工作迫在眉睫。

一切从零开始，拟方案、做规划，不仅要快速，还要科学，更要可行。辖区第一家集中医学隔离点就是这样在他一边摸索、一边创建、一边调整中成立起来的。三区明确、双通道无交叉，污水粪便处理可靠，硬件布局刚完成，他又迅速组织在场的医务人员、安保人员、志愿者等相关人员进行培训，清洁区、半污染区、污染区如何做好个人防护，防护服穿脱流程和注意事项，隔离对象如何收住、如何撤离，医务人员如何在三区穿行等。他带领着工作人员一次次走流程，入口、楼梯、通道、房间，每走一步，他都会仔细琢磨每个细节，是否可以再优化，是否还有更科学合理的调整。

还在走流程做培训时，需隔离对象已经从道口送到楼下了，引导员一下子紧张起来，他亲自指导，培训演练转为实战。登记、入住、发放告知书、隔离协议，隔离对象中有体弱的老者，有愤愤不平的旅客，有拖家带口的，还有一对聋哑夫妻，个性化的需求让他们应接不暇，忙到凌晨 3 点，才拖着疲惫的身子回到单位。

大年初二，流程梳理、方案制定、援鄂培训忙不停，而此时第一个点的房间也即将告罄，更多的重点地区来沪人员需要安置。大年初三他带领团队一夜走了 9 家酒店，终于选定一家符合标准的酒店，布局、培训结束已是晚上 11 点，回到单位吃了几口饭，又赶往医院进行流行病学调查，写完调查报告已是凌晨 4 点，刚想躺在办公室的简易床上睡会，第二个隔离点来电话，房间已经收满。隔离点收住的速度超乎他的想象，这就意味着第三个点的筹建已迫在眉睫。

日夜颠倒、连轴转是陈冬华工作生活的真实写照，他已指导筹建了20多个集中隔离点，从选点、规划到培训、指导，建立了隔离点联络员制度，对各隔离点进行现场指导。

看到隔离对象点的水果外卖，“觉得你们不容易，水果送给你们，辛苦了”，看到一批批隔离对象被解除隔离，看到隔离对象隔离期满撤离时那一个深深的鞠躬，他坚信与时间赛跑、同病毒较量，一定能遏制疫情蔓延的势头。

这场疫战，无人能够置身事外，新冠肺炎疫情袭来，大众消毒需求瞬间上升到了前所未有的高度，他除了守好阵地，打赢这场“排雷”的遭遇战、集中医学观察的阻击战，还需要带领团队消灭所有病例活动轨迹上的病毒，打赢这场歼灭战。

为每一个病家消毒，他是与病毒抗争的人

每报告一例新冠肺炎患者，陈冬华都要组织队员前往病家进行终末消毒，切断病毒传播的可能性。

2020年2月8日下午，陈冬华带领组员前往刚刚确诊的一例新冠肺炎病例家里进行终末消毒。确定好消毒路线，穿戴好个人防护用品，背起装有刚刚配好的有效氯浓度为1 000mg/L的含氯消毒液的沉重喷雾器，队员们来到病家里，对墙面、地面、门把手、家具表面进行喷洒消毒，用有效氯浓度为5 000mg/L的含氯消毒剂对厕所地面、马桶等重点区域进行消毒。“消毒期间，房间里不能有人，消毒时间要保持30分钟，不然达不到消毒效果”，陈冬华说。

随后对病家的楼道、电梯进行了消毒，以降低病毒传播的风险。考虑到患者平时出入车库，队员们又对病家出入车库的路线进行了地毯式消毒，杀灭病毒，不放过一个死角。

除了对确诊病例的终末消毒外，陈冬华还负责培训、指导社区卫生服务中心工作人员，对疑似病例家进行消毒。

他知道，这道战线后面有千千万万的人民通过不同的方式与他一起作战。他在守着这道战线，保护着这一座城。

君问胜期未有期，方外疫情日千计。

何当共赏东湖樱，却话新冠团灭时。

我们疾控人早已甘于默默守护，我们也早已坦然“自毁长城”，但我们会努力，也更在乎“你若安好，便是晴天。”

（上海市嘉定区疾病预防控制中心　殷方兰）

6

伉俪情深并肩抗疫
平凡之中大爱无声

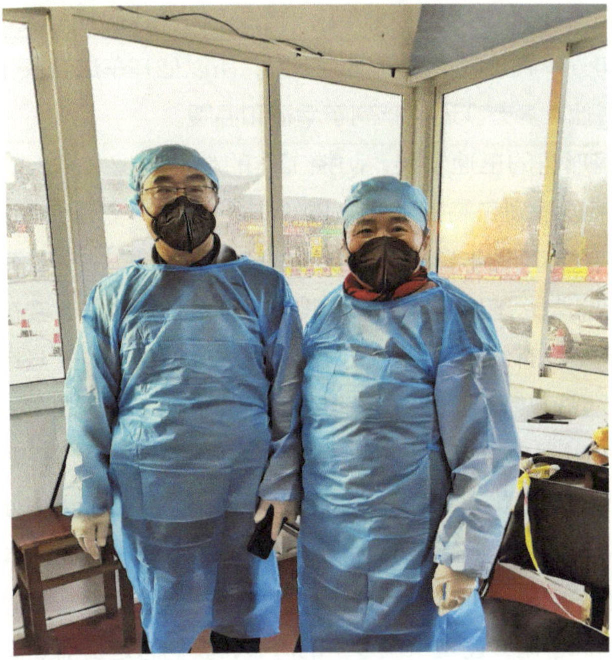

2020 年 2 月 2 日清晨 6：40，绩溪县高速收费站体温检测工作站，程扶雪和张莲子夫妻二人穿好工作服准备去接班。

我和他都在安徽省绩溪县疾控中心工作，他叫程扶雪，我叫张莲子，今年虚岁都 59 岁了（因为我是疾控中心主任医师，所以还没退休）。当抗击新冠肺炎疫情战斗打响之时，我们夫妻同心，坚守岗位，并肩作战，在抗疫工作中传为美谈，书写着疾控大爱赞歌。

疫情就是命令，我们整装出发。2020 年 1 月 25 日，大年初一，早晨 6 点多，气温零下 1℃，天空飘着蒙蒙细雨。我和老伴早早地就起床了，洗漱完毕，开门放鞭炮，和往年一样煮上热腾腾的浇头面（绩溪特有的），给同住的82岁老婆婆泡上一杯新年茶。新的一年来临了。这是一个不同寻常的春节，节前刚刚布置了新冠肺炎的防控工作，我们深感忧虑和不安。绩溪在武汉工作和上学的人数以万计，怎么办？我们不等不靠，主动请战。这一天我们没有像往年那样在家等客人来拜年或是去别人家拜年，而是开车去了火车站……绩溪县自除夕开始，为防控新冠肺炎在火车站、高铁站设置了体温检测点，我们是县疾控中心的双职工，抗击疫情，我们并肩战斗。老公除夕下午当班，初一早晨是我值班，因为下雨，所以他开车送我去上班。虽然寒风凛冽，但有他在身旁我还是感到了幸福和温暖。

随着疫情形势的迅速发展，防控工作的难度也越来越大。单位人少事多，我们俩都被派到了高速和高铁的卡口上。2020年1月26日清晨6点半，因为我们在不同的卡口值班，我只好骑着小电动车去，谁知下坡时车子刹车失灵，我情急之下倒向路边，手脚和腹部多处擦碰伤，我忍痛爬起来检查了伤势，所幸没有伤及筋骨。因为接班的时间快到了，又是早晨找人换班也来不及了，我只好忍痛坚持去了高速卡口。那天下高速的车子特别多，一个班5个多小时都是走来走去忙个不停，水都来不及喝，下班后整个人都瘫倒了。老公回家见状，二话不说就又是烧饭做家务又是帮忙处理伤口和精神安慰。后来单位领导照顾我们，就安排我们去了同一个高速卡口值同一个班，因此被很多同事笑称“夫妻档”“抗疫夫妻”。就这样，有时早班有时下午班，不论刮风下雨，还是气温零下的清晨，我们总是提前到岗，认真扎实做好每一辆车每一个人的体温检测工作，为抗击疫情作出应有的贡献。

防控就是责任，我们肩负重任。我们都是在疾控工作三十多年的“老人”了，经历了包括“非典”在内的无数次大小疫情和突发卫生事件的考验。我毫不犹豫担任了县疫情防控专家咨询组组长，县新冠肺炎疫情紧急心理危机干预专家组成员。我们每天都要上网搜索新冠肺炎的最新理论知识，国家和省政府对疫情防控的最新要求以及全国各地和本省及市县的疫情动态，负责疫情应对措施准备和现场处置的技术咨询和指导，参加疫情进展风险评估，对防控提出建议和意见。为了提高全民参与疫情防控的意识，普及防控知识，我接受了电视台专家访谈栏目的采访，为了有的放矢做好访谈工作，我工作之余认真准备材料直至深夜2点多。老公是市级职业健康管理专家，随着工厂复工，防控工作面临了新的挑战。他经常一头扎进工厂，一边

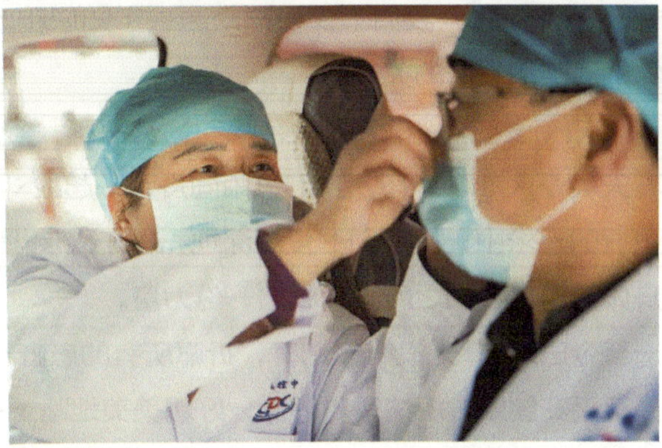

2020 年 3 月 7 日上午 9：00，程扶雪和张莲子在高速收费站体温检测工作站值班。

指导新冠肺炎的防控，一边要求职业危害防护。他去了农药厂，发现工人佩戴了一次性口罩，马上就提出了佩戴防毒口罩的要求。就这样，我们从点滴做起，从我做起，在疫情防控的紧要关头，哪里需要就到哪里去，肩负起防控责任，为控制疫情，保障群众的身体健康站好岗。

危机就是警报，但我们救援有力。春节是中国的传统节日，也是中国历史上最为热闹的节日。人们走亲访友拜年聚餐，是一年中最为轻松快乐的日子。然而 2020 年的春节，举国上下都被新冠肺炎疫情的阴影笼罩着，人们不得不闭门不出。1 个多月的居家生活，人们对疫情防控的形势难以乐观，每天的网络、微信等信息量惊人，有些谣言乘机满天飞，人们无所适从，产生心理危机在所难免。2020 年 2 月 1 日，县“防指”成立了新冠肺炎疫情紧急心理危机干预专家组，我亦是专家组成员，并要参加专家组 24 小时值班，对有需求的人群进行心理干预和帮助。“疫情什么时候能解除啊？”“我家某某要从外地回来要什么手续呀？”“我要到某地方去，能去吗？”“哪里有口罩卖呀，你能帮我买吗？”等等。除了值班电话，我每天都能接到很多类似的电话。怎么办？焦虑、烦躁、不安、恐惧，当灾难来临时，老百姓总是不知所措。我们义不容辞，我们应当想为百姓所想，心系百姓安危，迎难而上。我一边学习心理干预的理论知识和方法技巧，一边耐心地解答各种各样的咨询，从新冠肺炎的理论知识到防控措施的落实，从消杀技术到生活细节，从心理辅导到精神安慰。我们不仅给群众送去了知识和防控技术措施，也带给了群众党的温暖和政府的关怀。

我和他相识相知相爱已然35个春秋，我们情义深厚，爱意浓浓，共同进步。但这个春天最令人难以忘怀，我们风雨同舟，一起战斗，把我们的情埋藏在对疾控事业的追求中，把我们的爱深深地扎根于人民群众之中，为保障全县人民的身体健康尽我们之所能贡献出一份力量。

从大年初一至今已近50天没有休息了，祈愿所有的患者都快点好起来，所有的抗疫人员都平安健康，疫情早点解除，好想美美地睡上一觉。

（安徽省宣城市绩溪县疾病预防控制中心　张莲子）

7

全力做好百姓健康“守门人”

东营市疾控中心微生物检验室工作人员（摄影：王娜）。

在疫情防控阻击战，他们是一个有着举足轻重地位的团队，他们是这场战疫中的主角之一，他们第一时间开展流行病学调查，他们第一时间对可疑病毒样本实施核酸检测，他们有一个共同的名字——东营疾控人！

在这场疫情防控阻击战中，东营疾控人义无反顾承担起实验室确证检测、流行病学现场调查、密切接触者跟踪管理、疫情防控形势分析研判、疫情信息报告管理、防控知识宣传教育等任务，通过科学研判、综合分析、及时调度、密切跟踪，为全市疫情防控工作提供科学准确的决策依据。

党员作先锋，干部职工是主力，他们为守护人民群众生命安全筑起一座坚强的战斗堡垒，做百姓的“健康守门人”。

团队配合，打好前线后方攻坚战

收样、登记、核对、检测、复检……微生物检验室的工作人员每次检测，都要身穿厚厚的防护服，与可能存在的病毒“作伴”，他们是战斗在防疫一线的“隐形战士”。

2020 年 1 月 29 日晚，张安亮接到流行病学调查评估项目检测样本时，已是深夜。为确保第二天早上 7 点前检测结果上报，他主动请缨，为了赶进度，他和同事两个人在负压实验室连续待了两个多小时，当 147 份样本病毒核酸提取完成的时候，他细细的汗珠挂满了两层厚厚的防护服内层……

张安亮曾参与过 2003 年 SARS 和 2009 年 H1N1 流感疫情防控工作，身经百战的他每次接到检测样本，总是提醒年轻战友们：“N95 口罩、护目镜、防护服、防护手套……一定要规范穿戴，与病毒近距离接触，个人防护一定要做到位！”

防护用品是一线工作人员的第一屏障，保证物资充足是战胜疫情不可或缺的重要条件。东营市疾控中心应急工作办公室主任、第一党支部党员李俊

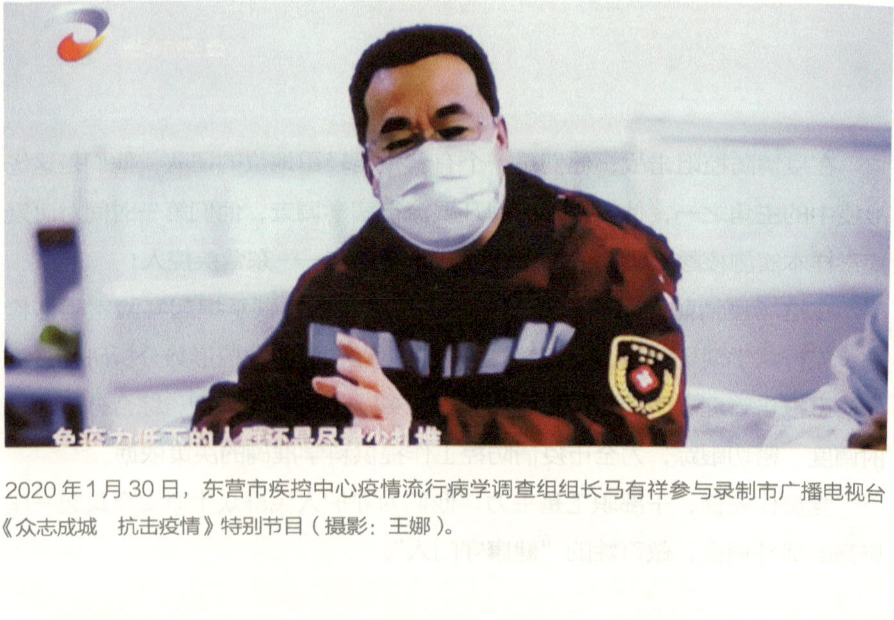

2020 年 1 月 30 日，东营市疾控中心疫情流行病学调查组组长马有祥参与录制市广播电视台《众志成城　抗击疫情》特别节目（摄影：王娜）。

青未雨绸缪，主动带领科室人员孙宗永、刘新民克服春节期间生产和物流配送困难，通过自驾车、快递、大巴车等方式运输，采购医用防护服、医用防护口罩、消杀药品器械、新型冠状病毒核酸检测试剂及各类实验室检测试剂等应急物资，想尽一切办法为抗疫一线及时供应“粮草”。他们的战场在后方，他们是前方一线人员的坚强后盾。

24小时待命，争分夺秒调查处置

东营市疾控中心传染病防治科科长马有祥是第二党支部书记，也是疫情流行病学调查组组长，是这次疫情防控的中坚力量。按照“宁可十防九空，不可失防万一”的疫情防控原则，他需要对每个密切接触者进行跟踪、随访，甚至是隔离管理。每次接到密切接触者报告，他总是第一时间奔赴现场，争分夺秒地指导开展调查处置工作。对他而言，时刻准备着出现场已经是常态，工作间隙大家休息的时候，他还要抽空录制电视台的防疫专题节目，接受各种采访，为公众讲解防控知识。

传染病防治科还有许许多多默默坚守在岗位上时刻待命的疾控人。科里的老大哥解光峰，总是冲锋在前，加班加点，顾不上休息；刚出哺乳期的两孩妈妈李静，每天忙完已是深夜，再匆匆赶回家中，年幼的孩子揉着惺忪的睡眼扑到她怀里才迟迟睡去；作为两岁孩子母亲的马晓瑜，加入流行病学调查组以来吃住都在单位，每天只能在视频中看看年幼的孩子，给家人报一个平安……他们何尝不想与家人团聚，只因使命赋予了他们重任。他们知道，流行病学调查工作早开展，就能够有效防止疫情扩散，将疫情扼杀在萌芽之中。

党员先锋，为百姓守好健康阵地

王海红是市疾控中心第一党支部委员、全市疫情防控专家组成员。2020年1月25日，大年初一，她和丈夫都接到了所在单位的紧急返岗通知。疫情严峻，拖延不得，简单商量后夫妻俩将两个女儿交给父母照顾，毅然返岗投入工作。

作为疫情防控专家组联络员，王海红每天组织、整理专家会商研判意见，汇总相关数据，为全市疫情防控风险评估提供数据支撑。同时，她还发挥专业特长，参与制定了全市重点场所消毒技术指南，奔赴医院、集中隔离点、银行、公安部门进行消毒知识指导培训。

工作结束，夜已深，孩子已经进入梦乡；早上 7 点出门，孩子刚刚睁开惺忪的双眼。三岁的女儿问："妈妈，你下班了吗？""妈妈不是下班，是要去上班啦。""那我什么时候可以去上幼儿园，什么时候不用戴口罩？"王海红回答："宝贝，快了，咱们再坚持坚持，戴好口罩，勤洗手，那一天很快就会到来！"

林更涛是东营市疾控中心一名较年轻的疾控防疫人员，却有着丰富的"实战"经验。2008 年汶川地震发生后，年仅 26 岁的他告别新婚的妻子，毅然奔赴北川抗震救灾，并在卫生防疫前线"火线入党"。作为本次防控咨询热线电话的接线员，他坚持春节假期期间 24 小时值守。针对各种恐慌情绪和疑问，他总是耐心严谨地给大家解惑答疑，每日接听咨询电话近 100 人次，有效缓解了市民的焦虑情绪。

在疫情面前，林更涛的父母、妻子都十分理解并支持他的工作。林更涛的女儿只有 1 岁，患有先天性胆道闭锁，术后需要极其耐心仔细的护理，他却因为工作不能够守候在女儿身边。家人鼓励他："国家安宁百姓才有好日子，这个时候，你只管放心去工作。"

其实，这些只是东营疾控人在疫情防控战斗的一个个缩影，在这个特殊时期，全市疾控系统一盘棋、一条心，义无反顾，逆行守护，全力打赢这场疫情防控阻击战。

（山东省东营市疾病预防控制中心　孙谦）

8

从深山扶贫到战“疫”一线，青春因奉献而绚丽

2020 年 2 月 11 日，刘俊毅正在穿戴防护装备，准备进入病例住所开展终末消毒（摄影：程猛）。

2020 年 2 月 23 日 13 时，湖北省襄阳市城市中心，昔日车水马龙的街道空无一人。刘俊毅以汽车引擎盖为饭桌，正大口大口地扒着盒饭。作为襄阳市疾控中心消杀队伍中最年轻的“90 后”党员，新冠肺炎疫情发生以来，他同消杀队伍满城奔波、开展消杀已经一月有余。

黝黑的皮肤，是他过去三年驻村扶贫的“军功章”。春节前刚刚从深山里的扶贫点回来，他的青春，又继续绽放在战“疫”最前线。

他和消杀队的同事们，身背四五十斤重的消毒器材和药品，穿梭在这座城市的一条又一条街巷。他们要进入城区确诊病例和疑似病例的住所，全方位、无死角地进行消毒，切断病毒继续传播的途径。他们要带着每个社区的干部、志愿者，对垃圾存放点、电梯、公共卫生间等重点公共场所进行预防

性消毒，最大限度降低病毒蔓延的风险。他们要在各类媒体上及时发声，将科学的居家消毒方法普及给市民朋友，教给大家预防新冠肺炎的实用技能。

一个多月的时间，刘俊毅和消杀队同事们在城区参与的消毒作业已累计达到 8 000 多万平方米。

阳光普照，密闭的防护服下，衣服早已汗湿。日复一日，湿疹、皮炎轮番来袭，不断挑战着他们的耐力和毅力。负重日行数万步，肿胀的双脚生出厚厚的茧。夜晚回到集中住宿点，想用热水泡一泡，却禁不住疲惫，倒床就昏昏睡去。

这些生理上的不适，刘俊毅尚能告诉家人。但他不会告诉家人，确诊病例的住所是他每天必须要上的战场，他要在可能充斥着大量病毒的室内，开展 1 小时左右的消毒工作。

“喂，老公，吃饭了吗？”刚收拾完饭盒，刘俊毅的手机响了，是来自妻子余璇的视频通话。余璇是襄阳市疾控中心预防接种门诊的一名护士。

因为消杀工作存在感染风险，为避免累及家人，刘俊毅与同事们住进了单位安排的集中住宿点。算一算时间，上一次见面已是二十多天前，从妻子值班的接种门诊前匆匆路过，隔着落地玻璃匆匆一瞥。

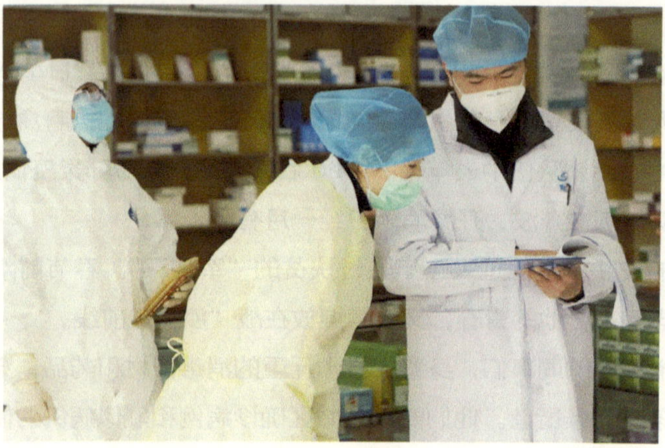

2020 年 2 月 1 日下午，刘俊毅到车城社区卫生服务中心开展消毒技术指导（摄影：程猛）。

刘俊毅本想拒绝妻子的视频，但是，思念如潮，于心不忍的他点开了接听键。

“我很好，你让爸妈放心。”刘俊毅的声音有些沙哑，“我要继续工作了，先不说了。”未等妻子回话，他赶紧挂断了视频，迅速整理消毒器材和药品，准备赶到下一个病例的住所。

十五分钟后，刘俊毅所在的消杀小组到达某社区。

与社区工作者快速对接后，他们带着装备来到病例所在的楼栋，按照规范程序配置消毒液、穿戴防护设备。医用防护口罩、帽子、防护服、防水胶鞋、护目镜、手套……下午两点，气温已经升高，一整套防护服穿戴下来，闷热的感觉令人有些头晕目眩。再三检查后，刘俊毅同其他两名同事进入楼栋。

他已经不记得这是疫情发生以来，第几次进入病例的住所，但他清楚记得第一次进入病例的住所时，尽管做好了防护，但是面对未知的危险，他仍有些忐忑，但当他看见病例家属忧虑、无助、茫然的神情时，一股强烈的使命感在胸中激荡，忐忑顿时消散。那一刻，他只有一个念头，用最专业的技术和最认真的态度，彻底消灭病毒，不留一个死角，不留一处隐患。

背后电动喷雾器“嗡嗡”作响，一股刺鼻的气味在空气中弥漫开来，尽管隔着防护口罩，依然会刺激到鼻腔和喉咙。刘俊毅尽量放缓呼吸，认真喷洒用次氯酸钠配制的消毒液，空气、地板和家具等物体表面，边边角角都不放过。对于门把手、开关、浴室花洒等不容易每处都喷洒到位的物体表面，他和同事们选择用一点点擦拭的方式进行消毒。

他到过的家庭，有的是孩子还在上高中的三口之家，有的是新婚的小夫妻，还有的是儿女在外地的独居老人。不同的家庭，幸福和温馨都是一样的，但突如其来的疫情给这些家庭蒙上了一层阴影。刘俊毅相信，在他和所有战“疫”先锋的不懈努力下，疫情的阴霾终将驱散，胜利的曙光必将到来。

“半小时后注意开窗通风，用清水把物体表面擦拭一下……”“用了84消毒液后，不要再用别的清洁剂、消毒剂，特别是洁厕灵……”对病例住所消毒完毕后，刘俊毅不顾疲累，再三向病例家属叮嘱注意事项。遇到年龄稍长的家属，刘俊毅会反复交代社区工作者，请他们协助处理、跟踪回访，确保群众安全。

离开时，他拿出手机准备联系消杀队其他几个组，忽然看见妻子的微信消息出现在屏幕上，时间已是半小时前。

“老公，注意安全。”向来不善表达、性格内敛的他突然觉得鼻头一酸，他赶紧抬头，望向天空，逼回泪花。

天空湛蓝，白云悠悠，一行大雁成群结队地飞过，真的像小时候读过的课文写的那样，一会儿排成“一”字，一会儿排成“人”字。

春天，已不再遥远。

（湖北省襄阳市疾病预防控制中心　张宇）

9 与病毒赛跑　力争每一秒

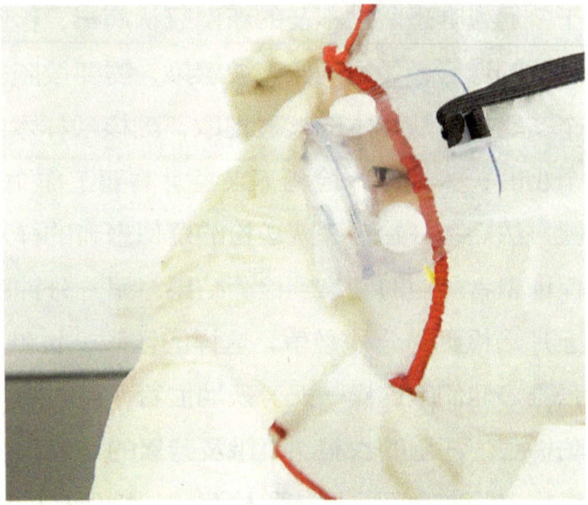

2020 年农历大年初一凌晨，湖北省疾控中心卫生检验检测研究所张雅婷准备进入实验室进行核酸检测（摄影：蒋湧）。

张雅婷，女，34 岁，主管技师，硕士研究生，中共党员，是湖北省疾控中心卫生检验检测研究所一名青年技术骨干，一直从事病原微生物检验检测工作。在疾控中心的抗疫战场，大家都知道实验室有一位精力好、排班密、专业强、哪里需要哪里冲的“螺丝钉”。她政治思想坚定，工作踏实，甘于奉献，具有强烈的责任意识和团队意识。在这次抗击新冠肺炎疫情战斗中，她自告奋勇、冲锋在前，以过硬的专业技能、高度的职业精神和使命担当，做一名抗击病毒的“逆行者”。她是许许多多平凡疾控工作者的缩影，在平凡的工作岗位上履行着疾控人“无声而坚定的守候”。

“有一种初心叫迎难而上”。作为一名共产党员，张雅婷不忘初心、牢记使命，勇上检验一线。自疫情开始到现在，现场采样、分装样本、应急检测、溯源调查……张雅婷出现在每一个“有需要”的岗位，默默坚守着一枚“螺丝钉”的职责。她所在的卫生检验检测研究所作为湖北省唯一被指定为新型冠状病毒平行检测实验室，主要承担新型冠状病毒核酸检测工作。疫情初期，在突如其来的新冠肺炎疫情防控阻击战中，源源不断的疑似新冠肺炎样本像潮水般涌向实验室，需要全所 24 小时不间断工作，争分夺秒开展感染新型冠状病毒的病例及溯源调查样本的核酸检测工作。疫情就是命令，防控就是责任。为了迎接挑战，张雅婷第一时间趁着周末开车 5 小时，赶紧把 4 岁的女儿送到老家，又连夜赶回武汉，转身直奔抗击疫情的第一线。对于普通人唯恐避之不及的新型冠状病毒，检验人员是长时间与它们“亲密接触”的逆行者。为确保不被感染，需要按照三级防护标准穿戴防护装备，整个实验操作从标本的核酸提取，到核酸样本的上机，全过程下来最少需要 4 个小时，多批样本检测下来经常需要工作 10 个小时。在确定了核酸检测实验方法后，开始对医院送检的疑似患者的样本进行新冠肺炎的排查工作。为保证患者最短时间拿到检测结果，早一分钟获得救治，常常收到样本就要马上开始检测，分秒必争。这样的忙碌一忙就是一整夜，天常常就这样亮了。张雅婷他们就这样一天一天地忙着，没时间吃饭，也来不及喝一口水，只有防护服下汗湿的衣服、饥饿及劳累的身体和职业的使命感。在全省其他医疗机构实验室全面开展核酸检测前，她所在的团队已累计完成超过 2 000 份疑似病例的新型冠状病毒核酸检测，为传染源的筛查、病例分类管理和临床救治提供了强有力的技术支撑。

“就是个熬夜比赛，我主要是年轻、精力好。”在张雅婷心中，她身体最好，最没负担，也是最应该“第一个”站出来的。她觉得团队中的伙伴们，有人有糖尿病，属于有基础疾病免疫力差人群，本来就不适合进 P3 实验室；有人年纪大了，晚上熬夜那么辛苦，万一晕倒了可怎么办；有的家里有小孩，需要兼顾家庭，而她已经先把孩子送走了，最没有负担。“我多做几次就好了啊，我多做一点别人就可以少做一点。”“既然初一是我的班，就把年三十也换给我吧，反正我也不能跟家人团聚。”这个班一上，就跨过了白昼和黑夜，跨过了新春和旧年。“我只是排班密一点，没什么特别的，反正我精力好，有事你们尽管多安排我。”这是她常挂在嘴边的话。张雅婷是这么说的，也是这么做的。有一次，刚刚脱下防护服，休整了几个小时，听说需要临时去几个疫情重的地市出差，她二话不说，简单收拾，陪同专家们赶到孝感、黄冈等地市进行实验室检测工作的技术指导。一早赶回武汉后，她没有休息，直奔实验室，一忙又是一整天。

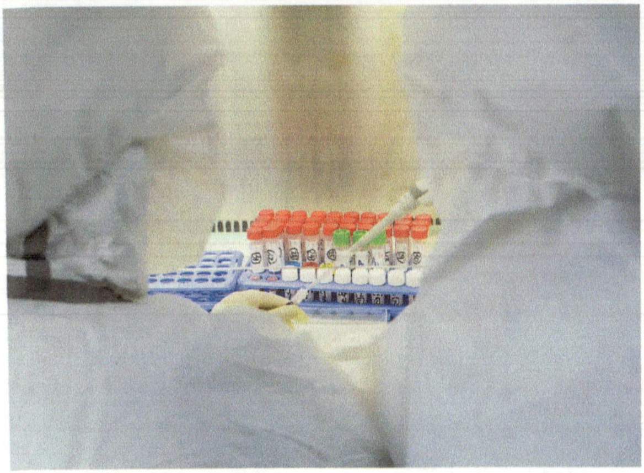

湖北省疾控中心检验所工作人员在生物二级实验室中进行新型冠状病毒核酸检测工作（摄影：蒋湧）。

一次次轮班，在科室主任的悉心指导下，她的业务水平不断地得到提升；在她的带动下有些同事甚至带着孩子一起来值班，让家属编入后勤保障队伍；今年新入职的同事，在她的带领下也已经在抗疫战斗中迅速成长为可以独当一面的专业技术能手了。大家并肩作战，携手奋进，筑起了一道防控疫情的铜墙铁壁。

每一个检验工作者都是病毒这个微观世界里的侦察兵，在这次新冠肺炎疫情防控工作中，及时可靠的检测结果在病例确诊中起到了“一锤定音”的决定性作用，为患者治疗和密切接触者管理争取了宝贵的时间。张雅婷就是一名优秀的侦察兵，也是隐身在防护服下最美的逆行者。疫情仍在继续，防控更不能有丝毫懈怠。在肆虐的新冠肺炎疫情面前，张雅婷同志始终坚定责任重于泰山的信念，在刀光剑影的实验台边，坚定地践行着疾控工作者的职责担当，在检验检测的平凡岗位上，为全省的疫情防控作出了不平凡的贡献。

（湖北省疾病预防控制中心　郭萌）

10

战友谊　夫妻情

2020 年 3 月 8 日，宜昌市疾控中心信息所副所长吴周志在宜昌市高新区南苑街道苏家榜社区恒大帝景小区督导调研社区疫情防控工作（摄影：郭小恒）。

这是一个关于疾控人吴周志、张慧琦夫妻的故事。

腊月二十六，吴周志、张慧琦夫妻休年假离开湖北宜昌回到河南老家的第二天，一家人围坐在一起点上生日蜡烛，准备为妻子张慧琦过一个简单的生日……此时，看到电视新闻上习近平总书记针对新冠肺炎疫情防控工作作出的重要指示时，他们马上意识到形势非常严峻。“若有战，召必回！”他们当下决定要从河南返回宜昌。

“还有三天就过年了，干脆把年过完了一起回去吧！”母亲劝说道。“形势很严峻，容不得我们犹豫。养兵千日、用兵一时，这个时候正是需要我们的时候。”父母见他们态度坚决，只好作罢。

当时正值春运，火车票非常紧张。但是疫情就是命令，刻不容缓。他们想方设法，抢到了两张到达荆州的火车票，马上收拾行装，匆匆和儿子告别：“儿子，爸爸妈妈要跟你说对不起，我们不能陪你和爷爷奶奶一起过年了，我们要马上回宜昌工作，等回来的时候给你买个你最想要的平衡车！”儿子还没搞清楚状况，但是知道自己要被留在河南老家，瞬间哭成泪人儿：“不行，我也要跟爸爸妈妈走……”他们一边歉意地安慰 7 岁的儿子，一边偷偷抹着眼泪毫不回头地踏上了返程的路……

回到单位，丈夫吴周志迅速转变角色，从信息所副所长切换成流行病学调查队长，毫不犹豫冲到了抗击疫情的第一线，多次带队奔赴市三医院开展病例个案的流行病学调查，深入疫情重灾社区指导防控工作。在流行病学调查实践中，他发现患者临床病案资料收集困难，并且流行病学调查队员大量的时间耗费在奔赴现场的路上，结合疫情防控的实际情况，他大胆地提出了远程开展流行病学调查工作的需求与建议，并依托信息所的岗位优势，积极协调，充分发挥健康医疗大数据的作用，实现了远程调用病案资料开展流行病学调查的工作模式。于是，他所在的信息所变成了流行病学调查的“情报中心”，流行病学调查队员成为了信息所的“常客”，流行病学调查工作在信息化支撑下井然有序地开展。信息化远程调查的模式避免了流行病学调查队员反复进入传染病医院及其病房开展调查，最大程度地减轻了个案流行病学调查与临床诊疗在时间、空间上的相互冲突与影响，避免了不必要的交叉感染。自疫情发展以来，吴周志带领的流行病学调查分队运用远程调查模式完成了新冠肺炎个案流行病学调查 262 例，在全市疫情防控流行病学调查工作中发挥了重要作用。在疫情防控期间，吴周志先后下沉到西陵区、高新区开展疫情防控工作驻点指导，驻点期间他对于每一份流行病学调查报告都严格要求，对于患者的行动轨迹要求精确到每一天的每一个小时，并且求助公安、市场监管部门参与流行病学调查，尽一切办法开展流行病学溯源。通过追踪溯源，他及其团队发现了城区多起聚集性疫情，为驻点地区开展防控工作提供了数据支撑。疫情态势稳定后，每天病例零增长，他又“马不停蹄”地奔赴在各复工复产企业、超市、酒店、机关事业单位、社区等重点场所，督导疫情防控工作落实，找出薄弱环节，最大程度降低疫情“复燃”的风险。

2020 年 1 月 27 日，宜昌市疾控中心传染病防制所副所长张慧琦正在对县市报告的新冠肺炎卡片进行网络审核（摄影：杜立毅）。

妻子张慧琦则开始接管疫情网络直报组，担负着全市疫情网络信息管理的艰巨任务。虽然不是最前线，但是每个疫情数据都来源于此，必须密切关注疫情网络直报平台，不能有丝毫差池和松懈。有时候为了一个病例报告问题需要辗转沟通几家机构，办公室电话响不停，一天下来，她嗓子都嘶哑了。她每天从早上 8 点工作到次日凌晨，一坐就是十几个小时，腰伤也复发了，但忙碌的工作经常使她忘记疼痛。她的认真负责，保证了全市每个病例在两个小时内准确完成省 - 市 - 县三级审核。她建立了一套新冠肺炎病例报告审核的质控机制，规范了全市新冠肺炎的病例报告，确保疫情网络直报系统数据的真实、准确，以供市指挥部科学决策。

正月初八的深夜，远在河南的儿子通过微信给他们发来一张自己画的画，画上爸爸和他一手拿着剑，一手拿着盾牌抵御病魔，妈妈穿着粉色裙子开心地笑着，儿子还用稚嫩的字体写着“爸妈辛苦了”。他们夫妻感动得落泪了，他们很欣慰地看到，儿子理解他们的选择，也在支持他们抗击疫情。

在这新春佳节本该阖家团聚的日子，面对肆虐的疫情，他们毅然请战！他们舍小家为大家，用实际行动践行了共产党员的初心和使命！他们是夫妻，也是战友，更是这个冬天最美的“逆行者”！

（湖北省宜昌市疾病预防控制中心　吴周志　张慧琦　刘华容）

11

柳江河畔的逆行者

2020 年 1 月 25 日上午，柳州市疾病预防控制中心全体党员干部职工在中心党委书记黎明强带领下举行新冠肺炎防控誓师大会。

广西柳州是壮族歌仙刘三姐的传歌圣地，传说刘三姐在鱼峰山唱歌感动上天而得道成仙，山歌世代在鱼峰山脚下缭绕。

爱听山歌的张阿姨说，她从来都不曾想过，突然有一天在鱼峰山脚听不见歌声……

2020 年新春，武汉发生重大疫情，并很快向全国扩散。疫情袭来，柳州市疾控中心取消春节假期，第一时间启动应急预案，成立新型冠状病毒感染的肺炎疫情防控领导小组，组建综合办公室、疫情监测组、现场处置组、生物安全组、联防联控组、宣传教育组、后勤保障组七个工作小组，全身心投入这场没有硝烟的疫情防控战斗……

迎风暴：未雨绸缪早准备

2020 年 1 月 15 日，在柳州尚未出现新冠肺炎病例及密切接触者报告时，柳州市疾控中心党委书记黎明强就发出指令，提前部署各科所，做好应对新冠肺炎疫情的物资、人才和技术等准备。

2020 年 1 月 16 日，柳州市疾控中心组织召开专项工作会议，开展线上线下防控技术培训。

2020 年 1 月 20 日，柳州市疾控中心成立了以黎明强书记、梁陈方主任为双组长的防控工作领导小组，制定周密的防控方案，细化疫情处置流程，制定针对性强的防控措施。

在最短的时间里，柳州市疾控中心完成了防控新冠肺炎疫情前期准备工作，为柳州快速、主动、科学防控提供了技术支撑，传达了柳州疾控人对疫情灵敏的嗅觉。

2020 年 2 月 7 日，柳州全市住院留观病例基本排查完毕，除了少部分新入院的重点病例以外，原疑似病例存量全部完成第一次核酸检测，为落实“四早”防控措施打下了坚实基础。柳州市疾控中心关口前移的做法，得到了广西壮族自治区疾控中心的发函褒奖，并号召全区疾控系统学习柳州经验。

勇担当：火眼金睛千里追

“× × 医院报告了一起疑似新冠肺炎病例，请你们立即前往医院协助调查。”

“您好，我们是柳州市疾控中心的流行病学调查人员，现在要对您开展流行病学调查。请您回想一下，1 月 18 日您从 G435 高铁下柳州后，怎么回的家？”

这样的问答每天都在反复上演。在机场车站、在医院、在社区、在农村，柳州市疾控中心流行病学调查组身着密不透风的防护服，头戴护目镜，认真询问确诊病例，详细了解他们发病前、中、后的密切接触者及所经历的场所等，记录去过的每个地点，接触过的每一个人。厚重的衣服，使他们汗湿衣襟，他们以严谨、执着的工作姿态完成标本收集和运送，及时发现和隔离治疗继发的密切接触者，减少传染源，防止疫情的进一步扩散。

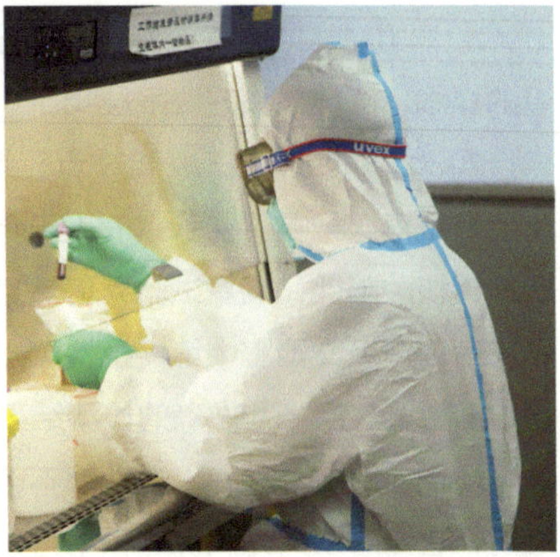
柳州市疾病预防控制中心实验室人员在进行核酸检测试验。

作为全市疫情监测的信息枢纽，他们要从庞大、冗杂的信息网中准确提取有效、真实的信息，并进行风险评估研判，提供给政府部门，帮助其作出决策。

不畏险：勇往直前灭病魔

“× 厂小区新报告 2 名确诊病例，请立即前往患者家中做好消毒工作……”

“好，马上出发！”

严不透风的防护服、密闭的口罩、20 千克的消毒装备，穿戴就是半个多小时，使用有效氯浓度为 1 000mg/L 的含氯消毒剂喷洒现场……这已经是每个消毒人员熟稔于心的了。

确保单元楼道、每个房间、每个角落消毒到位，防止病原体再度传播、将它扼杀在“摇篮”中。这样的工作，每天都在持续……柳州疾控人将危险留给自己，将安全送给千家万户。

顾大局：自古忠孝两难全

当你抱怨不能离家外出时，他们却有家难回。

2020 年 1 月 20 日，柳州市疾控中心微检所收到第 1 例疑似新冠肺炎患者的样本，疫情来临的警报拉响。

2020 年 1 月 22 日凌晨 3 点，第 2 例疑似新冠肺炎患者样本送到微检所，警报再次拉响。实验室的人员全副武装重上战场，试验结果显示新型冠状病毒核酸阳性，反复试验，仍然是阳性。柳州首例新冠肺炎病例确诊，这是广西地市级实验室中第一批检测出的新型冠状病毒样本。完成疑似病例存量核酸检测，快速、准确的检测结果为疫情防控争取了宝贵的时间。

在疫情面前，家庭、亲人都不可避免地放在了身后，大年三十进实验室之前，也会对家人充满愧疚和不舍，可穿上防护服，就变成了心无牵挂的战士，只能一路冲锋向前！

守初心：守土尽责写新篇

在抗击新冠肺炎疫情的斗争中，柳州市疾控中心党委领导班子精诚团结、群策群力，全体党员干部职工坚定信心、团结一致，以实际行动投身到防疫工作中。

从 2020 年 1 月 21 日到 2020 年 3 月 13 日，柳州市疾控中心共完成对全市可疑病例、重点病例 978 例病例的调查处置工作，检测新型冠状病毒核酸检测咽拭子样本 2 852 份，调拨采购应急物资 94 次，接听 24 小时健康热线电话 1 227 个，接收协查函 100 份，发布疫情防控宣传新闻累计 90 篇次，发放宣传资料 18.4 万份，对 239 家单位等开展督导检查。

人勤春来早，奋进正当时。我们有理由相信，在新时代的新机遇和新挑战面前，柳州疾控人定能坚守初心、克难攻艰、再谱战“疫”胜利的新篇章！

（广西柳州市疾病预防控制中心　曾宣彰　龙雪）

战荆州！琼州儿女远赴荆楚大地，千里驰援只为国泰民安

2020 年 2 月 14 日，海南省疾病预防控制中心王帅在海口美兰机场做支援湖北行前准备。

出征前的办公室，我问他：“怕吗？”他说：“怕。那边密接多，病死率又高。”“那你为什么还去？”“我是一名共产党员。”

回答问题的人是海南省疾控中心质量管理室主任王帅，从 2020 年 1 月 25 日海南省启动突发公共卫生事件一级响应以来，他全身心投入疫情防控工作，不是在隔离病区做流行病学调查，就是在疫点做消杀，不是在会议室参加疫情研判，就是在各个市县追踪密切接触者，唯独没有时间，回自己的家。直到 2 月 13 日决定远赴荆州参与对口支援，妻子打包好换洗衣物送到单位楼下，他们才见上了庚子鼠年的第一面，家中的父母、女儿是顾不得相见了。没有太多言语，他只叮嘱妻子多上心女儿的功课，因为自己这一走还不知道什么时候才回来。

君问归期未有期，巴山夜雨涨秋池。情人节这天，他踏上了征途。与他一同出征的还有海南省疾控中心党委委员、副主任陈言，检验所副主任技师曾祥洁、副主任医师张广恩，以及来自琼海市疾控中心的马涛、儋州市疾控中心的马宾、白沙县疾控中心的李发仁、五指山市疾控中心的黎玉璧、朱健，还有海口市皮精所的姜涛、琼海市皮精中心的王艺桦和儋州市人民医院的符步远。

危难时刻显本色，大事难事看担当。此次赴荆州驰援，是海南省派出援鄂的第四批医疗队，也是海南疾控系统派出的第一支公共卫生战队。接到援助通知后，海南省疾控中心领导班子身先士卒、率先报名，各部门迅速响应、积极应战，短短 10 分钟就有 26 人主动请缨、请求出征。

没有人生而英勇，他们只是选择了无畏。他们不是神，是有血有肉的普通人。是他们身上属于信念的那些热忱，击碎了作为常人的恐惧。出征仪式上，曾祥洁的妹妹前来送行，姐妹俩相拥而泣的画面，让在场的同事、媒体都为之动容。我相信和王帅一样，他们也会担心自身安危、也会惦记家中父母妻儿、更会想念家乡故土，但为什么，他们义无反顾、一往无前。我想，因为他们知道，“卫生健康的职业精神是：敬佑生命，救死扶伤，甘于奉献，

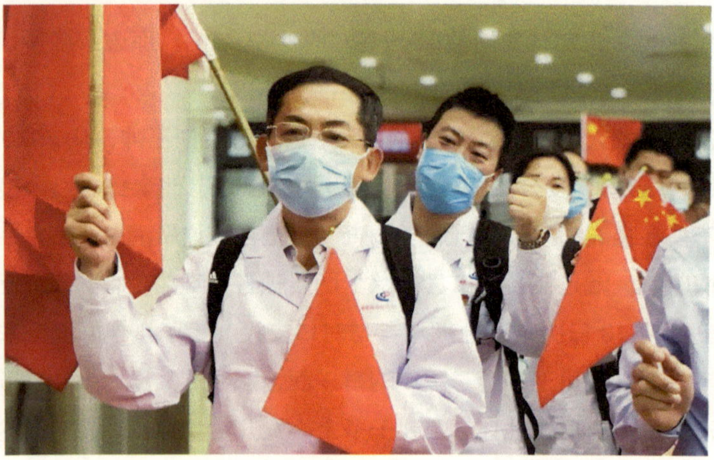

2020 年 2 月 14 日，海南省疾病预防控制中心陈言在海口美兰机场出征仪式上。

大爱无疆。”他们更知道，疾控人的初心和使命就是守护人民群众的生命安全和身体健康。

青山一道同云雨，明月何曾是两乡。在机场，海南省委书记专程为援鄂队员送行，他指出，大疫当前，正是守望相助的时刻。我们全体队员，要与前三批援鄂医疗队一起，同湖北人民一道，坚决打赢这场疫情防控的人民战争、总体战、阻击战。

疫情只能隔断陆路水路和航班，却隔不断宋词楚歌千里婵娟。让我们的战士带去南海之滨的春江水暖，北纬 19 度的阳光必将冲破阴霾。盼他日，三角梅与樱花同绽放，待到战“疫”凯旋，共赏花好月圆。

（海南省疾病预防控制中心　许珂）

13

战“疫”高原的格桑花团队

2020 年 2 月 13 日，抵达炉霍县当晚 23：30，队员们（曾林子、杨小蓉、黄玉兰）完成实验室环境及设备调试（摄影：李帆）。

2020 年 2 月初，当所有人的目光都聚集在武汉的时候，当各地的抗“疫”勇士都在向湖北集结的时候，四川省疾控中心有这么一群战“疫”勇士，他们逆行的方向却有所不同。同样是抗击疫情，他们却一路向西，从海拔 500 多米的成都奔赴海拔 3 000 多米的甘孜州道孚县。

二月的高原，寒风凛冽，雪花飞舞。道孚县发生的新冠肺炎聚集性疫情牵动着各级部门的心，按照省应对新冠肺炎疫情应急指挥部的部署，四川省疾控中心火速建立了涵盖流行病学调查、实验室检测、环境消杀、车辆保障等专业的应急处置队伍，奔赴高原抗击疫情。其中，实验室检测组是由四川省疾控中心微生物检验所的杨小蓉、曾林子、黄玉兰三名女队员组成。她们都有年幼的孩子，但作为一个疾控人，在这个疫情防控的关键时期毅然告别家人，勇敢逆行。

克服高原反应，第一时间建立高原实验室

开展新型冠状病毒核酸检测需要分子生物学实验室，但道孚县没有分子生物学实验室。如果将样本送到州府康定市检测，需要奔袭200多公里的路程，而且途中还要翻越海拔4 300多米的折多山，道路崎岖，光运送就需要花费四个多小时的时间。再加上实验室检测，最快都要八九个小时才能出结果。在离道孚县60公里远的炉霍县疾控中心有分子生物学实验室，如果在炉霍县建立核酸检测实验室就可以节约大量的运输时间，从采集样本到出具结果，最快四个半小时就能完成，这样就能更及时地开展各项疫情防控工作。

2020年2月18日22时，队员们在高原风雪的陪伴下回驻地（摄影：李帆）。

2020年2月13日20时，检测团队携带各种检测设备和物资到达炉霍县。冬季的高原，空气中氧含量很低，团队三人都出现了高原反应，头痛、呼吸困难。但面对大量待检测的样本，他们顾不上休整，采取吃散利痛的方式减缓高原反应带来的剧烈头痛，立即着手建立新冠病毒高原检测实验室——搬设备物资、调试实验室环境、调试仪器设备……23时30分，实验室环境和设备调试及相关准备工作全部完成。三人随即开始了第一批500份样本的检测，在随后的24小时内他们一直都没有休息过。实验过程中，她们必须做好生物安全三级防护，穿戴上严密的防护服和N95口罩，这更加加重了她们的高原反应，前三天都一直靠服用散利痛来克服高原反应。

克服仪器故障，高效完成样本检测任务

在海拔比道孚县还高200多米的炉霍县，不仅人有高原反应，就连仪器设备也会有“高原反应”。比如正压送风头罩在成都能用8小时，在炉霍县却只能用3小时，而一般情况下为了完成更多的样本检测，队员们会在负压实验室操作6~8小时，所以当正压送风头罩的电池耗尽后，她们就换成防护面罩继续工作。

进行新型冠状病毒核酸检测的仪器主要是核酸提取仪和PCR扩增仪。当核酸提取仪出现“高原反应”不运转的时候，队员们就自己手工操作。手工提取核酸的风险较大，因为整个过程是一直暴露在样本面前的。尽管手工提取核酸会使得工作量增加很多，但实验检测组的检测速度和检测任务量却并没有因此而降下来。最多的一天，队员们一共手工提取了282份样本，在紧张的检测过程中，队员们并没有感觉到多么的疲累，直到完成当天的任务走出实验室后才感觉到全身都已酸软无力。

克服重重困难，发扬疾控吃苦耐劳精神

检测结果是前方采取流行病学调查、密切接触者追踪、患者救治等进一步防控措施的重要依据，早一分钟出结果，相关防控工作就可以早一分钟开始。为及时控制疫情传播，道孚县加大了病例筛查力度，样本检测的任务量

非常大，但检测组只有三人。同时，疫情防护物资也异常紧缺，如果中途停止实验，再次进入实验室时就需要更换新的个人防护装备，队员们认为这样太浪费紧缺的防护物资了。为按时完成检测任务，节约防护物资，队员们决定不吃中午饭，抓紧每一秒的时间开展检测工作，坚持完成所有样本检测后才出实验室。她们时常是在阳光灿烂的时候走进实验室，在雪花飞舞的深夜迈出实验室。有一天深夜，杨小蓉从实验楼去办公楼上报检测数据，刚出实验楼就滑倒在了雪地上，地上拖出了长长的痕迹，幸而她并没有摔伤，爬起来拍拍身上的雪花，继续朝办公楼走去。她们的这种敬业精神，节约了紧缺的防护物资，保障了防控工作的顺利开展。

在炉霍县的一个月，她们共检测样本 2 140 份，复核样本 792 份。除了开展实验室检测工作外，还到医院和隔离点开展了患者、密切接触者、医院环境等各类样本采集工作，对全州疾控系统的实验室检测人员开展样本采集和实验室生物安全视频培训。通过带教炉霍县疾控中心的实验检测人员，建立各项实验规程，把炉霍县疾控中心实验室建成了全省三州地区唯一一个可以开展新型冠状病毒核酸检测的县级疾控中心实验室。

她们三人被誉为高原格桑花团队，在这个毒魔肆虐的冬季，她们将“格桑花”的美丽绽放在了寒冷的甘孜高原。

（四川省疾病预防控制中心　程刚）

14

逆行：与时间赛跑

2020年1月25日，大年初一，贵州省疾控中心流行病学调查组工作人员冒着风雪前往疫点处置疫情（摄影：廖春）。

身穿防护服，手提应急箱，他们穿梭于危机四伏的医院隔离区及患者家中，奔走于一个个患者和密切接触者之间，抽丝剥茧，顺藤摸瓜，迅速锁定排查，切断传染源。

在汹涌的新冠肺炎疫情面前，他们通过面对面调查，掌握第一手新冠肺炎患者发病、感染的特征信息，评估疫情的风险，为政府提供科学的防控依据。

贵州省疾控中心流行病学调查处置组，一群鲜为人知的前线战士，用这种特殊的方式与蔓延的疫情赛跑。

面对突如其来的新冠肺炎疫情，为指导全省做到早隔离，防止疫情扩散，贵州省疾控中心第一时间成立流行病学专家调查组，并开展培训和研讨，制定相关预案，同时要求各小组春节假日期间不休息，全员待命。

2020 年 1 月 21 日 0：30，贵州省疾控中心实验室报告全省首例新型冠状病毒阳性病例。从这一刻开始，流行病学调查处置组就一刻未停。

大年初一清早，漫天大雪。接到命令的胡灿小组立刻出发前往安龙县处理疫情。但是因为雪太大，高速路临时关闭。得知情况后，正在老家册亨县的陶忠发主动请缨，立即赶赴安龙县，与州、县疾控人员共同调查、处置疫情，一刻也没有耽搁，为早发现、早处置提供了科学依据。

2020 年 1 月 29 日 13 时，正在办公室写方案的组员王丹突然接到通知：当日 12 时 30 分，六盘水市某县报告 1 起疑似聚集性疫情，需要贵州省疾控中心立即派员指导下一步疫情调查处置工作。

王丹和荀梦君组成的调查小组迅速集结，提起装有一次性帽子、防护面罩、N95 口罩、隔离衣、隔离服、消毒用品……大大小小 10 多种物资的疫情处置包，整装出发，一场和疫情的赛跑和阻击战打响。

王丹介绍，调查的过程并不容易，“要从病人什么时候发病开始问起，和哪些人有过接触？乘坐过什么样的交通工具？到过哪些地方……”调查的过程并不容易，有时被访对象会有隐瞒，需要根据时间线索引导对方回忆，再通过一个个调查记录来进行比对，筛查分析。

该病例 2020 年 1 月 17 日从武汉返回，21 日发病，初步排查到的密切接触者有 62 名。调查组采取边判定、边排查、边隔离、边观察、边控制的策略，经过一整夜的梳理、分析，终于将全部本地密切接触者运送至集中隔离点，全部外地接触者均向当地发出协查函。

“早一分钟将密切接触者找出来，就会少一个人被感染。”王丹说，调查过程就像警察办案一样，环环相扣，容不得丝毫马虎，一旦信息缺失就有可能遗漏密切接触者，甚至影响疫情的研判。紧锣密鼓的调查结束后，小组成员们还要加班加点撰写调查报告，常常要忙到凌晨两三点才能休息，有时甚至是通宵达旦。

翻开流行病学调查组副总负责人、呼吸科科长黄艳近期的工作日志，每一天都排得满满当当：2020 年 1 月 20 日凌晨，到贵阳市处理新冠肺炎疫情加班一整夜；1 月 22 日，撰写全省加强疫情报告规范的文件并组织讨论至凌晨 3 点半；1 月 24 日整理及分析病例资料和密切接触资料至凌晨 2 点；1 月 25 日在省政府指挥中心撰写疫情报告加班一整夜……

胡灿是两个孩子的父亲，最小的孩子刚满 2 个月，今年本打算带着妻儿回家陪老人过年，疫情来袭，他放下家人迅速投入到战斗中；孙洁回家的车票都买好了，接到命令后当场退票，回到自己的岗位；派出去帮扶的余春和聂炜，得知疫情后，临阵请缨，加入中心的流行病调查处置组，并奔赴现场；春节前已回到家休假的刘昭兵，也及时赶回来；在家休病假的李昭毅，不畏冰天雪地，从遵义赶回贵阳，一直坚守在自己的岗位上……

“功成不必在我，但功成必定有我。”疫情发生以来，贵州省疾控中心的战士们坚守着自己的初心，与疫情赛跑，全力控制疫情的增量。

（贵州省疾病预防控制中心　柳村）

15

疫情防控阻击战中的“硬核担当”

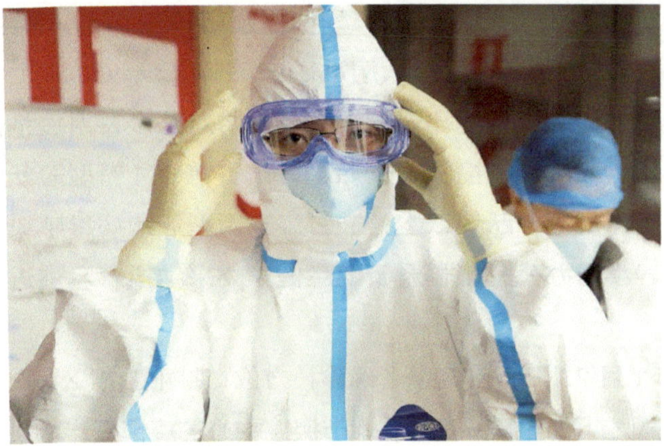

2020 年 2 月，甘肃省疾控中心新冠肺炎疫情防控流行病学调查队员姚进喜检查防护装备（摄影：余坤）。

“硬核”原本是一个朋克摇滚音乐流派，旋律极其简单，但速度更快，力量也更强。不知从何时起，人们开始用“硬核”来形容有突出表现的人或事。

回眸姚进喜的从医之路，同事们可能脑海中闪现的就是这个词——硬核。的确，对甘肃省疾控中心来说，姚进喜够“硬核”，给人一种很厉害、很酷、很刚硬的感觉。当然，姚进喜之所以这样，与他丰富的工作经历不无关系。从兰州大学预防医学专业毕业到甘肃省疾控中心应急办负责卫生应急处置和传染病控制，从“甲流”防控到舟曲泥石流，从玉树地震到兰州“布病”应急处置，姚进喜和他的伙伴们步履铿锵、势不可挡。

这一次，一个新型的冠状病毒突然降临；这一次，一场愈演愈烈的疫情来得猝不及防，搅乱了人心，也让姚进喜停下了回家过年的脚步。他说：“我没有理由抱怨，因为我当初选择应急办就意味着必须要挑战急难险。”虽然，这话听起来依然“硬核”。但我相信，在他的内心深处，肯定会放不下仅仅6个月大的“二宝”，也会牵挂仍在发热的“大宝”。

这一次，武汉危在旦夕，湖北全面告急，姚进喜又一次整装待发，他敏锐地感知到这一次的疫情非同小可，他放下了装满年货的行囊，拿起了应急队员“个人携行装备”。

未雨绸缪是姚进喜的工作习惯，他深知防控疫情的关键之战在于迅速切断传播途径。严防新型冠状病毒感染的肺炎通过交通工具传播和扩散，保障留验站科学、规范建设和运行，必将对整个甘肃疫情防控起到至关重要的作用。酝酿、碰撞，一天后，甘肃省首个《新型冠状病毒感染的肺炎留验站工作规范》跃然纸上，被甘肃省新型冠状病毒感染的肺炎疫情联防联控领导小组办公室和甘肃省卫生健康委采纳执行，姚进喜就是这么“硬核”。

2020年1月23日，首例患者确诊！方位：甘肃兰州X区……23点10分，流行病学调查小组组长接到兰州市疾控中心的疫情报告。姚进喜，一名优秀共产党员的使命感让他责无旁贷，第一时间奔赴现场，近距离接触确诊患者。一层层的防护装备隔断的是病毒，却隔断不了他对流行病学调查的细致入微。问询患者的年龄、性别、职业……了解流行病学史，了解生活轨迹，获知可能的感染来源和暴露史，确定传播途径和密切接触者。他眼中的患者，不同于医生眼中的患者，他的视野更加广泛，他关注的是公共卫生和社会问题。不妨大胆猜想，或许他刚刚面对面交谈的密切接触者就是一位潜在的新冠状肺炎患者，但透过他被护目镜模糊的双眼，我们可以感受到他依然无所畏惧，继续破冰前行。

2020年1月23日，甘肃省报告确诊病例2例；1月28日，确诊病例24例；2月2日，确诊病例51例。

病例还在增长，姚进喜越发沉重。多少个白天，他奔走在疫情处置的现场；多少个黑夜，他坚守在流行病学调查技术指导的阵地上。昼夜不分，不眠不休，只为让新冠肺炎不再传播和暴发。他不断地出发、回来，再出发、再回来。我们都明白，他出发是为了查明来龙去脉，他回来是为了研判疫情真相，出具流行病学调查报告。他描绘的“某市一起新型冠状病毒感染的肺炎聚集性疫情流行曲线和病例暴露以及诊疗过程”的全景图，展现了这次聚

2020年新冠肺炎疫情防控期间，甘肃省疾控中心应急办姚进喜与同事边吃饭边讨论疫情（摄影：余坤）。

集性疫情的可能感染来源，确定了波及范围，查找出了可疑危险因素，提出了针对性的防控建议。这张全景图，让人一目了然，不用亲临现场，也能全面掌控疫情的格局，从战略和战术上施以有效应对。

有同事问他：“这次疫情来势汹汹，你难道不怕吗？”他粲然一笑，说：“我不上，谁上？”这话听起来确实有点糙，但大家都知道，作为“国家突发急性传染病防控队”和“国家卫生应急移动防疫中心”的应急处置排头兵，身经百战、经验丰富的他有资格说这般“硬核”的话。

他把2020年的春节过得别开生面，没有饺子，没有团圆，更没有鞭炮声，只有他执拗的身影，坚守在工作岗位上。他和他的甘肃省疾控中心流行病学调查小组的队员们吃在路上，睡在办公室，不知道日月星辰如何变幻，只知道拼尽全力也要拯救一个个鲜活的生命。

疫情刚发生的时候，他对一名从未参加过疫情的后辈说：“一定要认真学习穿脱防护服，只有保护好自己，才能保护好他人。”2009年第一次处理“甲流”疫情时，他还会感到恐惧，但历经十几年的成长，高度的政治敏感和精准的专业预判让一位铁汉形象深深地根植于陇原大地。只因为肩负重任，只好把恐惧放下，有了他的舍小我，才换来千万人的幸福安康。

他是甘肃省技术标兵，他是甘肃省卫生应急演练先进个人，他还是甘肃省疾控中心先进工作者，他获得了全省卫生应急技能竞赛活动突发急性传染病防控竞赛一等奖……他就是这样的人。

接到一个兰州市疾控中心的疫情报告，某辖区内出现 1 例新冠肺炎疑似病例。他放下啃了一半的饼子，穿上隔离衣，提起处置箱，急匆匆奔赴现场。他觉得：只要坚定信心、同舟共济、科学防治、精准施策，我们就一定能打赢疫情防控阻击战。

他就是如此“硬核”，是一个敢于亮剑、敢于迎难而上、敢于挺身而出的“硬核担当”！

（甘肃省疾病预防控制中心　宋雨倬）

16

牢记使命守初心 做好抗疫排头兵

2020 年 2 月 1 日，周莉薇主任做客宁夏电视台“直播 60 分”，普及新冠肺炎疫情防控知识。

周莉薇，宁夏疾控中心疾控所副所长，免疫规划科科长，公共卫生主任医师，民建会员，自治区九届政协委员。连续多年被评为优秀工作者，“自治区三八红旗手”获得者。

她是新冠肺炎疫情防控战场的“宣传员”。“听众朋友，这里是万众一心，阻击疫情特别直播，今天我们邀请到的是自治区疾控中心疾控所副所长周莉薇主任，为大家介绍大家特别关心的新型冠状病毒肺炎的临床表现有哪些等问题……”这是周莉薇在疫情防控期间第 4 次走进宁夏交通广播的直播间普及新冠肺炎科普知识。

自宁夏出现第 1 例新冠肺炎确诊病例以来，宁夏多家广播电台栏目邀请周莉薇做客直播间。宁夏日报、宁夏电视台《新闻联播》节目先后就《传染病防治法》请她进行解读。先后接受宁夏电视台“直播 60 分”“都市阳光”

等栏目的采访，介绍疫情防控工作情况。周莉薇，这个名字被很多媒体记者和市民所熟悉。

她是新冠肺炎疫情防控战场的“教练员”。农历庚子鼠年的钟声还未敲响，新冠肺炎疫情就无声无息地“呼啸而来”，一场没有硝烟的战争就此开始。既是疾控所副所长、又是应急队队员的周莉薇，准备今年5月份就要退休了，但此时却毫不犹豫地加入了疫情防控组的流行病学调查队伍，义无反顾地踏上了抗击疫情的艰辛历程。

2020年1月19日，周莉薇接到中心新冠肺炎疫情防控领导小组的通知，第二天便迅速投入到疫情防控的工作中。通盘考虑后，她首先从督查基层疾控中心疫情防控的组织领导、工作部署、技术储备和应急物资储备开始，全面掌握基层疾控中心的情况。她提出建议，在宁夏新冠肺炎病例报告来临之前，立即组建年轻应急队伍，抓紧时机通过角色模拟训练，快速提升年轻队员流行病学调查的询问技巧，严格规范使用防护用品，熟悉防控方案的每一项技术规范内容。“您好！很抱歉这会儿打扰您休息啦！但是我要帮助您寻找让您得病的可能传染源，保护与您接触的亲人朋友，希望您积极配合我的调查”“不着急，请您慢慢回忆一下，您是哪天感觉不舒服的？得病之前的14天都去过哪儿？都跟谁在一起？”一句句暖心的问候、一句句开导式的询问，她耐心地引领应急队员们实操训练，将疫情调查处置的经验一一传授，帮助队员们进入实战演习。

她是新冠肺炎疫情防控战场的“侦查员”。作为疾病预防控制专业技术人员，面对接二连三的疑似病例报告，她知道，流行病学调查首当其冲。在疫情调查过程中，运用的是扎实的流行病学调查基本功，如何准确、翔实地获取患者发病前后活动轨迹，快速判定密切接触者，寻找可能的传染源，需要的是高质量的流行病学调查，对疫情防控起着关键作用。她明知任重而道远，早已将个人安危置之度外。无论是隔离病房，还是医学观察点，做面对面的现场调查走访，她都第一时间主动请缨，“我是老队员，让我先上。”朴素的语言，坚定的情怀。

距离敲响鼠年的钟声还有25个小时，急促的电话铃声响了，“周所，带好应急物资和你的队员，马上出发去中卫市。”十分钟后她和队友小周出发了。星夜兼程疾驰几百公里对中卫市报告的首例确诊病例开展现场流行病学调查。她们连夜赶到中卫市人民医院感染科，了解患者就诊一般情况后，做好个人防护，立即开始询问调查。“您带孩子去武汉的哪家医院看病的？住在哪个科？谁去办理的住院出院手续？返回宁夏时都乘过哪些交通工具……”“周所，宁医大总院报告了一例病例，赶紧出发调查。”她立即带领一名年轻队员迅速赶到医院传染病区，又迅速穿上密不透气的防护服开始了福尔摩斯式的侦查询问：“1 月 20 日以来的这些天一直在餐馆工作吗？每天谁去买食材？都在哪儿买？开车去的还是骑车去的？看看您乘坐出租车的付款信息！”“大夫你好，帮我查看一下 25 日 15：09 前后同时来做 CT 检查的患者信息？帮我查看一下 26 日 20 时发热门诊走廊的视频……”不知不觉已经又连续忙碌工作了 20 个小时。随后她又投入大量数据信息的整理、分析，再调查、再核实。

她不仅详细地调查每一起疫情的流行病学过程，而且利用抗击非典、援非抗击埃博拉的宝贵经验，指导基层人员开展环境的消毒，还积极对百姓进行个人防护知识宣传和健康教育，身体力行引导群众遵守疫情防控各项制度规定，为遏制疫情的继续蔓延作出力所能及的贡献。

周莉薇和与她一样的疾控人，众志成城、“疫”无反顾，战斗在疫情防控的最前沿。此时，他们所有的坚守、所有的奔赴、所有的惦念和愿景，都是为了“家人闲坐、灯火可亲”的大团圆！

（宁夏疾病预防控制中心　杨文煜）

17

为抗疫走进枪声中的伊拉克

2020 年 3 月 16 日，韩孟杰在巴格达海法巴勒斯坦社区活动中心传授疫情防控知识。

临危受命

随着新冠肺炎疫情的蔓延，全球防控形势危急。中国在做好国内疫情防控的同时，积极开展对外防控援助。应伊拉克红新月会请求，中国红十字会总会组建医疗专家组赶赴伊拉克抗疫前线。中国疾控中心艾防中心主任韩孟杰研究员受国家卫生健康委和中国疾控中心的派遣，光荣地被选为专家组成员，万里奔赴伊拉克，开展新冠肺炎疫情防控国际援助。

2020 年 3 月 4 日晚饭时间，韩孟杰同志在家中接到中国疾控中心领导紧急电话，要求他第二天赴广州集合，参加中国红十字会总会派遣医疗专家组，启程赶赴伊拉克开展新冠肺炎疫情防控国际援助。接完电话，韩孟杰同志深感责任重大，这既是党和国家、上级领导对自己的无比信任，也是对自己业务的充分肯定。这次出征既代表了中国作为负责任大国的担当，又代表了中国的国力和防控的实力，自己暗下决心一定要不辱使命，高效、圆满地完成本次援助任务。

饭也有些吃不下了，妻子和女儿在说什么也没大听清。但思路不断在厘清：明天就出发！艾防中心整体管理工作的交接……出国手续的办理……机票的预定……同行专家的联络……防护物资的筹备……防控知识的提前准备……出去后各种事件的预案制定……伊拉克情况的事先熟悉……生活物品的收拾……妻小在家生活的安排……

事情虽然来得很急很快，还要前往安全形势堪忧的国家，很多事情都还是未知数，但几十年公共卫生和疾病控制工作的积累，以及长期国际合作交流的工作经历，使他坚信自己能够应对。

毅然启程

一切都按照应急响应的速度在进行着，第二天上午中心派专人办理出国手续，同时他紧急召开艾防中心主任办公会，研究处理近期工作，与中心其他领导交接完工作。之后便回家收拾行装，准备出发。妻子已经忙活了一上午，买了满满一箱子方便面等饮食和生活用品，正噙着眼泪、低头不语在帮忙打包，11 岁的女儿在旁边嚷着，爸爸早点回来啊。一阵莫名的难舍涌上心头，忙回应说，放心吧，没几天就回来了。机场送行的几名同事已在等候，合影并寒暄几句后，毅然地踏上了"千里赴戎机"的海外抗役征程。

到达广州集合点后，才知道伊拉克交通部派出专机来广州迎接！几经辗转，北京时间 8 日凌晨专家组一行 7 人终于抵达巴格达，受到了中国驻伊拉克大使馆和伊拉克卫生部的热情接待。专家组不顾旅途劳顿，连续工作三个多小时清点中国捐赠的物资和装备，于当地时间凌晨 3 点多乘防弹车，由武装警卫护送到了驻地，一路上感受到了伊拉克安全形势的严峻。

同样严峻的还有伊拉克疫情防控形势。虽然处于疫情流行初期，报告的病例仅有 70 多例，然而，医疗系统薄弱、民众缺少防护意识、防疫物资严重不足……一旦伊拉克国内疫情扩散，后果令人堪忧。而且由于检测试剂的缺乏和检测能力的不足，伊拉克疫情蔓延的真实情况还需要分析和研判。同时，由邻国跨境输入病例不断增加，伊拉克疫情防控形势面临很大挑战。

2020 年 3 月 24 日上午，中国专家组在伊拉克国防部医院授课和交流（左起第四位是韩孟杰）。

日夜奋战

7 位中国专家，涵盖传染病防控、流行病学、重症医学治疗、核酸检测等多个领域。此行，他们要充分利用中国新冠肺炎疫情防控所积累的宝贵经验和防控策略，为伊拉克疫情防控提供技术支持，协助伊政府遏制疫情蔓延，控制疫情。同时，他们还带去了中国向伊拉克捐赠的一套实验室设备，包括两台 PCR 仪以及 5 万份核酸检测试剂，这将帮助伊拉克提升检测能力，扩大检测范围，实现早检测、早隔离、早诊断、早治疗，最大限度使伊拉克疫情在流行早期能够得到较好的控制。

他们马不停蹄，几乎没怎么休息就投入了紧张的工作，与伊拉克卫生部长、公共卫生专家和世界卫生组织代表等多次座谈，走访当地医院，分析伊拉克目前疫情防控形势，指导提高当地防控能力，完善防护措施，集中医护资源开展防控工作，避免医务人员感染，指导开展宣传教育，提高民众卫生意识，缓解恐慌情绪，援建核酸检测实验室等多项工作内容。

他们此行最重要的任务是对伊拉克整体防控形势进行把脉。韩孟杰会同其他专家成员一致认为，伊拉克下一步的疫情防控形势并不乐观，新型冠状病毒传播力强、疫情扩散速度快，伊拉克还存在不小隐患，尤其是在加强对邻国入境人员管控方面，一旦感染人群入境伊拉克，可能导致社区传播。伊拉克国家层面急需建立联防联控机制，制定国家防控计划，推动防控具体措施在社区的落实。如果政府采取有力措施，则可以有效延缓疫情蔓延。这些判断，对当地防控工作具有极为重要的指导意义。

韩孟杰同志在伊拉克日程满满，"战果累累"，从南部巴士拉、瓦西特和米桑省，到北部库尔德地区的苏莱曼尼亚和埃尔比勒省，从圣城纳杰夫到圣城卡尔巴拉，足迹遍布伊拉克各防控机构，包括总理办公室、卫生部、传染病中心、医院、实验室、社区、世界卫生组织、联合国驻伊拉克机构、红新月会、数十个中资企业等等。他被我国驻伊拉克大使馆同志称为"在战后足迹几乎遍布整个伊拉克的中国第一人"。

2020 年 3 月 18 日，韩孟杰（左一）及战友在武装警卫的保护下前往巴士拉。

韩孟杰等专家志愿团队在伊拉克连续奋战 50 天，困难比想象的要大得多，不但要克服疫情防控的困难，还要防范其他不安全因素的威胁，外出作业要外穿防护衣，内穿防弹衣，乘坐武装吉普，车内武警持枪护卫，窗外有时传来沉闷的枪声，阵势惊心动魄。但有大使馆细致入微的关照、国内强大后方支持和有关领导的关心，他们倍感欣慰。

不负赞誉

病毒无国界，传染病防控也无国界，中国的援助为伊拉克防控发挥了重要作用。正如世界卫生组织驻伊拉克代表阿扎姆·阿卜杜勒-穆奈姆所说，中国专家组不仅为伊拉克带来了防护装备、检测试剂和PCR设备，中国在临床诊疗、病例管理、传染病防控方面的经验都是伊拉克现阶段疫情防控所急需，“对伊拉克来说是笔财富”。伊拉克卫生部副部长贾西姆也高度赞赏和感谢中国政府和人民在伊拉克暴发新冠肺炎疫情的特殊时刻给予的援助。专家组有效的工作不仅有力支持了伊拉克抗疫，进一步促进了中伊关系和双边合作，践行了人类命运共同体的理念，还在关键时刻及时稳定了在伊中国上万员工的军心，更是具有重大外交意义。我国驻伊拉克大使馆张涛大使特别表扬了韩孟杰等两位专家指导防控工作成效明显，反响强烈，意义重大。

疾风知劲草，板荡识诚臣。韩孟杰同志作为中国疾控中心派出的防控专家组成员，不忘初心，牢记使命，在关键时刻毫不犹豫地响应党和国家的号召，积极参加新冠肺炎国际援助，在防控第一线倾情投入、甘于奉献，是践行“四个意识”的集中体现，他用实际行动诠释了共产党人的初心和使命，谱写了新时代疾控人的责任、勇气和担当。

（中国疾病预防控制中心性病艾滋病预防控制中心　王俊杰）

18

读博士是为了当好战士

2020 年 2 月 5 日王佳奇随队赴武汉一线。

2020 年 2 月 28 日，对于中国疾控中心环境所消毒中心的王佳奇来说，本来应该是一个和家人在一起的快乐日子，已过而立之年的他，这一天迎来了 34 岁生日，然而此刻，他已经在新冠肺炎战“疫”中战斗了 40 天。

疫情来临奋勇当先

2020 年初，新型冠状病毒汹汹而来，作为身负环境消毒专业技能、又有强烈责任感的年轻人，王佳奇毫不犹豫地加入了中国疾控中心应急响应工作组，参与编写《医疗机构消毒技术方案》《特定场所消毒技术方案》《新型冠状病毒感染的肺炎密切接触者及疑似病例居家隔离的消毒、隔离、防护技术指引》等材料，在疫情防控的后方坚守岗位，为社会公众提供健康防护科普知识。时逢春节，他常常工作到深夜，女儿悠悠骄傲地说：“爸爸像个披星戴月的闪电侠！”

主动请缨奔赴前线

为组织疫情防控后备应急队伍，环境所动员职工志愿报名，王佳奇立即响应号召，并作为环境卫生消毒专家参与培训其他队员，教授大家学习、演练个人防护技术。现在，距2月5日赴武汉工作已经23天了。如果正常工作、学习，今年6月他就要博士毕业，而现在已经发生了变化，他说：“读博士就是为了当好预防控制疾病的战士！”他全身心地投入到了疫情防控工作中。作为防控组驻武汉市环境卫生与消毒专家工作队队员，他深入感染区了解确诊患者、疑似患者、密切接触者人员等问题，完成了《方舱医院清洁与消毒技术方案》等技术材料的撰写，并结合武汉抗击疫情的实际情况，编制培训课件及视频，指导当地进行消毒。

王佳奇在武汉开展调查工作。

七尺男儿满腹亲情

在抗击疫情的第一线，每天超负荷的工作使他常常熬到深夜，无法与家人视频通话，只能在睡觉前翻出女儿的照片看一看。他说：“只要看到悠悠，便感觉全身又充满了力量。”中心团委和环境所领导得知王佳奇马上要过生日了，便悄悄为他准备了一段视频。视频中，王林书记的叮嘱、同在一线的姚孝元副所长的祝福、室主任张流波研究员的“唠叨”，还有消毒中心全体同事唱响的生日歌，让他感到环境所这个大家庭的温暖。而最让他兴奋的是视频中突然出现女儿悠悠的画面，6 岁的小姑娘特别乖巧，她说：“爸爸，你是我心目中的英雄。中国加油！武汉加油！防控疫情我们在一起！”猛然间，泪水充盈了他的双眼。

王佳奇说，他许了一个愿望，不用说、不用问，他会用行动去诠释心中的愿望。王佳奇，一位平凡的疾控人，正用自己的行动告诉孩子什么是责任，也告诉所有人，什么是疾控精神！

生日当天，王佳奇向党组织递交了入党申请书，他说：“今后每年的今天，不仅仅是我的生日，更是我递交入党申请书的重要日子。如果能在抗击疫情一线入党，那将是我一生最光荣、最有纪念意义的时刻。”

（中国疾病预防控制中心环境与健康相关产品安全所　李晓　张伟）

19

无畏“逆行”，唯有“迎战”

2020 年 2 月 17 日中国疾控中心队伍出发前往武汉。

2020 年的春节，一个无比特殊的春节，一个会让千百万中国人民永远铭记的春节，一个本应锣鼓喧天、鞭炮齐鸣的春节，却以另一种方式打开在中国人民的面前。

新冠肺炎，在短短的 1 个多月的时间里席卷了全国，从祖国的南海之边到东北林海，从渤海之湾到青藏高原，病毒肆虐，人心惶惶。

作为中国疾控中心的一员，作为公共卫生战线的一名战士，在疫情暴发初期我就主动报名迎战，希望能够为疫情的防控作出自己的一份贡献。2020 年 2 月 16 日终于接到了通知，17 日上午培训，下午出发前往武汉开展流行病学调查与巡回督导。疫情就是命令，防控就是责任，疫区就是战场，得到了消息后我开始准备前往武汉的行装。

岳母在得到我要去武汉后，心情复杂，几次进到房间看我收拾行装，又几次出去，最后终于还是低沉地说：“孩子，咱们能不去吗？武汉现在是全国疫情最严重的地方，没有人会去那，太危险了。”

我边收拾边说，“没事的，妈，现在武汉那边情况已经好了很多，放心吧，而且我们过去都会穿隔离衣，会做好自身防护的，没事的，放心吧。”

妻子边帮我收拾，边嘟囔着：“你才援疆回来，怎么又要走啊，孩子都快不认识你了。”

“老婆，我是疾控人啊，怎么能不去呢，而且能让我去说明单位对我信任啊。”

“行行行，知道你厉害，不过去了那边一定要注意安全啊，做好防护。对了，刚买的巧克力给你带上点吧，你也爱吃，去那边也可以补充体力。”妻子一边将巧克力放进行李中，一边对我说。这就是我可爱而又体贴的妻子，虽然满满的都是对我的担心，但是该收拾的什么都不会落下的。她知道我的工作，了解我的为人，疫情就是命令，国有战，召必回，所以看好家里，不让我担心就是她能做到的最好的事情。

2020 年 2 月 17 日上午的培训，让我对于武汉目前的现况有了进一步的了解，也对于此去的艰难有了新的认识。下午当我们乘坐单位的车辆来到北京站准备出发时，我第一次体验了直接到达出发站台的待遇。车站的工作人员不仅帮我们一起推运行李和防护物资，还用鼓励的目光看着我们。“你们都是好样的，最美逆行者，希望你们一切顺利，在武汉平安”，在他们的祝福声中，我们登上了 G505，踏上了前往武汉的征程。这时说不出我的心情是什么样子的，兴奋，为了自己要踏上抗击疫情的第一线，紧张，新冠肺炎的传播已人尽皆知，我会不会也被感染呢？

随着高铁列车缓缓地驶出站台，北京已离我越来越远，我也离家人远去，前路唯有一战。在列车上，我们又得到了特别的礼遇，列车员暖心地为我们送来了热水，列车长来到车厢为我们加油鼓劲，大家一起在车厢中高喊“中国加油！武汉加油！”这一切让我的心情越来越平静了，抗击疫情阻击战不是一个人的战斗，不是一个单位的战斗，而是全国人民的战斗，大家都在自己的岗位上为疫情防控作着自己的贡献。

夜幕渐渐低垂，滚滚的车轮带着我们驶向疫情的最前线，驶向已经封城超过半个月的武汉市，我的思绪也随着车轮一起飞翔。武汉现在怎么样了？感染的患者全部都隔离了吗？隔离的效果怎么样？流行病学调查工作要怎么开展？如何能更好地防控疫情呢？晚上 9 点，终于到达了武汉，在出站口，前来迎接我们的中心冯子健副主任向我们介绍工作。在摇曳的灯光下看到他那略带血丝的双眼，听着他沙哑的声音，我深深感受到前线的艰辛，感受到未来工作的艰巨性，但这不也正是我来武汉的目的吗？

中国疾控中心冯子健副主任（右三）向援鄂队伍介绍情况。

前往酒店的路上，宽敞的路上只有路灯陪伴我们前行，基本看不到车辆，武汉已经封城超过 20 天了，而且现在正在严格执行小区彻底封闭政策，更看不到行人。这就是武汉，一个为了严格控制疫情而实行封城的千余万人口的大城，这是只有在中国才能做到的事情，只有在中国共产党的领导下的中国人民才能做到的事情。冷风吹来，而我的血液却越来越沸腾，武汉，我来了，我要践行“疫情就是命令、防控就是责任”的疾控人的使命。

（中国疾病预防控制中心结核病预防控制中心　王嘉）

20

舍家为国，疾控人的家国情怀

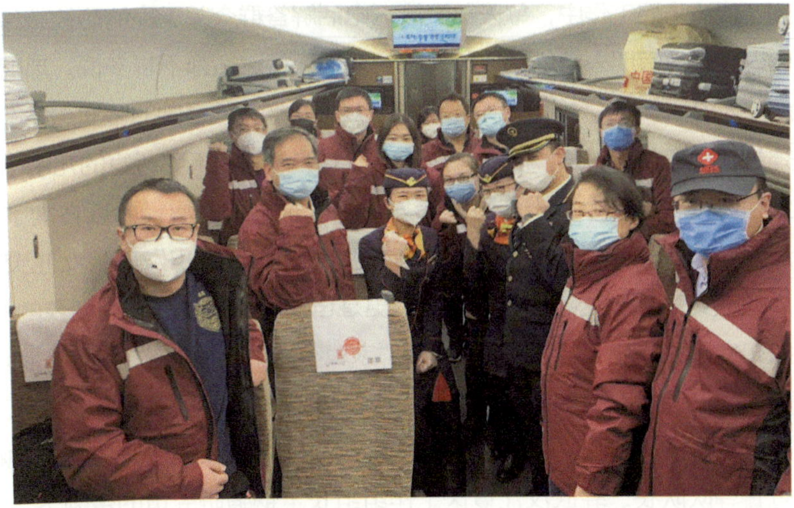

2020 年 2 月 17 日，援鄂队员在 G505 高铁上与列车长和乘务人员合影留念。

为了疫情防控，夫妻二人，

一个驰援武汉，一个坚守北京。

天各一方，遥相守望。

他们舍小家为大家，舍小爱成大爱。

这是他来到武汉的第 20 天，在去往养老院等重点场所进行督导工作的路上，手机微信语音里传来小儿子用牙牙学语奶声奶气的声调，跟着喊出“Hello Kitty”的声音，他和同事都笑了。他说：一定是姐姐在逗弟弟学说话……

2020 年 2 月 17 日上午 9 时，他接到电话：“下午 4 点出发去武汉，你能去吗？”“能！”，一个字，坚定得没有一丝犹豫。

他是中国疾控中心慢病与老龄健康管理处健康促进室王静雷副主任，从主动报名驰援武汉时起，他一直在等这个电话，不断更新着新冠肺炎防控知识，时刻关注疫情进展，改掉了十几年来夜里睡觉手机静音的习惯，时刻准备着奔向疫情防控的第一线。

他的妻子是北京市顺义区疾控中心的一名党务工作者，农历春节前就已经投入到了疫情防控工作中，每天负责接听电话解答群众关于疫情防控政策的咨询和问题，春节假期未曾休息，每天回到家里累得连话都不想多说。那时他是一名疾控人的“家属”，准备饭菜、带孩子复习功课，他是她的坚实后盾。当他接到奔赴武汉通知的时候，他只有把不到八岁的女儿和不到两岁的儿子一起交给岳父岳母，现在两个六十多岁的老人是整个家庭的后盾，而远在内蒙古老家的父母至今也不知道他在武汉抗击新冠肺炎的一线。出发前，女儿哭红了眼睛，他跟女儿说：“这是爸爸的工作，更是爸爸的职责，国家需要我的时候，就要担起责任。”妻子默默地说了一句：“家里有我，你放心。”他简单地回应：“没事，就是出差，只是时间长一些而已。”而身边的大女儿已经泣不成声。

武汉抗疫的这些日子里，在中国疾控中心新冠肺炎疫情一级响应流行病学调查督导队队长、驻武汉江夏区工作组组长丁钢强研究员的带领下，白天他和组里同事共同梳理既往的病患资料，参与流行病学调查，对每个新发病例抽丝剥茧般地寻找线索。晚上，他还要负责汇总全湖北省公共卫生援助人员当日工作中发现的问题与建议，并连夜上交给国家卫生健康委驻武汉工作组信息员，由于每天都是凌晨才能休息，他调侃道：来到武汉以后只能“当天”睡“当天”的觉。

随着各项工作的深入，他们跟当地疾控中心和江西省前来援助的疾控人共同建立起工作交流微信群，名字叫“江夏疾控一家亲”，带着不同口音的疾控人密切合作，精神拧成一股绳，工作劲儿往一处使，他们的足迹走过雷神山医院、大花山方舱医院，走过全区所有的养老机构等重点防控场所和重点防控社区。在这场没有硝烟的战斗中，他们以疾控人独有的素养跟每个数据“较真儿”，向数据要证据，通过数据分析对区域疫情总体趋势进行研判，向当地行政部门提供第一手科学数据和政策建议，推动疫情防控各项措施科学化、精准化。

每当忙里偷闲跟家人视频时，小儿子都会指着姥姥家的门，说“家……家……”，因为他一直都认为爸爸在北京自己的家里，只是没有来看他，想回家找爸爸。当懂事的大女儿在学校组织的网上班会中，将亲手写的信读给他的时候，他的眼睛湿润了，"这个寒假，因为新型冠状病毒，很多小朋友的爸爸妈妈都不用上班，而你们因为是疾控中心工作人员，只能扔下我和弟弟加班工作，坚守岗位……希望你们早日战胜疫情，平安归来！"

王静雷通过电话进一步核实密切接触者细节等流行病学调查内容（摄影：刘宇靖）。

在疫情防控一线，经党小组推荐，王静雷同志成为江夏工作组中一名入党积极分子的联系培养人，他说：疫情当下每个疾控人背后都有一个感人的故事，每个党员都要以万分的努力迎接考验，用实际行动写好我们疾控人在党旗下的故事。

阳春三月，武汉的天气已经逐渐变暖，花草已经开始萌芽，他见证着一个千万级人口规模的城市从路上空无一人，到恢复热闹繁华，他说："他只是众多援鄂公共卫生人中的一员，为武汉而努力是他今生的骄傲。"现在的他每天依然和同事忙碌在抗疫一线，他说："希望疫情早些结束，可以赶在女儿生日前回到北京，给家人一个温暖的拥抱。"

（中国疾病预防控制中心　王静雷）

清澈之姿，汇流入海

——滴水的价值

2020 年 3 月 9 日，在黄冈市疾控中心，共同奋战 50 天的黄冈小分队合影。
后排左起：周晓芳（云南省疾控中心）、李凯（云南省疾控中心）、陈敏（云南省疾控中心）、张晓光（中国疾控中心）、洪坤学（中国疾控中心）、黄元铭（中国疾控中心）；前排左起：范雪亭（中国疾控中心）、李慧莹（中国疾控中心）、张美玲（云南省疾控中心）、王慧玲（中国疾控中心）、徐帅（中国疾控中心）、车洁（中国疾控中心）

假如说，个人的价值是一滴水，奉献的价值是一片广阔的海洋，唯有在海洋中的汇集与映现才能真正体现一滴水的价值。

大年初五，家人从老家回来团聚的日子，刚刚落脚便接到中国疾控中心的电话。

“慧莹，你赶紧准备一下，单位准备派你去湖北。”

“什么时候出发？”

“下午出发。”

语言简洁有力，而正是从那一刻开始，我和另外的 9 名同事成为了中国疾控中心对口驰援湖北抗击新冠肺炎疫情的第一批实验室检测人员。

起航，赴前线

2020 年 1 月 30 日下午，病毒病预防控制所纪委书记孙志城，党群处处长李旭斌送我们第一批队的第三、四组 10 名援鄂队员去往北京西站。我同队友们乘坐 Z1 专列于 31 日凌晨 4：38 到达武汉，直接去往武汉市疾控中心。当天我们就接到指挥部的任务，要求协助武汉市具有流感检测能力的区疾控中心开展新型冠状病毒实验室检测工作。我们的首要任务是对武汉市五个区疾控中心的实验室生物安全进行现场评估。此时，我们发现 2009 年国家提出的“扩大全国流感监测网络的建设”的决策，很大程度上提高了当地的实验室检测能力，在这次疫情前期快速的处置工作中起到了关键作用。我们以为武汉将是我们抗疫的阵地，但由于疫情快速蔓延，命令来得非常快，在考察完，返回武汉市疾控中心的路上，我们接到了指挥部的通知，黄冈市的疫情发展迅速，成为仅次于武汉的重疫区。由于人员设备不足、缺乏检测经验，黄冈市出现待检样本严重积压问题，疫情防控出现瓶颈。接到命令后，我们第四检测组 4 名队员和云南省疾控中心的 4 名队员被连夜派往黄冈。

搭平台，提升检测量

在黄冈市疾控中心 1 楼会议室，我们第一批两组共 8 名队员同云南省疾控中心 4 名队员和武汉病毒所 5 名队员，共同组成了“黄冈检测小分队”，张晓光任队长。组队完成后，我们着重完成了几项重要的工作：首先，由于实验室不能满足检测要求，因此我们争分夺秒紧张而有序地进行实验室分区改造，搭建堡垒，顺利完成加强型二级生物安全实验室的搭建工作；其次，安全第一，全员有序安全的工作是重中之重，当天下午对 17 名队员进行生物安全培训工作。完成两项工作后，第二天我们就在二级生物安全实验室内，佩戴三级生物安全防护装置，投入到了实验室检测工作中。

新型冠状病毒的核酸检测结果对疫情的研判、病例的确认起到了很大的作用，我们必须严防死守，扩大检测量。在张晓光队长的带领下，在有限的实验室检测条件下，我们三班倒，人休机械不休，不仅将堆积样本清零，而且当日检测量就从几十份上升到了200多份。后来，随着实验室仪器设备的添加，我们的检测能力又由200份上升到了500份。

再筑堡垒

可就在我们斗志昂扬、不断刷新日检测量时，2020年2月13日，武汉病毒所5名队员接到命令被调回武汉。这意味着我们的工作又遇到了新的困难。首先，现在正是工作量大和人手短缺的时候，他们的调离必将会把他们的工作量压在本就高负荷的其他人身上。另外，多天的并肩作战使大家产生了深厚的友谊。他们是我们的战友，离别，心里总有难舍之情。但即使有千般无奈，万般不舍，也必须面对离别。在后来一段时间的工作中，一方面，剩下的队员主动承担起了大量的检测任务，另一方面，我们也积极培训黄冈当地的检测人员，充实我们的检测队伍。

随着二月底山东省疾控中心4名和湖南省疾控中心5名援助人员的加入，重新组建的新团队再次展现出强大的战斗力，日检测量突破2 000份。每一个从核心区出来的队员，都会骄傲地说："今天我们组提取了600多份核酸。"我们的斗志自点燃后并没有一点点被磨灭，反而越来越高亢。此后，随着疫情的发展，团队展现出的坚韧和担当，筑起了黄冈新型冠状病毒核酸检测的新堡垒。

温情以待

繁重的工作任务、危险的工作环境，叠加思念家乡、亲人的复杂心情，所有人都在负重前行。令人欣慰的是，在这个共同的大家庭里，充满着温馨、充满着情谊，同时也充满着朝气。每年的三月是我最喜欢的月份，思来想去可能有两个原因吧，一个是烟雨绵绵充满诗意，另一个就是三月是我生日的月份。今年的三月很特别，生日是在抗击疫情的第一线与战友们一起度过的。更令我感动的是，病毒病所的领导和同事们给我发来了视频，给我送来了祝福。他们的温情让我感受到无比的温暖，内心更踏实了。他们的举动更让我感受到了后盾的力量，我相信，我不是一个人在战斗。是啊，我不是一个人在战斗！我们是一个团队，是一个光荣的集体：

我们的队长（张晓光）——每天一定要等到最后一名工作人员出来，他才放心地回去；

我们的水手（王慧玲、范雪亭）——江湖救急，关键时刻，总能看见她俩的影子；

我们的开心果（车洁）——有她在，再繁重的工作也显得轻松；

我们的甜蜜蜜（徐帅、黄元铭）——"90 后"小夫妻，同心抗疫；

………

我们的全体人员，每个人都值得温情以待。

我只是一滴水

雷锋说过：一滴水只有放入大海中才永远不会干涸。作为一名抗击新冠肺炎队伍中的普通一员，此次的抗疫让我对自己的工作职责和生命体会都有了很深的感悟。我们作为一个人，短暂的生命，就像社会中的一滴沧浪之水，它既有涤清万物、冲洗掉污秽的清洁，也有滋润大地、滋养生命的高贵。但水只是水，它只是尽到了宇宙中的一份责任。但我想，作为一滴水的本质与海洋是没有分别的，一个人看清了水清净的本质，也就拓展了他对海洋的认识。奋战在一线的每一位医务工作者都是一滴水，他们有时化作绵绵细雨滋养大地，有时润物之声吹醒花开，照亮春天。

（中国疾病预防控制中心病毒病预防控制所　李慧莹）

身影

22

抗疫老兵——蒋金波

中午 1 点多回来，蒋金波和同事们在办公室吃泡面（摄影：谢传丽）。

2020 年 1 月 28 日，一个噩耗在大余县悄然传开，江西省赣州市大余县疾控中心蒋金波同志，因劳累过度引发心肌梗死，抢救无效而去世，享年 58 岁。后被追授“全国卫生健康系统新冠肺炎疫情防控工作先进个人”“全国防疫先进个人”称号。

他 1982 年参加工作，在防疫站从事预防接种工作，1989 年至 2003 年调至南安镇卫生院工作，2003 年至 2005 年调回防疫站工作，2005 年至今一直在疾控中心工作。他是个性格开朗、待人随和的人，我们许多老同事亲切地称他为：老蒋。在“7.3”洪灾、禽流感暴发等特殊时期，他都出色地完成了各项任务，表现突出。

2005 年，他担任疾控中心结防科第一任科长，结核病防治工作关系到社会稳定，作为结核病防治工作者，蒋金波始终在心里绷着这根弦。自从事结核病防治工作以来，他一直工作在传染病防治的第一线，手机始终保持 24 小时开机，他手机里存着每一名患者的电话号码，不管刮风下雨，工作日或节假日，只要患者需要，他总是在最短的时间内出现在患者面前。有一位咯血患者病情严重，身体状况极差，由于家庭经济困难，一度想放弃治疗，蒋金波主动与患者谈心交流，分析病情，给患者以治愈的信心，在真情关怀和鼓舞下，医患之间默契配合，经过规范治疗，该患者的肺结核成功治愈。在积极医治患者的基础上，他坚持注重预防为主的防治思维，大力宣传结核病防治知识。

2007 年，在大余县发现首例本地居民 HIV 感染者，当时，在既没有规范预防职业暴露知识，更没有预防药物的危险面前，蒋金波没有退缩，冒着被感染的风险，勇敢奋斗在疫情调查处理工作第一线，从为患者抽血、检验、告知到为患者提供咨询服务，每个环节都认真到位。面对危险，没有惧怕、没有逃避、没有歧视，更可贵的是给予患者真诚的关爱，这正是他职业素质的体现，也是其优良品质的真实写照。由于蒋金波对待艾滋病感染者和患者没有歧视，更没有遗弃，只有同志间、兄弟姐妹般的关心和帮助，他赢得了大多数感染者和患者的信赖，他与许多患者建立了深厚的医患友谊。2016 年，有一名新确诊的感染者不愿接受自己被感染的事实，情绪激动，来单位找老蒋理论，针对患者的心理问题，老蒋及时进行心理疏导，耐心劝解，开展健康教育，使他进一步了解自己的病情，消除对疾病的担忧与惧怕，使患者从痛苦和沮丧中摆脱出来，树立战胜疾病的信心。

2009 年“7.3”洪灾时期，老蒋深入各受灾区域指导消杀和防病知识宣教，确保了大灾过后无大疫。2017 年面对禽流感疫情，不顾个人安危，冲在一线对病例进行流行病学调查。

无论在哪个岗位，他都是兢兢业业、任劳任怨。不论是精准扶贫，还是创卫、创文，他向来都是服从分配，从不推辞。精准扶贫期间单位车辆应付不了时，他总是开自己的私家车去下乡，送其他扶贫干部去上户，与贫困户同吃同住同劳动。创文、创卫时由于单位任务重、人员少，只要是分配到他们科室的整治任务总少不了他的身影。

蒋金波（左一）准备出发前往隔离病房开展流行病学调查（摄影：谢传丽）。

此次新冠肺炎疫情防控工作中，他是疫情流行病学调查采样组的一线战士，深入人民医院隔离病房进行流行病学调查，恰逢春节加上全国疫情，单位司机人手不足，他自告奋勇，自愿担任兼职司机，深入火车站、汽车站、各设卡点、大型商场、旅馆进行消毒指导和体温测试指导。从春节前一周开始就没有休息过。他临走的前几天，单位保洁阿姨发现他靠在办公室椅子上，就关心地问："蒋科，不舒服呀，就跟领导请假回家休息一下子哇，快六十的人了，要自己多注意身体。"蒋科笑了笑，说："现在这种情况，大家都在，我怎么好意思请假。"他就是这样一个人，就算这样，他仍坚持不折不扣地完成工作任务再回家。2020 年 1 月 27 日，一线人员去人民医院开展流行病学调查和采样，回来已经是中午一点多了，大家坐在办公室吃泡面，他笑着说："泡面我吃得多了，我来告诉你们怎么吃，桶面要从底部撕更快，泡面要泡 3 分钟，没泡够和泡久了都不好吃。"

他就是这样一个乐观、开朗，不追求功名的人，他爱岗敬业、无私奉献、奋不顾身的精神值得我们每一个人学习！我们为蒋金波同志的不幸离世深表悲痛，同时让我们化悲痛为力量，学习蒋金波同志的好品质、好作风。

（江西省赣州市大余县疾病预防控制中心　刘江虹　谢传丽）

待春暖花开，你将是最美的新娘

喻金玉做完6小时新型冠状病毒核酸检测，脱下防护服，脸上满是勒痕（摄影：孙卫明）。

一边是期待已久的订婚，

一边是刻不容缓的疫情。

怀柔区疾控中心检验科科员——喻金玉，用行动做出坚定而又唯一的选择。

喻金玉2014年来到怀柔区疾控中心，从事病原微生物的检测工作。虽是科里最年轻的同志，却已在这个岗位上工作了六年，十足一个经验丰富的“90后”小战士。

“疫”地恋

喻金玉的男友是一名军人，一年只有38天的探亲假，男友攒了一年的假期，本想着过年好好陪陪她，俩人也计划春节订婚，疫情突然来袭，由于喻金玉的工作，他们的订婚不得不取消。无数次浮现在脑海的浪漫接机，变成了在实验室检测；期待已久的约会，变成了在办公室处理实验数据；就连简单的拥抱，也都变成了奢求。相隔十个月的再见面，喻金玉硬是做完最后一波儿样本，才从单位赶回家见见男友，但也仅仅是短暂的相聚，然后又开始了每日不停歇的检测工作。

作为新冠肺炎病毒检测的主力，喻金玉值班一两天才能回一次家，最长的一次她三天没有出过单位的门。面对随时可能会被部队召回的男友，他们原本就非常有限的团聚时间变得少之又少。一次因极大的工作量让她 22 个小时没有顾上回复男友消息时，男友终于不放心地来单位找她，可当看到她还在忙时，又心疼地转身回去了。

疫情过后，其他情侣可以每日厮守，弥补这段时间的遗憾，而这对异地鸳鸯，迎来的将是一年相见无期。

小女孩的疾控情怀

喻金玉的大姨是一名疾控中心结核科退休职工，她小时候就经常和大姨来单位，在以前老楼的台阶上玩。在同龄小朋友过家家、和泥巴，甚至都不知道疾控中心的存在的时候，小金玉心里已经埋下了对疾控中心向往的种子，长大要像大姨一样，在这里工作。

2013 年末，还是在校大学生的她到怀柔市疾控中心检验科实习。2014 年春节，很多外地同事要回老家，喻金玉主动申请加入假期流感监测工作排班中，分文报酬没有的她却无比重视这项工作，认真对待每一份样本，这正是检验人该有的样子。正月初六，1 例有禽类接触史的发热病例核酸检测呈 H7N9 禽流感病毒阳性，这个初来乍到的小姑娘丝毫没有退缩，毅然加入强化监测的工作队伍中。面对每天几百件的待检样本，认真地核收样本、上机检测，从不喊苦不喊累，她和她的老师们就这样终日打转在那间不大的实验室中，直到疫情被有效控制。

喻金玉临近毕业前，有高薪的工作单位主动联系她，可她拒绝了，毅然决定留在疾控中心。至今还会被同事开玩笑调侃说她傻，她总说我学这个专业就是为到疾控中心工作的，这是我一直以来的梦想。病原微生物的检验，面对的样本不止血液、尿液、咽拭子，还有粪便、痰液、呕吐物、抽吸物等。做粪便中寄生虫卵检测，她起初也会涂片涂到吃不下饭；第一次抽取呕吐物标本，她也会跟着一起吐。可能工作没有她学生时期想象的那么美好，她也有过疑惑，有过彷徨，但她依然努力做好这份工作，不忘初心。如今的喻金玉，早已从懵懂的大学生转变为实验室的顶梁柱。“我不后悔作出这样的选择！来的时候就心甘情愿！”

“疫”起成长

2020 年 1 月 27 日，怀柔区首次检出新冠肺炎病毒的实验，就是她和副科长姬莉莉一起完成的，当检测图谱呈现在电脑屏幕上时，他们的心情一下子就凝重了起来，经历过多场战役的经验告诉她们：怀柔区新冠肺炎疫情防控战要正式打响了！

病毒没有吓倒这两位经验丰富的检验师，在不断地钻研和经验总结中，实验室运转顺利，实验井然有序地进行。全区的发热排查病例样本的检测重担压在了他们这个团队的身上，整个实验室一刻也没有停歇。核酸提取、体系配制、扩增检测……看起来每个有条不紊的操作程序背后，都是危险和希望并存。

除了扎身实验室，喻金玉连夜研读上级下发的工作方案，重点记录生物安全隐患等内容，用最短的时间梳理了适用于怀柔区疾控中心病原实验室的操作规程，标注每一个风险点和注意事项，并下发给每一位检测人员。

走出实验室，并不意味着实验结束。她的工作仍没停，整理实验数据，以原始记录的形式让每一份样本的检验过程都清晰可见，直到检测报告发出，她为每一个样本的检测工作画上句号。直至现在，几百件检验样本的档案与记录，无一遗漏，都整齐地摆放在她办公桌的文件夹里。

对于这些核酸检测者来说，“时间就是生命”，这句话太具象，每一个病毒样本的背后都是一个与之争分夺秒搏斗的生命。

没有一场春天会缺席，没有一场寒冬不能逾越。待春暖花开，你将是最美的新娘。

（北京市怀柔区疾病预防控制中心　刘冬阳）

苟利国家生死以 岂因福祸避趋之

石家庄市疾控中心周吉坤副主任作为流行病学专家，疫情发生以来一直吃住在单位，整个春节没和家人吃过一次团圆饭，在办公室简单吃一口外卖又投入了工作。

近日，一篇“请叫我防疫之王”的微信在石家庄市市民中疯传，内容是说“全国人口超千万的城市共有 16 个，在千万人口级别的城市中石家庄的发病人数最少、发病率最低”。

科学防控，精准施策。疫情防控是一项系统工程，既要有责任担当之勇，更要有科学防控之智。石家庄市疾控中心副主任、流行病学专家周吉坤的经历颇为传奇，研究生毕业于协和医科大学公共卫生专业，2003 年参加抗击“非典”的战斗，2008 年第一批奔赴汶川参与抗震救灾，2009 年参与石家庄甲型 H1N1 流感防控工作，2013 年处置人感染 H7N9 禽流感，2015 年受国家委派去塞拉利昂防控埃博拉出血热，在传染病突发事件防控方面具有丰富的经验。石家庄被誉为火车拉来的城市，和武汉一样是京广线上重要的交通枢纽，随着湖北发病人数的不断增加，周吉坤隐隐感到石家庄很难“独善其身”，一场疫情防控战随时可能打响。疫情不等人，必须提前做好准备。他立即组织应急队员对《新型冠状病毒感染的肺炎防控方案》进行培训，组织市、区疾控中心相关人员进行了新冠肺炎防控桌面推演，为迎战疫情做好了充分准备。

冲锋在前，发现河北省首个病例。2020 年 1 月 20 日 23 点 28 分，石家庄市疾控中心接到报告，市直某医院接诊了一位 72 岁从武汉来石家庄探亲的疑似发热病例。周吉坤带领应急办相关人员第一时间对病例开展了流行病学调查，带回了咽拭子和血液样本。21 日凌晨 3 点 29 分，市疾控中心微生物所报告“样本初筛阳性”。当时河北省尚无病例报告，没有现成样板可供参考，怎么办？疫情就是命令，周吉坤带领相关人员争分夺秒，立即采取措施隔离患者，对密切接触者进行追踪，这是一场与时间的赛跑，经过一系列紧张而有序的部署，终于赶在早晨 7 点上班前，将 6 个密切接触者全部追踪到位，采取医学隔离观察措施。经中国疾控中心确证，这名患者是河北省确诊的第一例被新型冠状病毒感染的肺炎病例。1 月 25 日，也就是第一例患者被发现 5 天后，被医学隔离观察的 6 名密切接触者中有一人被确诊为新冠肺炎病例。如果没有当时第一时间正确而有效的处置，后果不堪设想。

身先士卒，枕戈待旦。大事难事看担当，非常时期更需要坚守与责任，面对来势汹汹的疫情，流行病学调查组 24 小时备勤，确保接到疫情报告第一时间出发。自 2020 年 1 月 20 日以来，周吉坤一直吃住在单位，整个春节期间他没与家人吃过一次团圆饭。周主任拿出手机让我们看了一下通话记录，午夜 12 点到凌晨 4 点这一大家都在熟睡的时段，每晚都有电话打进来，周主任说：“回了家总是不放心，住在单位有问题我能及时处置，心里踏实，干脆就不回去了。”

开拓创新，勇于担当。防控疫情好比灭火，要“尽早”“尽快”，越是初期越好控制，如果关键时刻犹豫不决，一旦错失黄金扑救期，火势蔓延，扑灭的难度会成倍增加。但面对这样一个全新的病毒，没有现成的防控模式可供参考，一旦措施有误就会被推上风口浪尖。“苟利国家生死以，岂因福祸避趋之”，越是风急浪骤，越需中流砥柱，作为流行病学专家，周吉坤一是大胆优化了流行病学调查和采样检测流程，采样、流行病学调查同时进行，将时间压缩到4小时内完成，为第一时间采取防控措施赢得了时间，有效减少了二代病例的发生。石家庄市确诊病例的密切接触者较少，最大限度地减少了疫情对社会的影响；二是大胆在样本采集方法上创新，根据工作实际和深入观察，周吉坤果断提出，对患者采痰进行核酸检测优于咽拭子检测，不但阳性检出率高，更重要的是大大提高了工作效率，加快了工作进度。这些举措实施后效果显著，受到了国家督导组的充分肯定。

做客直播间，传递权威疫情防控信息。疫情出现后，一些未经审核的劣质健康信息，比如，“戴多层口罩才能防住病毒”“往鼻孔里抹香油就能阻止病毒进入体内”“新型冠状病毒是人为从艾滋病毒改造的”等在网上快速传播。在疫情防控的间隙，周主任还先后4次做客电视台、广播电台直播间，向群众播报权威的防控信息和科普知识，提醒广大市民要科学防控疫情，既不能麻痹大意，对健康提示不管不顾，也不能草木皆兵，引起恐慌心理。

周主任说：“这次新冠肺炎疫情是一次不期而遇的重大突发公共卫生事件，又适逢新春佳节这样一个人口集中迁徙的时间节点，困难复杂的防控形势是对我们应急管理能力、社会动员能力、城市治理能力的综合考验。有党和政府的坚强领导，有全体医务人员和广大市民的共同努力，相信我们一定能够打赢这场疫情防控攻坚战。”

（河北省石家庄市疾病预防控制中心　梁震宇　卜宪岭　王丽芳）

25

睿目战疫疾　河东又回春

2020 年 3 月 4 日，运城市疾控中心副主任陆立星在南风广场为志愿者开展现场宣讲。

心中有人民，肩上有责任，1985 年从山西医学院卫生系预防医学专业毕业，他情系河东疾控事业，35 年初心不改。

新冠肺炎疫情防控阻击战打响以来，他身先士卒，冲在最前面，追根究底、深入调查，理清传播关系，查找传染源头。发布会上，他以数据为支撑，回应大众关切，借助权威渠道，释放正确讯息，为运城人民答疑解惑，为河东百姓战胜新冠疫情增添了信心。抗疫战鹰陆立星，他当之无愧，成绩斐然。

疫情就是命令，防控就是责任。新冠袭来，他鹰眼深邃。

2020 年 1 月 16 日，运城市疾控中心率先启动了卫生应急响应。

疫情来临，核酸试剂盒一定供不应求，他紧催实验室联系解决，2020 年 1 月 21 日抢先从河北调剂两盒核酸试剂，紧接着，1 月 22 日运城市首例新冠肺炎感染者在河津出现，运城市疾控中心及时用核酸试剂检测，1 月 22 日晚上确诊，24 日省里复核。疾控抢先机，把握主动权，陆立星抢先一步，步步精彩。

丁小强书记在市新冠肺炎防控会议上提出了居家观察的理念，并对做好家庭隔离工作给出指导性意见。陆立星带领专家组，在午休期间就及时拿出了居家观察指南，里面详列了具体措施和要求，该指南既有理念策略，又有具体内容，受到了国家督导组的高度好评。

2020 年 1 月 24—25 日，芮城出现了全省首例家庭聚集病例。陆立星敏锐地察觉到新冠疫情传播速度快，一代二代间隔时间短这一新情况，他和专家团队及时赶到芮城，实地指导，要求芮城提升防控手段、提高重视程度，从而最大程度避免了疫情的扩散。

“1 块钱的预防大于 100 块钱的临床！”这是经济学家的结论，也是陆立星多年推崇的疾控理念。新型冠状病毒是一种全新的病毒，作为运城市疾控方面的专家，陆立星依据病毒感染特征、X 线 /CT 磨玻璃样炎症表现、核酸检测等指标，判断新冠肺炎在潜伏期可能也具有传染性，建议将流行病学调查时间前移两天，扩大追踪范围，这一建议得到了省级专家的认可。就是在这一理论的支撑下，加强风险评估，制定相应措施，芮城阻击战、新绛阻击战、河津阻击战、平陆阻击战，仗仗精彩，提升了运城疾控系统的公信力，赢得了河东百姓的口碑。

疾风知劲草，板荡识诚臣。新冠袭来，他鹰击长空。

新冠肺炎疫情在运城暴发以来，陆立星时刻牢记习近平总书记的“把人民群众生命安全和身体健康放在第一位”的要求。此时不搏，更待何时。控制源头、切断传播途径，是传染病防控的治本之策。为此，他逆行而上，用专业知识指导全市疫情防控。

运城市防控阻击战打响以来，针对 19 个确诊者，陆立星指导流行病学调查组认真绘制了每一个确诊病例的行动轨迹图，运城市新型冠状病毒感染者关联图，时间地点、坐标位置，一目了然。

对疫情的重视程度，表现在科学分析的态度。应对新型冠状病毒，陆立星认真撰写了《运城市新型冠状病毒（2019-nCoV）核酸检测 Ct 值与肺炎疫情流行的相关性分析》，并组织学术团队积极申报科研项目《运城市新型冠状病毒肺炎无症状感染者临床表现与核酸检测 Ct 值改变的相关性分析》《运城市新型冠状病毒（2019-nCoV）核酸检测 Ct 值与临床治疗及症状转归的相关性分析》等，供决策者参考。

对疫情的重视程度，还表现在坚定有力的落实上。陆立星多次往返一线，检查防控单位是否及时到位，防控是否严格规范，确诊是否及时迅速，做事是否严谨科学，全力守护着人民群众的生命安全和身体健康，也检验着疾控人的初心使命和担当作为。

“您是我们平陆县疾控中心永远的朋友”，说这话的是平陆县疾控中心的景志强主任。大爱无言，在平陆疫情最吃紧的时候，陆立星把民革运城市委给他的一千元慰问金转捐给平陆县疾控中心。看到芮城疾控人不计个人安危，穿着有安全隐患的防护服逆行而上时，陆立星禁不住泪流满面。

万里寒空只一日，金眸玉爪不凡才。新冠袭来，他鹰扬虎视。

疫情就是命令，防控就是集结号。越是危险的地方，越要冲锋在前，陆立星做到了，他多次冲到各县防控一线。12 次深入到县级疾控中心和定点医院进行技术指导，针对聚集性疫情进行了 7 次专项指导；四上运城电视台录制访谈节目，3 次参加新闻发布会，开展应急科普宣传，提高大众人群防病意识；9 次向市指挥部提出各阶段防控方案和建议，制定《运城市武汉返运人员居家观察指南》《医学观察基层导则》等规范性文件，为全市的疫情防控提供了有力的技术支撑。

东风吹来满眼春。习近平总书记在北京市朝阳区疾控中心调研时指出：“要把全国疾控体系建设作为一项根本性建设来抓，加强各级防控人才、科研力量、立法等建设，推进疾控体系现代化。”陆立星及时捕捉到这一好消息，他积极落实，以全民健康为目标，精准对标，改革创新，全方位提升公共卫生与疾病预防体系建设。

两鬓斑白顾不得染，老母骨折顾不得去，他积极为疾控发声。同事逆行而上，他泪眼滂沱，面对疾控事业今后发展，他激情满怀。健康运城事业是他一生矢志不渝的追求。

睿目鹰除疫，河东又回春，沐浴着新时代的春风，陆立星把目光投向了远方……

（山西省运城市疾病预防控制中心　张朝辉）

26

实验室里写担当

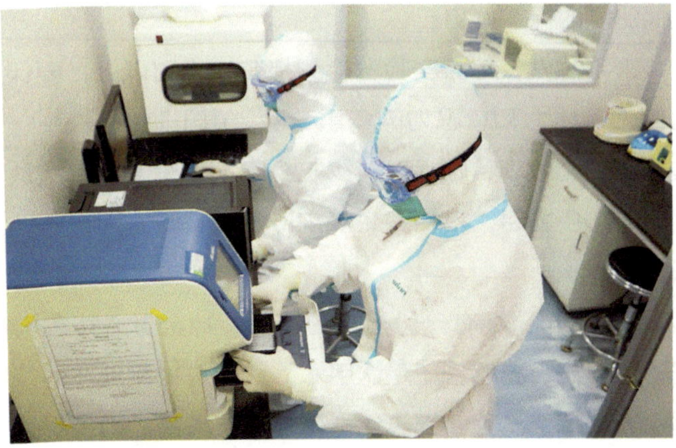

2020 年 1 月 22 日，二连浩特市疾控中心实验室，郭文丽（左）与同事李晓辉（右）对检测标本实施 PCR 扩增实验。

2020 年新春佳节到来之际，一场突如其来的新冠肺炎疫情席卷全国，二连浩特市虽处祖国北部边疆，但也很快发现了疑似患者。面对检测任务，郭文丽与同事紧急投入到工作中，检出核酸阳性，经内蒙古自治区疾控中心确认，成为内蒙古第二例新冠肺炎确诊病例，也是全国首例乘坐出入境交通工具者中发现的新冠肺炎确诊病例，为北疆口岸疫情防控作出了贡献。

“疫情就是命令，防控就是责任”，疾控系统响应党中央号召，全力抗击新冠肺炎疫情。郭文丽以党员模范为榜样，日夜坚守第一线。2020 年 1 月 22 日晚 9 点，二连浩特市疾控中心接到紧急通知，出境 K3 国际列车上发现了疑似患者和大量密切接触者，急需实验室检测确定。接到通知后，郭文丽没有丝毫犹豫，迅速回到工作岗位，穿戴好防护装备，进入实验室，与同事一起工作到第二天凌晨 5 点，连续检测 3 批 4 个标本，检测出核酸阳性。

送检标本是病毒含量极高的传染源。做好检测，既要胆大心细，又要有过硬的检验操作功底。从实验室门口接样到最后出检测结果，要经历十几道工序。标本在振荡、离心、加样过程中可产生气溶胶，尽管检验人员防护严密，但感染案例频见报道。面对危险，她毫不畏惧，认真完成样本检测任务，做到随到随检，不分昼夜。她胆大心细，严防实验室生物安全事故，做到了抗击疫情的同时保护好自己。

防护服装密不透气，每次实验室检测都在 4 小时以上，要保证准确和安全，这是对脑力、体力和意志力的多重考验。由于防护服短缺且穿脱繁琐，为了节约装备和提高效率，她尽可能少吃少喝不上厕所，每次从实验室出来总是全身湿透、筋疲力尽。疫情发生以来，她以实验室为家连续工作，没有休息过一天。

扎根边城 20 多年，她有一份担当的情怀。她全身心扑在疾病预防控制工作上，无论是鼠疫、流感，还是饮用水，只要是检测涉及的领域，她都努力学习，对检测的每个步骤，都一丝不苟、精益求精。她高质量完成口岸居民饮用水水质检测任务，被评为全区饮用水卫生监测工作先进个人。她负责结核病检验工作 10 年，与患者痰液打交道，不怕脏、不怕累，怀孕期间仍坚守岗位，涂片近 3 000 张，被评为全区结核病防治工作先进个人。2019 年 11 月，二连浩特市邻近地区发生鼠疫疫情，她全程参加口岸周围疫情的处置工作，维护了一方平安。根据区域特点，她开展中蒙俄鼠疫防控体系研究并撰写论文，就推进跨境疫情联防联控提出了自己的见解。

“准确是检测的灵魂”。作为检验科科长，她努力推动全科检测能力和水平不断提升。二连浩特市疾控中心流感实验室是“国家级网络实验室”，负责流感、手足口病、H7N9 禽流感、H1N1 流感等疾病的检测任务。她不断完善实验室质量体系建设，组织体系文件编写，细化检测化验流程，使实验室始终保持临战状态。由于连续 9 年参加国家流感盲样考核合格，合格率为 100%，加之此次检测结果精准，该实验室检测结果被认定不需自治区复核，这意味着实验室检测能力得到了上级部门的充分认可。

她团结同志，主动帮助有困难的同事，特别是年轻的和家在外地的同事。几年来，在她的带领和率先垂范下，全科人员团结协助，圆满完成了鼠疫、H1N1 流感等疫情的检测任务。疾风知劲草，路遥知马力。刚刚结束鼠疫疫情防控任务，征袍未洗，她又与全科人员投入到了新冠肺炎疫情防控战斗中。截至 2020 年 3 月 20 日，共检验标本 99 例，排除疑似 98 例，确诊新冠肺炎病例 1 例，以准确及时的检验结果保障了口岸疫情防控需要。这个全部由女同志组成的集体，被媒体亲切地称为“疾控战线的铿锵玫瑰”。

工作中，她是勇挑重担的巾帼勇士；生活中，她是女儿和母亲。在备战疫情的前两天，母亲手指意外被夹成骨裂，生活不能自理；儿子在外地读初三面临中考，难得春节回家。危难时刻，本着对事业的热爱，对责任的担当，她舍小家顾大家，毅然决然选择坚守岗位，战斗在实验室一线。

大疫面前，党组织凝聚力量；危险来临，共产党员冲锋在前。在先进模范感召下，她再次提交了入党申请书。因为责任面前勇于担当、危险面前义无反顾的突出表现，她被火线吸收为中共预备党员。在党旗下宣誓的她，更坚定了为党和人民事业奋斗的信念。越是艰险越向前，她鼓足勇气，正以一双敏锐的慧眼和一份对事业的执着，与她的同事一起继续奋战在抗击疫情的第一线，为取得新冠肺炎疫情阻击战的最后胜利不懈努力，为口岸疾控事业和人民生命健康无私奉献着。

（内蒙古二连浩特市疾病预防控制中心检验科　郭文丽）

27

黑土地上逆行的背影

2020 年 1 月 25 日，黑龙江确诊病例增加，情况不容乐观，紧急召集专家和省长连线，闫世春作为省级流行病学专家赶往省疫情指挥部提出全省的防控策略和措施，并向省长汇报。

他，是黑龙江省的流行病学专家，国家突发急性传染病防控队副队长，有着应急、传染病、慢性病等多学科的工作经验和强大的疫情防控综合能力，是在汶川地震、禽流感疫情、国家援助利比里亚埃博拉疫情的时候，冲在第一线的年轻的防疫专家。当新冠肺炎疫情到来的时候，第一个出征的依旧是他，他就是黑龙江省疾控中心慢病所所长闫世春。

在首例新冠肺炎疑似病例出现在黑龙江后，闫世春同志不顾个人安危，立即奔赴一线开展疫情调查处置工作。到达牡丹江市后，他深入病房对患者开展流行病学调查，根据疫情防控相关情况，研判疫情，落实下一步防控措施，全力指导牡丹江市加大病例监测筛查，做好隔离治疗和病例救治及各项防控准备工作，加强密切接触者管理和院感防控，有效阻止二代病例发生，为黑龙江省后续的疫情防控走出了关键性的第一步。

武汉"封城"，急需援助，闫世春主动请缨赴武汉一线，支援当地流行病学调查工作。由于黑龙江省疫情防控压力也很大，中心领导作出决定，没有答应他的请战。他在黑龙江这块肥沃的黑土地上，用实际行动践行了最美的逆行。

闫世春的电话铃声变成了同事们判断疫情严重程度的指示标，他就像救火队员一样，铃声就是命令，哪里出现问题就冲向哪里。

铃铃铃……手机铃响了。按照疫情防控形势需要，闫世春带队赴黑河市进行督导，与当地防控领导小组、卫生健康委及医疗卫生机构、乡镇政府有关领导和工作人员沟通交流，实地检查医院发热门诊、预检分诊、疾控中心、两站一场、人群聚集场所、社区卫生服务中心、乡镇卫生院等地防控情况。发现归纳整理问题意见 7 大项 36 小项，及时反馈给当地防控领导小组，强化措施，狠抓疫情防控工作落实。

铃铃铃……手机铃响了。闫世春组织我省县级人民医院和乡镇卫生院针对新冠肺炎住院患者及医院医护人员开展现场调查。同时，组织在我省报告有新冠肺炎确诊病例地区的三甲医院和乡镇卫生院针对就诊病例、新冠肺炎病例及医护人员开展新冠肺炎流行病学调查，其评估结果对我省基层政府能够科学有序开展综合防控、抑制疫情扩散和蔓延起到了关键性作用。

铃铃铃……手机铃响了。每天根据全省疫情情况，分析当前形势，对疫情发展趋势研判，评估下一步具体措施，为政府不断优化各项防控措施、科学决策提供有力依据。与省委疫情督导组一起，督促各地防控措施落实，起草应对新冠肺炎疫情分析报告，每天还要整理新闻发布会材料，回应社会关切，科学指导公众正确认识和预防疾病。

北方的凌晨 4 点还是漆黑一片，而他房间里的灯还亮着，他对最后一例患者的轨迹推理穿线儿、画出路线图后，终于睡下了。可才睡了 3 个多小

2020 年 2 月 18 日，一名患者的行动轨迹简单，找不到连得上的传染途径，紧急求助省里专家。闫世春接到电话，马上深入一线，剥丝抽茧，从细枝末节找出病例之间的联系，扩大了密切接触者的人数，防止了疫情的进一步传播。

时，他就起床，匆匆忙忙赶往指挥部，向省长视频汇报措施、方案和建议。这一忙，又到了第二天天亮。

发生疫情以来，他多次深入病房、发热门诊一线，与病例、患者亲属和接诊医生接触，询问、分析，开展流行病学调查。确定每个确诊和疑似患者的行动轨迹，分析每个可疑因素，查找有密切接触或共同暴露史的确诊病例、疑似病例或无症状感染者。

强将手下无弱兵，在他的带领下，全所人员迅速投入到疫情防控工作第一线。面对严峻的疫情形势，上下一心、同心同德，用实际行动为疫情防控默默地做出自己的努力。

慢病所 3 名国家级应急队队员赴疫情严重的哈尔滨市、绥化市和五常市梳理流行病学调查报告，核对确认每一个病例的基本信息和活动轨迹，增补遗漏密切接触人员；两名女同志一直在省疫情指挥部全天 24 小时不间断值守；其他人员协助疫情数据收集和分析工作。

黑土地上逆行的美丽背影，没有喧嚣，也没有掌声，他忙碌的身影一直在每一场重大公共卫生事件发生的战场上，也一直在最前线。

闫世春作为省应对新冠肺炎疫情工作领导小组指挥部专家组成员和省卫生健康委专家组成员，参加疫情工作领导小组会议，针对目前存在的问题，建言献策，开展疫情形势研判。并对全省各级卫生健康行政部门领导、疾控中心专业技术人员开展最新防控知识视频培训，加强流行病学调查工作指导，在提供决策依据和密切接触者复查方面提高水平，将疫情防控关口前移，从源头做到早发现，以早发现做到早报告、早隔离、早治疗。

疾风知劲草，烈火炼真金。直到现在，闫世春同志仍默默地在抗击新冠肺炎一线现场工作着，默默地履行自己的职责。在这场突如其来的疫情面前，闫世春同志，视疫情如命令，视疫情现场如战场，用自己的一腔热血，守护万家平安。他在关键时刻挺身而出，把风险留给自己，把安全留给他人，竭尽全力，忘我工作，发扬公共卫生医师的救死扶伤精神，发扬共产党员的无私奉献精神，舍小家顾大家，把人民群众的身体健康和生命安全放在了第一位，在这场没有硝烟的战场上充分展现了一个共产党员的亮丽风采。

（黑龙江省疾病预防控制中心　周雪）

28

美人芳草，逆风斩疫

2020 年 2 月 13 日，施连琴副主任（右二）在崇明区横沙乡菜场调查指导（摄影：马吉英）。

“亲，春节里约个时间，拉丁舞队友们小聚一下吧？”

“亲，今年还要不要一起去冬泳？春节里约一个？”

“妈妈，爸爸让你早点回家，准备年夜饭，山东饺子不能缺席哦！”

……

这一条条充满生活气息的短信，在崇明区疾控中心副主任施连琴看来至今依然是感慨万分。2020 年春节前夕，当人们都憧憬着休假模式开始时，突然武汉告急，一种新型的疾病不断地出现在媒体和各种电话会议中。1 月 19 日从区卫生健康委开会回来，党政工班子领导成员火速起草了防疫新冠肺炎疫情领导小组名单，将疾控的各部门划分成了综合协调、信息监测、流调消杀、应急检测、健康宣教、后勤保障六大板块，来应对重大突发事件的防疫工作。而当班子成员一致决定由施连琴作为疾控领导班子成员担任防控工作小组组长的时候，她不假思索地答应了，在那一刻她感到了一个共产党员的责任感和使命感。新型冠状病毒是一种新的病毒，当人们对它的认知还仅限于武汉的报道时，她不忘初心，牢记使命，凭着应对 SARS、H7N9 禽流感时的丰富经验，做好充分的思想准备，临危不乱，接受疫情的挑战。从 2003 年抗击 SARS 走在防控一线由一名普通疾控职工火线入党开始，“共产党人”就是她最响亮的名字，而共产党人身先士卒、迎难而上的精神是她这几年从中层干部到业务分管领导的信念之一。1 月 24 日上海进入重大突发公共事件一级防控状态，1 月 25 日下发到崇明区疾控中心各科室的防控领导小组成立名单的红头文件，明确了各部门人员的配置、工作重点，这也成为了后续疫情防控工作的纲领性文件。

2020 年 2 月 12 日，中心接到预警信息，崇明区新增一例新冠肺炎确诊病例，施主任和当天的流行病学调查人员 17：30 乘上了赶往横沙岛的末班船，开始了流行病学调查。因为该病例的确诊医院在宝山区，但户籍和常住地都是在崇明区，这就意味着这是一个空降的确诊病例。在去往横沙岛的路上，她和流行病学调查组的成员，一再分析了手上仅有的资料。横沙地处偏远，人口少。一个务农的个体摊贩，平时以卖菜为生，年前在同村人家帮过厨，没有湖北旅行史，因为把咳嗽当作普通感冒，自己吃药，时好时坏，一拖再拖，发病 13 天左右后去宝山就诊被确诊为新冠肺炎。她体内的病毒从哪里来的成了一个谜，如果是社区感染的话，那造成的影响将是不可预测的……怀着迷茫的心情她们天黑赶到了横沙社区，不顾一路的颠簸劳累，施主任要求立即开会了解相关情况，听取了各方的报告后，得到的信息和她们手头的资料并没有太大的出入。当半夜 12 点她们进入宾馆休息的时候，怎么也睡不着，她和马吉英老师讨论案例情况，由于菜场人员流动量大，追踪密切接触者是个挑战，仿佛是一桩迷案，头绪繁琐，最后她们决定等天亮就去确诊患者经过的几个场所再了解下情况。东方欲晓，施主任和马老师他们又兵分几路，去各处了解情况。菜市场、确诊病例的家里、帮厨家里，都留下了她奔波的身影。在流行病学调查呈胶着状态时，帮厨家一系列不配合的抵触情绪表现引起了她的注意，凭着多年的流行病学调查经验，她知道越是不配合的人员心里越是隐藏着不想让别人知道的东西，于是她和队员们苦口婆心耐心引导，又把抗疫的轻重利弊说清楚。最后，帮厨家终于放下心理防线，承认自己在年前招待了一批来看望自己的湖北老乡，而那几天的饭菜也正是确诊患者做的，但因为老母亲重病在身，怕自己万一有事，家中老母亲无人照顾，才不敢说真话……施主任听后悲喜交集，喜的是经过抽丝剥茧般缜密的流行病学调查，终于把情况摸清楚了；悲的是病毒无情，那家人家的方法不对但也算是个孝子。后来她把这些情况报告给了当地政府，让他们妥善安排好后续的隔离工作。

2020 年 2 月 26 日，施连琴副主任（右一）参加崇明区政协对区疾控中心关于新冠肺炎调研慰问座谈。

大年初二，当崇明区接报首例新冠肺炎疑似病例时，清冷的寒夜里有她毫不犹豫穿上疾控人特有的红色流行病学调查服与其他流行病学调查人员匆匆拉着应急箱出动的身影；连续 72 小时的陀螺转累了被请进值班室里睡在棉絮被里有她疲惫而坚毅的背影；实验室紧闭的玻璃门外是她等待新型冠状病毒检测结果时徘徊张望的背影；电视台来采访时，有她作为疾控发言人时落落大方的身影，用铿锵有力的声音讲述着疾控人在这一刻的坚守并提醒市民如何做好自我防范；在市疾控和区卫生健康委领导来督查的时候，她认真聆听的背影谦虚而温和，把专家的声音和基层的声音上通下达，做有效沟通；消杀时是她在现场指挥布置如指点江山般雷厉风行的身影……在抗击新冠肺炎的战役里，她如一株美人草般，向阳生长，逆风斩疫。曾有人问她疫情过后最想做的事情是什么？她说：“陪 80 多岁的老母亲吃一顿饺子，和伙伴们一起跳一场舞蹈。”是啊，等疫情结束，那一定是团圆的饺子，胜利的舞蹈。

（上海市崇明区疾病预防控制中心　俞晓凌）

29

有一种守护叫战斗在疫情防控第一线

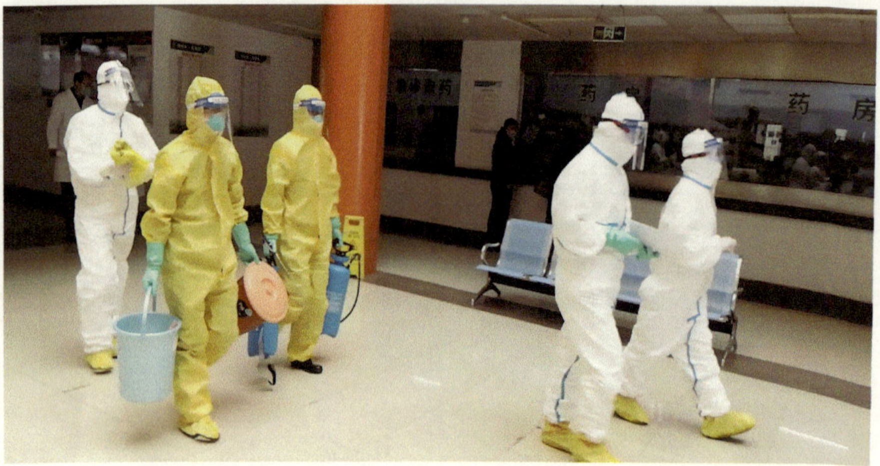

孙传武准备进入隔离病房开展流行病学调查。

年三十晚上八点钟左右，徐州第一例新冠肺炎病例检测阳性结果出来之后，作为疾控科副科长，并有着“非典”“禽流感”“甲流”等十几年疫情调查经验的孙传武第一时间赶到了沛县定点医院的隔离病房，开始了详细的调查工作。谈到那晚的情形，孙传武仍然历历在目。

“年三十晚上处理完疫情，写完报告已经是年初一的凌晨，领导批准以后，我们准备去吃饭，我们吃饭的时候正好听到了难忘今宵，春节联欢晚会结束嘛，印象非常深刻。”

之后的时间里，孙传武就一直奔波在徐州市及各县区之间调查确诊患者的行动轨迹。等待检测结果，前往现场，面对面调查，撰写报告，一套流程下来基本上要花去七八个小时的时间。疫情初期，孙传武每天至少要完成两名患者的调查工作。和高强度的工作量相比，更让他牵挂的是团队其他人员的安全。

“我们到现场的时候，患者一般都是在隔离病房里边，我们要面对面去交流，我倒不是很担心我自己，我经历过‘非典’，我有足够的信心。我很担心我的团队，因为他们都还很年轻，万一要是感染，很对不起他们，前几次的时候，我的队员都是在病房外边，只有我一个人进去。”

虽然调查工作存在一定的危险性，但每次在病房里和患者面对面交流时，孙传武都尽量详细，因为他知道，患者信息的准确性对于相关部门的防控工作起着至关重要的作用。

“一般我在现场调查一个患者要两个小时左右，我们会从两个方面去排查，一个是患者发病之前的十四天，我要确定他们是在什么地方感染的？我们还会追踪他来到徐州后的所有的行动轨迹。因为近距离接触的无防护人员都有存在感染的可能，这一部分人员我们一定要全部排查到。”

调查过程中孙传武发现，因为时间久远，有些患者的记忆会比较模糊，甚至出现前后不一致的情况，这给调查工作带来了一定的困难。为了避免关键信息的疏漏，徐州市疾控中心和公安系统展开密切配合，大大增强了调查的准确性。

“所有的信息全部是靠一字一句问出来的，公安有强大的调查能力，他可以把患者每时每刻的行踪告诉我们，我们可以把这个行踪拿到病房提醒他，他可能会想起来很多东西。”

凌晨，孙传武紧紧盯着电脑屏幕核对患者资料。

疫情就是命令，一个多月来，孙传武和疾控科的全体成员一直处于 24 小时待命的状态，每天检测结果出来之前他们哪都不敢去，生怕耽误赶往现场的时间。

“从那天开始到现在，我们科室所有人没有回家吃过一顿午饭，全部都在这，我作为科室负责人还是要坚持到最后。”

当被问到疫情结束之后他最想做的事情时，孙传武的回答并没有半点的轻松，内容仍然是围绕着疫情。

“我们要比原来更仔细，肯定不会放松的，我们要继续观察它，直到把它搞清楚为止。”

疫情就是命令，防控就是责任，作为疫情防控的第一道关口，孙传武和徐州市疾控中心的工作人员承担了巨大的工作压力，是他们履职尽责的工作态度守护了全市人民的生命健康。

（江苏省徐州市疾病预防控制中心　周茜　程亚东）

30 党旗在疫情防控一线飘扬，党员在无烟战场闪光

浙江援荆疾控队员黄良（中）与荆门疾控队员并肩战斗，开展疫点终末消毒。

新型冠状病毒引起的汹涌疫情，打破了这个本该祥和的春节。“疫情就是命令，防控就是责任。”浙江省疾控中心党员干部以实际行动践行初心、担当使命，冲在最前、干在最前，坚决防止疫情扩散蔓延，牢牢守护人民健康。

凌锋：疫情防控急先锋

“我一个人进去，你们在外面等。”回头和队员说完话，没有丝毫迟疑，浙江省疾控中心传防所党支部书记、防控新冠肺炎现场处置组副组长凌锋熟练地穿上了隔离服，踏进了隔离病房，成功采集到了浙江省首例新冠肺炎疑似患者的咽拭子样本。刚脱下防护服，又收到了 2 例发热的密切接触者的报告，凌锋二话没说，带领团队直奔当地开展详细流行病学调查。“这是省内

最早发生的病例，一定要仔细，仔细，再仔细，全面防控，千万不能有任何疏忽！”他叮嘱队员。实地查看后，他们调取监控，反复核实，撰写流行病学调查报告，一直工作到凌晨2点。

使命在召唤，共产党人的征程就始终在前方。随着省内新冠肺炎病例数不断上升，现场调查至关重要，看现场，查流行病学调查，讨论疫情，研究方案，工作紧锣密鼓，凌锋也带领组员们跑遍了全省各地。

2020年1月24日，除夕，本该是阖家团圆的日子，但凌锋和现场处置组成员们却注定无法享受这份温馨。下午3点半，接到一份疑似新冠肺炎报告，凌锋又要带队出发了。“父母刚从老家到杭州，本打算一起吃顿年夜饭的，只能跟他们说对不起了。”凌锋的脸上闪过一丝歉疚。没有亲人的欢声笑语，来不及细品心中遗憾，凌锋和队员们装了一塑料袋面包就匆匆踏上了征程，这就是属于他们的年夜饭。

张严峻：无声战斗，终擒毒株

2020年1月24日，万家灯火点亮了这个不同寻常的除夕夜，浙江省疾控中心生物安全三级实验室也灯火通明。新型冠状病毒检测团队成功分离到了病毒毒株！浙江省疾控中心成为继中国疾控中心后首家分离到新型冠状病毒毒株的省级疾控中心。张严峻终于长长地舒了一口气，这意味着随后新型冠状病毒的疫苗研制、抗病毒药物的筛选和快速检测试剂的研发拥有了坚实的基础。

取得这样令人振奋的进展，离不开过硬的技术和前期周密的部署。作为浙江省疾控中心微生物所党支部书记、防控新冠肺炎检验检测组副组长，张严峻早在2019年12月31日就召集微生物检验所实验室的相关人员，密切关注着疫情的发展动向，反复完善相关病毒的检测方法，共同研究应对不明原因肺炎病例的实验室应对预案，并于2020年1月22日首批获得国家卫生健康委新型冠状病毒分离培养资质。

2020年1月16日下午5点，已过下班时间，浙江省疾控中心接到温州市疾控中心报告，有2个新冠肺炎观察病例的多份样本即将报送到中心。事不宜迟，张严峻火速召回应急检测小组人员，连夜开展实验室检测。检测人员穿着密不透风的防护服，在负压实验室工作了 7 个多小时，直至次日凌晨 4 点，终于完成了 2 个病例共 5 份样本的检测任务，为浙江省有效抗击新冠肺炎提供了坚强有力的技术支撑。

安静封闭的实验室，是没有硝烟的战场，对手是让无数人恐惧的新型冠状病毒，长时间工作对检测人员的身心都是挑战。可张严峻始终抱着坚定的信念：检测病毒、护佑健康，是微生物所职工的神圣职责。作为党员和专业技术人员，在突发公共卫生事件的危急时刻，挺身而出，正是我们的光荣职责和使命担当！抗击疫情、责无旁贷！

陈恩富：放不下的坚持

大年三十的晚上，陈恩富和同为浙江省疾控中心职工的妻子林君芬，好不容易在单位食堂见面了。他们各自备了份饺子，面对面坐着，不禁相视一笑。“这个年真是过得充实又特殊。”陈恩富感叹道。

陈恩富是浙江省疾控中心党委委员、传防所所长，也是本次防控新冠肺炎现场处置专家组副组长。省内出现首例确诊病例后，陈恩富第一时间主动申请去一线，但考虑到他有长期严重的腰椎疾患，最近应卧床休息，中心安排他在单位值守。值守的十几天里，陈恩富制订防控策略，审核防控方案，回应媒体和大众关心的问题，尽管腰疼难忍、走路蹒跚，甚至有时需要趴在沙发上工作，他却一直坚守岗位。

大年初三，为帮助解决地方防控技术难题，陈恩富接到疫情电话后，立即组织调查队踏上应急车奔赴当地。“陈所还是去了现场？果然他是放心不下啊！”同事们感叹。到达后，陈恩富马不停蹄地开展病例调查、现场走访，指导防疫消杀。在现场走路时腰痛，他必须时不时停一会儿才能稍稍缓解，怕同行的应急队员担心，他从不谈自己的病痛。

疫情就是命令，防控就是责任。浙江省疾控中心的共产党员正用冲锋陷阵的勇气和务实冷静的工作，彰显着共产党员的责任与担当！哪里有疫情，哪里就有共产党员，哪里就有党旗飘扬！

（浙江省疾病预防控制中心　黄良）

31

拨云见日的使命

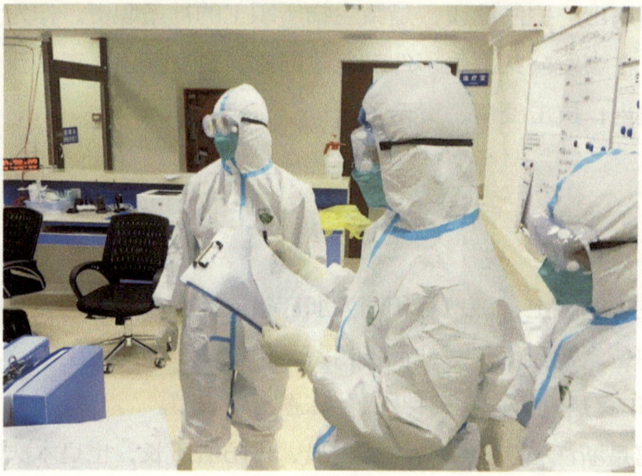

2020 年 2 月 25 日，定点救治医院隔离病区，胡奇胆和流行病学调查队员准备对患者开展现场流行病学调查（摄影：吴扬扬）。

“什么时候来的莆田？”“之前有去过哪里？”“接触过有可疑症状的人吗？”“这个疾病传染性很强，谁跟你密切接触过一定要告诉我，我才能尽快帮助他！”“早发现，早隔离，早治疗十分重要！”

庚子年伊始，新冠肺炎疫情突袭莆田。作为传染病防控的第一道防线，莆田市疾控中心传染病防治科科长胡奇胆牢记防疫使命，充分发挥传染病防治和突发公共卫生事件应急处置的科室职能，第一时间带领科室技术骨干投入到新冠肺炎疫情防控工作中。胡奇胆本人身兼两职，担任流行病学调查一队队长和疫情信息队的负责人。

“溯源”是流行病学调查的精髓之一，通过现有的病例，去追溯传染源头，理清传播关联，拨云见日，搜寻密切接触者，找出潜在还没被发现的患者，力求“早发现，早隔离”，控制传染源，阻止传染病的蔓延。

2020年2月25日16：00，医疗救治定点医院报告发现一例临床症状高度符合新冠肺炎的可疑病例，属地区疾控中心经过初步流行病学调查得悉该名男子有湖北逗留史。时至这天，莆田市已经连续10天没有新增病例了，这起报告非同寻常，很可能有隐藏的传播链等待发掘。胡奇胆审核初步流行病学调查报告时发现，患者活动轨迹虽然连贯，但是过于简单，其外出史单一，且密切接触人群只局限于同住家庭成员，这极有可能遗漏重要的流行病学信息，甚至造成疾病传播、蔓延。时间就是生命，胡奇胆立刻决定前往医院，自己与患者面对面调查。当天18：00，他与两名流行病学调查队员来到医院隔离病区见到了这名患者。不出所料，患者看起来似乎非常配合，有问必答，说自己在湖北老家仅逗留一天，其余时间一直在家没接触过其他人，返莆后在居家隔离，似乎除了共同居住的家人外没有密切接触者。胡奇胆一遍遍不厌其烦地为患者解释传染病的危害，分析其隐瞒信息可能带来的传播风险及社会责任，晓之以理，动之以情，最大限度地争取患者的配合。期间胡奇胆不断梳理发病感染的整个链条，分析患者谈话间可能透露的任何蛛丝马迹，准确把握对方心理，调整谈话技术。经过1个多小时的疏导，患者终于放下对个人隐私的芥蒂，交代了被隐藏起来的行踪和原先不愿透露的密切接触者。根据这条宝贵的流行病学调查信息，莆田市各联防联控单位迅速采取行动，连夜将密切接触者集中隔离观察并采样送检，终于在其中找到了传染源头，扫除了疾病传播隐患。

每天，结束现场流行病学调查工作后，胡奇胆还不能休息。因为疫情防控工作时间紧迫、责任重大，作为一名久经沙场的党员，他坚持重要事项亲力亲为。每一份流行病学调查报告结案前都要亲自完善，做到条理清楚、查无疏漏；每一期疫情防控日报发出前都要亲自审核，做到数据准确、分析得当；每一张给各地市各部门的联防联控协查函都要亲自把关，做到简明扼要、指向精准；每一条风险研判建议形成时都要参与讨论，做到有理有据、切合实际。再加上疫情期间对预防接种门诊运转的精准指导，对企业复工复产防控的精准指导，以及根据疫情形势不定时组织的工作推进会、病例分析讨论、专业技能培训等，胡奇胆已经很久没在深夜12点前回到过家了。

孤胆英雄也有心底里最柔软的地方。聊起儿子，这位平日里雷厉风行的男子第一次红了眼眶。因为胡奇胆的爱人是一名警察，疫情期间经常要下沉社区参与一线防控和其他任务，与胡奇胆一样难以正常作息兼顾家里。还在上小学的儿子有着同龄人难及的独立与懂事，一个人在家上网课、做作业，饿了就自己泡一碗方便面当正餐，用坚毅的小脸将对父母的依恋深深藏了起来。

守土有责，大爱无疆。胡奇胆是一名敢打硬仗的勇士，这样的勇士在莆田市疾控中心、在全国抗疫战线上有许多许多。

（福建省莆田市疾病预防控制中心　刘干晓）

32

与疫情赛跑的人

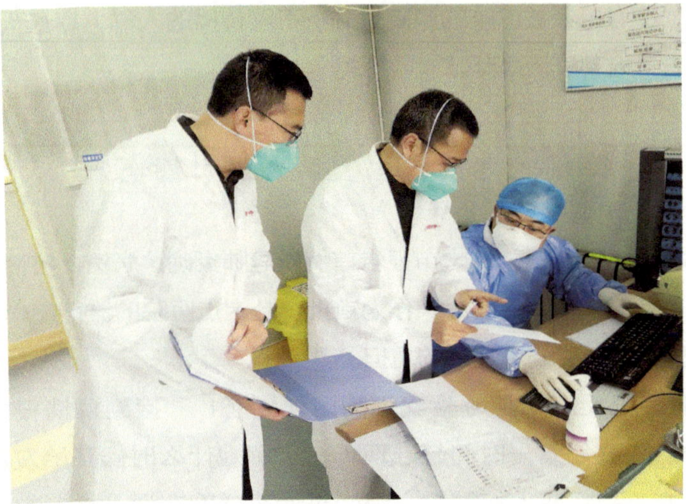

2020 年 1 月 24 日，济宁市疾控中心流行病学调查队员开展流行病学调查（摄影：颜丙新）。

在新冠肺炎疫情防控工作中，济宁市疾控中心除了做好疫情监测、检验检测、消毒技术指导、健康教育等工作外，还有一项重要的职责就是开展流行病学调查。发现疫情，流行病学调查队员必须马上冲上去，近距离面对患者，通过手中的纸和笔详细了解患者的活动轨迹，用这种特殊的方式与疫情赛跑。

我们就是疫情侦察队

“我们要保持敏锐的嗅觉，在疾病防控中利用所掌握的专业知识和积累的工作经验，追踪、调查一切与传染源有关的信息，防止疫情扩散。”提起经验，流行病学调查队总指挥梁玉民很有发言权，他先后参与了 SARS、甲型 H1N1 流感、禽流感、登革热等疫情处置工作，对疫情研判、密切接触者追踪排查等都有很深的见解。2019 年 12 月底，当武汉报告发现不明原因肺炎后，他心里的弦就开始绷紧了，作为传染病防制专家，他一边着手组织应急队员开展应急演练，一边起草应急预案，随时做好“战斗”准备。“我们就是疫情侦察队，开展‘流行病学调查’工作就是要搞清楚患者发病前后的活动轨迹，探寻患者被感染的原因，分析可能传播的人群，尽最大可能发现密切接触者，控制疫情蔓延。”

即便大海捞针也要努力把针捞出来

2020 年 1 月 24 日，济宁市报告首例新冠肺炎确诊病例，疫情信息一经发布，就牵动了全市人民的心。作为首批奔赴定点医院的流行病学调查队队长，姜文国深刻感受到了肩上的重担。

“我的第一反应就是考验我们的时候到了！”接到疫情报告后，姜文国与他的队友们第一时间赶赴现场，了解她什么时候开始发病的，到过哪些地方，和哪些人接触过，乘坐过什么样的交通工具，有没有采取防护措施等，生怕漏掉任何接触环节，最终排查并追踪到 15 名密切接触者，当晚就对他们进行了医学隔离观察。“排查密切接触者有时会非常困难也非常繁琐，不仅要调查发病时间、地点、发病经历等情况，还要将发病前后的活动轨迹梳理一遍。要做好这项工作，需要调阅很多资料，甚至要采取一些技术手段。但是疫情面前没有任何妥协，早一点排查和提醒密切接触者，对阻击疫情至关重要。我们也不分什么白天黑夜，工作就是轮轴转，尽力把这个工作做好，即便大海捞针也要努力把针捞出来！”

保护好自己才能更好地保护别人

“我们经常要接触患者，排查多个密切接触者，从天黑干到天亮都是常有的事儿。”随着济宁市结核病防治所合并到济宁市疾控中心，李立博由临床医师转变为流行病学调查队队员才半年多的时间，经过这场疫情的洗礼，他也积累了宝贵的工作经验。由于需要和患者近距离接触，流行病学调查队员的感染风险不亚于一线临床诊疗医生，所以防护工作容不得半点马虎。“我们每次工作都按照严格的流程开展，要先戴 N95 口罩，再戴一次性帽子，再穿上防护服……每一步都必须严谨细致，保护好自己才能更好地保护别人。”当任务结束，李立博来不及喝口水就要赶回单位撰写流行病学调查报告。当同事提醒他注意安全时，他回过头笑了，“从疫情出现到现在，每天家人和同事都给我打电话或发信息，询问我的健康状况，提醒我注意安全，每每这个时候，心里就觉得暖暖的。”

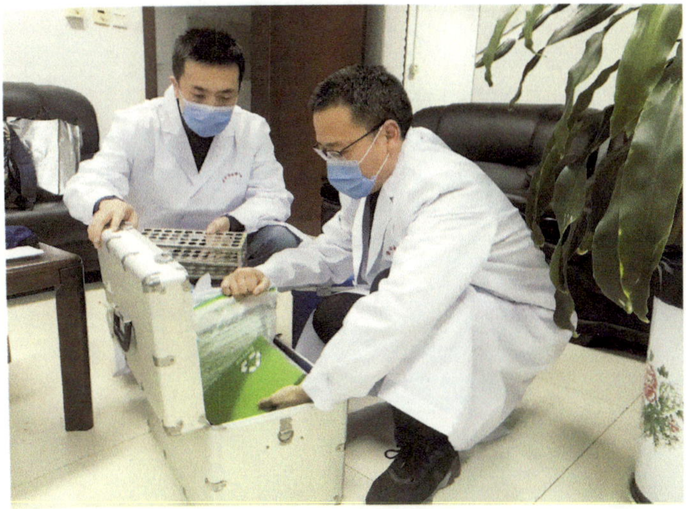

2020 年 1 月 31 日，济宁市疾控中心流行病学调查队员进行出发前的物品整理（摄影：颜丙新）。

我们要做关键时刻站得出的女汉子

“我们虽然在耐力和体力方面和男队员有差距，但是与患者的沟通和撰写流行病学调查报告考验的是细心与耐心，这刚好可以发挥我们女性的优势。”济宁市疾控中心的流行病学调查队里，还有这么一群外柔内刚的女汉子，她们一样奔波在流行病学调查的路上，她们一样埋头苦干撰写报告，她们一样为防控疫情拼尽全力。“累点没什么，在疫情防控的工作中还分什么男女，我们要做的就是尽快摸清情况，战胜它，歼灭它，对于疾控工作者来说，这是最光荣的使命。”

（山东省济宁市疾病预防控制中心　刘烁　李黎明）

33

“强”势出击，消灭“病毒”

唐振强在武汉，对患者家进行消毒（摄影：冯石献）。

他，2008 年赴汶川抗震救灾，奋战一个多月；

他，参加河南省省直工委举办的“学习强国”挑战赛，获得一等奖；

他，2020 年 1 月 21 日参加河南省第一例新冠肺炎确诊患者的流行病学调查，先后到南阳、周口等一线开展疫情防控技术指导；

他就是河南省第二批援鄂防疫队员，河南省疾控中心消杀所副主任技师唐振强。

2020 年 2 月 21 日，在得知中心将要选派援鄂防疫队员时，唐振强第一时间报了名，并获得批准。晚上回家时，他才对在医院上班、同样春节一直在加班的妻子说：“消毒工作需要专业和体力兼备，我是男同志又是党员，我必须上。”疫情发生以来，因工作需要，他们俩口子每天要上班，只能把刚上初一的女儿送给小孩姥姥照看。在生活中，他是儿子、是丈夫、是父亲；在疫情面前，他牢记自己是卫生防疫战士，毅然选择做一名逆行者，奔赴疫区。

到达武汉的当天晚上，他和消毒组的所有成员就投入到了当地的消毒防控工作中。每次执行消毒任务都是与病毒的正面交锋，防护服就是他们的最强盾牌。但由于物资还相对紧缺，为了节省防护服，他们一整天几乎不喝水，穿尿不湿进行消毒作业。虽然是冬天，但在密不透风的防护服里还是捂得汗流浃背，护目镜和口罩在脸上一遍遍留下印痕，三四十斤的消毒液一背基本就是大半天！

“由于防护的密闭性导致护目镜充满雾气，再加上有时室内的光线比较暗，更需要消毒时百分之百的谨慎。然而对我们来说，消毒难度并非只有这些，负重涉‘水’消毒则是更大的考验，地面因喷上消毒液后，穿着防护服，变得非常湿滑，一步走不好就会摔倒，甚至受伤。有时需要扶着墙壁，对着一片又一片的地面和空间喷雾，不留一点死角，近一个小时才能完成一个患者家的终末消毒。然后下楼，再爬上其他楼层患者的家里……再下楼再爬楼……消毒结束后，把喷雾器放在地上，大口地喘着气，一二十分钟后才能缓过劲来！摘掉护目镜，脱掉防护服，身上的衣服早已湿透。”唐振强说，“为患者家进行终末消毒，这是我和队友贾永华、姬卫华在武汉每天的主要工作之一。”

“密闭的防护服再加上沉重的喷雾器，一天下来，压得我们透不过气来，但我们仍然要坚持着，直到完成每天的最后一个病家终末消毒。有时，完成当天所

唐振强和队友在武汉街头吃盒饭（摄影：冯石献）。

有任务到达驻地已经是晚上七八点，冲完澡，换上衣服，吃完队友们重新给我们加热的盒饭，虽然疲惫，但过得非常‘充实’”。

唐振强和队友在武汉的工作除了直接承担消毒任务，还要参与当地消毒工作技术指导和方案制订，这对他们来说原本是相对“轻松”的一项工作，但因为疫情防控的紧迫，时间就是生命，他们把每一分每一秒都用到了极致。

在与唐振强连线时，他说：“3月2日，我们来武汉的第九天，早上6点，吃过早餐，和队友们一起乘坐30分钟左右路程的班车前往办公场所——硚口区疾控中心，武汉的天空，黑色的浓云挤压着，掩去了刚刚的满眼猩红，刮着冷风淅淅沥沥下起了小雨。刚到办公室，接到武汉市疫情防控指挥部通知，需要消毒专业人员和传染病防控人员一起，配合有关民政部门同志检查硚口区数十个养老机构的疫情防控和消毒措施。为了及时完成工作任务，我们穿着密不透风的防护服，认真细致地查看每一家养老机构的消毒物资储备、消毒记录、不同消毒剂使用的适用范围和注意事项等等，确保每一个消毒措施落实到位，彻底切断病毒传播。由于时间紧迫，午饭也顾不上吃，一直到下午5点左右完成任务。脱下防护服，全身衣服已经湿透，分不清是汗水还是雨水。”

“回到驻地，收拾完毕，吃过晚饭已经是晚上8点20分，突然又接到中国疾控中心的通知，到武汉市疾控中心参加消毒方案制订讨论会。直到凌晨2点，讨论才结束，坐上返回驻地的班车，我凝视窗外，路上异常的沉寂，下了一天的雨，变成了绵绵的细雨在黑夜里飘着，看不清，却听得真真切切，望着一栋栋高楼，思索着困在住宅里的武汉同胞不能出入，他们忍受着孤独、委屈，以及生活中的各种不易，不禁潸然泪下。”在电话中，听着唐振强的声音有些沙哑……

“疫情不退，我们不还！”

（河南省疾病预防控制中心　王建波）

34

这里的每一份数据都关乎决策与生命

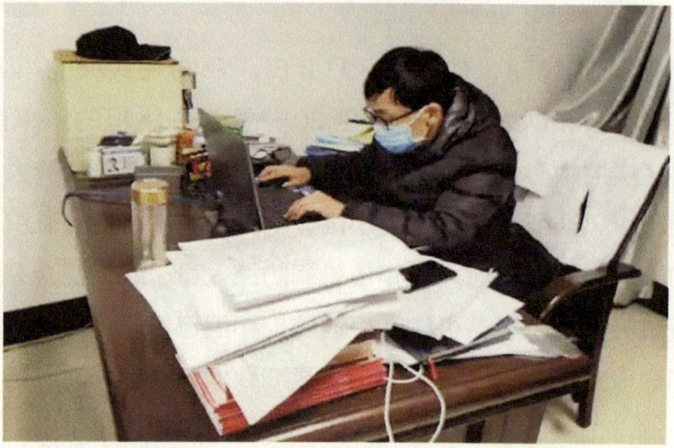

2020 年 1 月 23 日凌晨两点，王耀成在进行辖区 200 多家医院诊断上报病例的审核及每天的汇总报表工作。

一场来势汹汹的疫情，改变了许多人的生活。

对于王耀成来说，带来的是异常忙碌和艰辛的生活。他是十堰市疾控中心第一党支部书记、应急办主任，经历过十堰市“非典”、甲型 H1N1 流感、H7N9 禽流感防控，洪涝灾害卫生应急等大大小小的传染病疫情处置、突发公共卫生事件处置，但此次疫情蔓延的速度、波及面也令他始料未及，工作的强度、节奏与压力超越任何一次。

快快快！是他面临疫情时的第一反应，哪怕拼了命也得为疫情处置赢得时间、抢占先机。

学习国家防控方案、监测疫情、制订方案、组建队伍、全员培训，每一项都迫在眉睫、刻不容缓。夜以继日，时间还是不够用。2020 年 1 月 20 日，十堰市疾控中心新型冠状病毒防控方案出台，组建 7 个工作组、9 个现场综合应急处置组，以专业分队为单位开展队员个人防护、现场流行病学调查、样品采集、消杀器械现场操作培训，一场艰苦的疫情阻击战全面打响。

他同时还是十堰市疾控中心新冠肺炎防控工作综合组的负责人，在协助做好中心及全市疾控系统整体防控工作部署外，还要负责疫情监测、数据分析与信息研判的工作。全市有关新冠肺炎疫情的第一手数据信息资料就从这里产生，这里也被同事们称之为"情报处"。

历经2003年"非典"，由国家搭建的传染病疫情监测系统，是他们工作的前哨，这套系统覆盖全市辖区内200多家医院和所有疾控机构，从县市区上报的每一条疑似或确诊的新冠肺炎数据，必须在2小时内完成电话核实、网上审核与上报。分秒必争，尽早监测到病例，才能尽早排查到密切接触人员。四台电脑、六个人，他和他的团队24小时轮流值守，谁有空谁就稍微眯一会儿，到饭点了谁有空谁就下楼扒拉一口饭，顺带给同事带上一份饭，浓茶、咖啡已是他们最好的伴侣。

2020年2月5日凌晨三点，王耀成对当日上报的信息进行分析和研判。

每晚12点，全市当天的疫情数据出炉后，王耀成的另一项工作才刚刚开始：总结梳理当天全市疫情监测情况，开展疫情特点、形势变化、疫情风险、防控措施的分析研判，确保第一时间报送市防控指挥部，为全市疫情防控工作部署当好技术参谋。

每一份数据、每一项分析都事关全市疫情防控工作的整体部署，容不得丝毫懈怠、马虎、失误。面对海量的数据，他必须保持清醒的头脑，用丰富的专业理论知识，作出精准地分析与判断。

20 多天以来，夜以继日、没睡过一个囫囵觉、每天休息时间不超过 4 个小时，是 50 岁的王耀成的生活常态。

“早上站起来就像喝醉一样，头重脚轻，腿发飘”是他最真切的感受。

夜以继日地工作虽然让他疲惫不堪，但他却从未向领导提出休息的要求。他说：“当疫情来临，党员就应该是旗帜、是标杆、是榜样，我作为一名老党员、一名老应急人，即使再难，我也得坚守下去！”这是支撑他坚守和前行的信念。

“信息的速度必须跑赢病毒的速度”则是他对自己专业工作的基本要求。于是，在这看不见硝烟的战场上，凌晨一点、二点、三点……他总以鏖战者的姿态迎接新一天的曙光。

我有的不多，但我愿倾尽全力！

（湖北省十堰市疾病预防控制中心　黄卉　肖玉婷）

35

臣心一片磁针石，不指南方不肯休

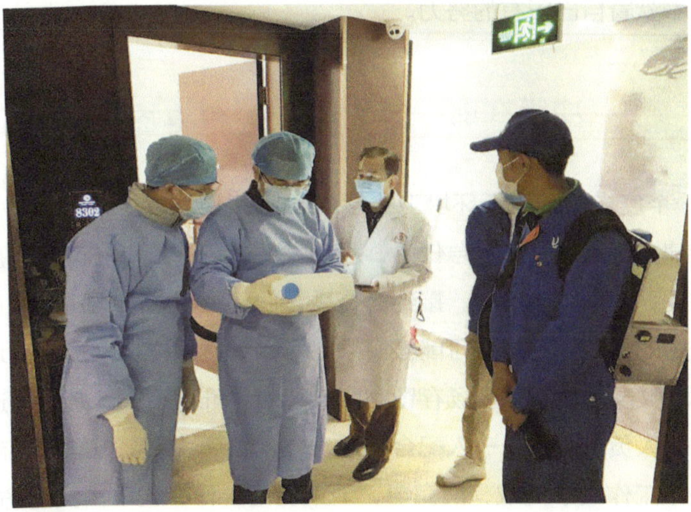

2020 年 1 月 27 日，游建文同志（左二）带队对禅城区某集中医学观察场所进行现场技术指导（摄影：严成文）。

游建文是佛山市疾控中心消毒杀虫科科长，在新冠疫情防控工作中负责组织和指导疫点疫区、定点收治医院、集中隔离场所、各类公共场所消毒和外环境监测，以及复工复产以来各类重点场所、企业巡查指导工作。基层第一线的隔离病区、疫点疫区，公交站、地铁、火车站等各类公共场所，社区、工地、养老院、看守所等各类重点场所和复工复产企业……都有他四处奔走的身影。

最早应战，保护医护人员不受感染

2020 年 1 月 20 日午后，正在办公室处理文件的游建文突然接到了通知，市第一人民医院收治了一名疑似新冠肺炎患者。他立即会同流行病调查组的同事一同赶往医院了解情况，成为最早应战新冠肺炎疫情的疾控人。作为一名“消毒”专家，游建文的主要工作是了解医院的收治环境、消毒隔离措施，医护人员救治时的个人防护是否存在漏洞，防止医护人员受到感染。抗疫至今，他始终奔走在各定点医院和发热门诊之间，为取得医护人员零感染的战绩奉献着自己所有的努力。

冲锋在前，甘当病毒“清道夫”

“有一个疫点需要进行环境卫生学应急监测和消毒。”2020 年 2 月 5 日傍晚，游建文接到了一个紧急任务。疫情发生以来，疫点环境样本应急监测是游建文的另一项重点工作。接到指令后，他马上带着团队 4 名成员赶往现场，在最短的时间内对疫点可能被污染的区域进行采样。既要准确地取到合适的样本，又要尽快解除现场存留病毒的风险，难度不小。游建文迅速做好了分工，一人负责取样，一人配合登记，一人做后续跟踪搜集……两个多小时后，采集工作终于完成，消完毒，结束现场工作、脱下密实的防护服时，所有队员都早已汗流浃背。但他们顾不上处理，赶紧将样本送到实验室进行核酸检测，当所有工作完成时已是晚上 10 点，这时他才放心地吃上了晚饭。不分昼夜，无论安危，他是“有召必应，使命必达”的先锋战士。

下沉一线，为科学精准的预防性消毒开展评估

开展与市民群众息息相关的各类公共场所新型冠状病毒污染情况监测更是游建文与团队的另一项重要工作。地铁站、火车站、客运站、超市、堂食餐饮店、居民小区、银行……到处都能看见他忙碌的身影。地铁站内的扶手、自助售票机和出入闸口，超市内的收银台、打包台，堂食餐饮店内的手推车、电子秤和冰箱，居民小区内的门把手、电灯开关、电梯按键、电梯扶手，银行内的电子办公设备、ATM 取款机……任何一个人群高频接触的地方都不放过。结束了一天的外环境涂抹样本采集，脱下工作服的那一刻，身上多个关节已经僵硬，旋开采样管的手指也磨出了水泡……在他和团队的

努力下，累积监测全市各类公共场所环境样品 2 700 多宗，覆盖 6 500 多个点，为推动各类企业有序复工复产，疫情精准防控提供了数据支撑，回应了社会关切。

巡查指导，助力企业复工复产

作为佛山市疾控中心支持复工复产巡回指导组的一员，游建文同志更是树立起防控加服务的理念，全身心投入到对各类复工复产企业的专业指导工作当中。企业复工复产应急预案制定了没有？消毒液等防疫物资配备齐全吗？健康监测制度有没有落实？职工实名制健康管理台账有没有建立？有无专人负责每日体温监测？对重点地区返回复工人员有没有严格执行隔离观察措施？消毒制度有无落实？定期消毒记录在哪？企业公众号、宣传栏等线上线下防控知识宣传落实情况如何？食堂、员工宿舍等重点场所有无采取严格的防控措施……这些都是游建文同志所到之处所要巡查指导的主要内容。

舍家忘我，夫妻同单位却难见面

值得一提的是，和游建文并肩作战的妻子何秀榕也是佛山市疾控中心抗疫队伍中的一员，她是病原微生物检测人员。尽管在同一单位工作，但夫妻俩能见面的机会却很少，偶尔聚在一起，便是通过手机视频看看寄托在父母家的刚上幼儿园的女儿。"爸爸妈妈，你们在哪？我好想你们。"几天前的一次通话中，听了女儿的话，夫妻俩忍不住湿了眼眶，游建文告诉自己："党员、医生、人父，任何一个身份都决定了我必须坚持住！"

疫情来时显本色，大难面前见担当。作为疾控战队的一份子，游建文做到了闻令而动、下沉一线、勇挑重担，在这场疫情阻击战中，他出发得早，冲锋得前，坚守得长！因为他还有一个另一个响亮的名字——疾控人！

（广东省佛山市疾病预防控制中心　顾春晖）

36

凌晨之时　归家之刻

2020 年 3 月 17 日，海南省疾控中心传染病预防控制所所长、主任医师何滨在审阅新冠肺炎疫情分析材料。

“必须要往前多追溯一天，确保不错过一个密切接触者。”2020 年 3 月 17 日上午，何滨在电话里向一线流行病学调查人员布置着工作。她反复强调，疫情进入最后关键阶段，我们必须把紧绷的弦坚持到最后一刻。

2019 年 12 月，何滨被任命为海南省疾控中心传染病预防控制所所长，上任后不到一个月，她就遇上了新冠肺炎疫情。她说：“知道上任后会有考验，却没想到是这样一场大考。对于这次新型的、传染性强的病毒疫情，我感到了前所未有的压力。”

早在 2020 年 1 月 18 日，何滨和她的团队就进入了战备状态。在这场疫情防控战中，何滨主要负责两方面的工作：一是作为省疾控中心新冠肺炎疫情应急处置领导小组办公室副主任，负责管理省级流行病学调查队，统筹协调消杀组、培训组等各应急处置工作组；二是作为全省新冠肺炎疫情防控组成员，负责指挥部决策的上传下达。

从进入“战场”的那一天起，两个月时间，何滨从没有在凌晨时刻前结束过工作，她打趣地说：“生物钟已经形成了，等疫情过了，估计早睡还睡不着了。”

指导 9 个流行病学调查小组奔赴 15 个市县开展工作

“2020 年 1 月 19 日，海南省疾控中心应对新冠肺炎疫情设立了 7 个工作组，其中流行病学调查组仅有 4 个小组。”何滨说。随着疫情的发展，流行病学调查力量显然不够。“2 月 10 日，海南省疾控中心打破原有工作建制，从各部门抽调精干力量 100 余人成立 10 个工作组，这一次流行病学调查组增加到 9 个小组，每个小组 3 名队员。”

原来的流行病学调查模式是哪里有疫情，流行病学调查组就奔到哪里去，这样的话，流行病学调查队员需反复与当地的工作人员磨合，不仅疲惫，工作效率也不高。为此，她集思广益，及时调整流行病学调查小组工作模式，将 9 个小组分派到不同的市县，采用“分片包干”的方式，一个组管一个市县，对于疫情不严重的，一个组管两到三个市县。

何滨说：“自新冠肺炎疫情以来，海南省疾控中心共派出省级流行病学调查队 5 轮 57 次，共计 167 人次，奔赴 15 个出现疫情的市县指导开展现场流行病学调查工作。他们以翔实的数据和信息，查出确诊患者的生活轨迹，并追踪、寻找其密切接触者，为打赢疫情防控阻击战作出了重大的贡献。”

抽丝剥茧，先后派出 3 组队员找出感染源头

“至今，我依然清晰地记得海南首例新冠肺炎病例发现的过程。”何滨说，“那是 2020 年 1 月 20 日，为了有效控制病毒传播，海南省疾控中心第一时间派出流行病学调查人员去了解该病例的活动轨迹，并派出消杀组对该病例的住所及就诊过的医院进行全面消杀。”

何滨说："做流行病学调查最困难的是被调查者不配合，故意隐瞒实情。"这让她想到海南首例本地感染者的流行病学调查工作。2020 年 1 月 25 日，针对琼中黎族苗族自治县一例感染来源暂时不明确的病例，海南省疾控中心分别派出第 3 组、第 7 组流行病学调查组赶赴琼中开展流行病学调查工作。

"但是，当时就是查不出感染来源。"何滨说那时的心都提到嗓子眼儿了。她深深地知道，如果查不出来源，就会增加公众的恐慌感。

2020 年 1 月 26 日，海南省疾控中心第 4 流行病学调查组 3 个队员在张勇副主任的带领下也赶赴琼中进行调查。这一次，在前期流行病学调查队员工作的基础上，队员们对患者活动轨迹进行再次梳理，逐个分析，层层深入地调查下，终于查到了病例的湖北接触史，也就是找到了感染的源头。

组织召开 30 余次专家组会议，制定 50 多个规范性文件

说起何滨的另一项工作，就是组织专家组，对防控工作进行研讨，最终为领导作出决策提供专家建议。

据悉，疫情以来，她共组织召开 30 余次专家组会议，并先后制定了《海南省新型冠状病毒感染的现场流行病学调查及消毒个人防护手册（第一版）》《疑似暴露的疾控工作人员洗消程序（第一版）》《关于规范新型冠状病毒感染的肺炎病例标本送检、实验室检测和病例流行病学调查工作的通知》等 50 多个规范性文件和专家意见，有力地保障了各项防控工作顺利、有序开展。

在一项项工作聊完后，被问到是否有顶不住的时候，她流下了眼泪。何滨告诉记者，工作再苦再累也不怕，唯一的遗憾就是 2 月底母亲过世时，她不能回到老家湖南去看母亲最后一眼。

那天上午 11 点，何滨接到了父亲的电话。电话里父亲一直对她说："别回来，按要求办，一切都能料理好，你先做好自己的工作。"放下电话后的那个中午，何滨走出了办公室，走上空无一人的天桥，遥望北方任泪水流

淌，用这种方式寄托自己的哀思。

下午两点，何滨又投入到紧张的工作中。“我没时间伤心，因为还有专家会要开，还有无数的工作要布置，还有一个个问题等着我们去解决……”

新冠肺炎疫情的大考还在继续，在这场大考中，从何滨的身上，可以看到一名普通疾控人守护群众健康的初心。

（南海网　任桐）

37

勇往直前，一群离病毒最近的人

——记昼夜奋战的“检验人”

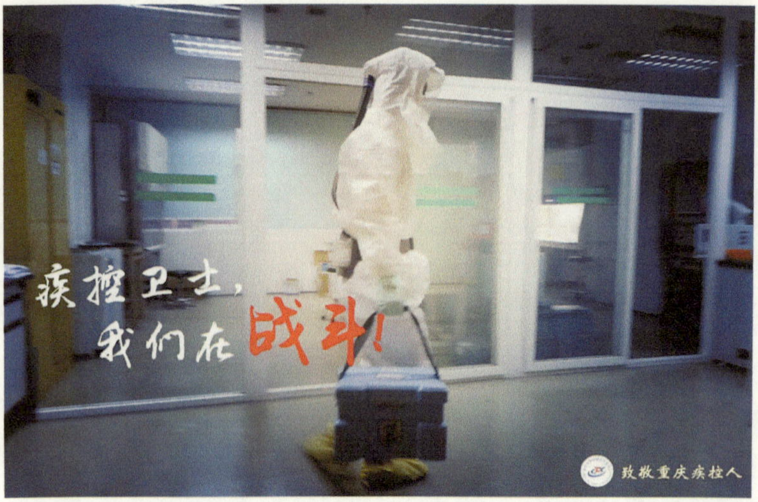

2020 年 1 月 26 日，工作人员从巴南区送样至重庆市疾控中心（摄影：项丹）。

疫情防控，一场没有硝烟的战争！在战场的最前线，人们用镜头定格了医护人员通宵达旦诊疗患者的忙碌身影，捕捉了疾控队伍临危不惧采样消杀的匆匆背影，记录了各部门联防联控紧密协作的热烈场景。也许他们中一段从死神手里抢人的话语能令你百感交集，一幅出征时家人不舍的照片能令你潸然泪下，一张揭开口罩后红肿的面颊能令你肃然起敬……但是请别忘记，在他们身后，有那么一群人，不分昼夜埋头苦干，为前线的战友输送最为宝贵的检测数据。没有呐喊助威，只有默默守卫，他们有一个统一的称呼——检验人！

也许第一眼我们会觉得他们很酷：一袭白色隔离服、酷酷的正压防护头盔，像极了科幻片的场景。但是，当你得知他们每天都要和病毒“亲密接触”后，都不禁会对他们的工作平添一分尊重。

新冠肺炎疫情发生后，实验室病毒检测24小时无休，每天都有样本从四面八方送来，技术人员全天候坚守进行核酸检测、复核，为区县首例病例确诊工作把好最后的关卡，为临床救治提供重要的实验室依据。生物安全二级实验室（BSL-2）是这次核酸检测的“主战场”，而他们就是与新型冠状病毒几乎零距离接触作战的人！实验室里，从最开始的接收样本、实验准备，到核酸提取、PCR检测，再到最后的废弃物无害化处理，整个环节前后要经历10个步骤，平常人看来非常繁琐的事情，但他们能做到有条不紊、成竹于胸。

微生物检测所流感科是这场阻击战的“先锋连”，现有职工5名，全部为共产党员。在支部书记凌华同志的带领下，坚持树一面党旗、绘一片初心、领最艰巨的任务、到最需要的地方去，以实际行动践行了共产党员的先锋模范作用！

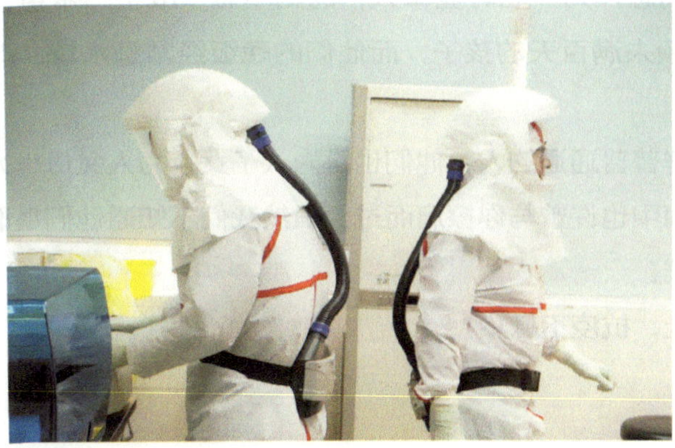

2020年1月26日，重庆市疾控中心微生物检测所人员正在实验室开展新型冠状病毒核酸检测工作（摄影：项丹）。

2020年1月一天深夜，接到某地首例疑似标本的报告后，凌华同志迅速召集流感科科长叶盛、陈爽、唐云3名党员同志紧急加班，从凌晨一点一直忙到早上八点，哪里有困难，哪里就有他的身影。“召必回、战必胜”成为了凌华同志的座右铭。

作为流感科科长，叶盛同志已数不清多少天没有回家。有一次在办公室和孩子视频通话，孩子哭着问他："爸爸，你出差了吗？已经好多天没有见到你了，你什么时候回来啊……"

陈爽同志主动把两个上小学的孩子送回合川老家，以便全身心投入到工作中。大年三十晚上她和谭章平同志加班到凌晨 6 点，初一又从晚上 8 点加班到次日凌晨 3 点。

喻臻同志是一名准爸爸，家中妻子已怀孕 38 周，且因怀孕压迫右侧大腿神经导致走路已很吃力，随时可能生产，时刻需要人照顾。但疫情就是命令，人民的利益高于一切，喻臻说："妻子也在鼓励我，组织需要时就要战斗在一线。"

唐云同志于 2019 年 12 月刚做了大手术，本应在家休假调养的她，也毅然投入到抗击新型冠状病毒的战斗中。面对父母的关心，她三缄其口，并告知他们自己能照顾好自己。

谭章平同志作为一名转业军人，时刻不忘"战士"本色，坚决让妻子独自一人照顾未满百天的孩子，而他们的晚饭经常是水饺、面条、汤圆等速食。

这是一群普普通通的人，他们也是为人子女、为人父母、为人丈夫、为人妻子，人海中也许曾与你擦肩而过，虽然我们不知道他们是谁，但我们知道他们为了谁！

疫情不止，抗疫不息！

（重庆市疾病预防控制中心　刘洋）

38

战“疫”有我 有我必胜

2020年1月25日，贵州省疾控中心传防所胡灿、陶莹、何煜颖调查组前往某县处置新冠肺炎疫情（摄影：崔阅）。

这个冬天是我在贵阳度过的第二个冬天，刺骨的寒冷和早上起来挂着冰棍的水龙头是我对贵阳冬天的记忆。春节临近的喜悦让这一份寒意显得不再那么显眼，大街小巷依旧是人头攒动，八鸽岩路的小餐馆食客不绝，热腾腾的蒸汽向路过的食客诉说着新春的喜庆。然而，武汉突如其来的疫情让大家的心都悬了起来，原本宁静的科室此刻也变得嘈杂。大家都在讨论着疫情相关的话题，毕竟办公室的多数职工都经历过2003年“非典”疫情，他们知道疫情意味着什么，这个话题对于他们来说敏感而沉重。

2020年1月22日，离除夕还有1天。与往日单纯讨论疫情的话题不同，今天大家讨论的内容稍有转变。过年吃什么，和家人怎么玩，大家都在尽情地畅想，但奇怪的是，谁也没有谈论关于是否回家、啥时候回家的话题。“公布了，贵州省出现了2个确诊病例”，办公室顿时一片哗然，大家担心的事情还是发生了，这是所有人都不愿意看到的！不知过了多久，办公室开始陆陆续续有同事给家里打电话，“妈，今年我不回家过年了，疫情已经蔓延到了贵州，我们得留下来，你们赶紧去备点口罩……”“老婆，明天我不回去了，去备点好吃的，照顾好孩子和爸妈……”电话的那头，隐隐约约还能听到孩子稚嫩的叫唤声。这天下午，贵州省卫生健康委的文件“如期而至”，整个医疗系统严阵以待，准备和“新冠疫情”来一场全面的战役！

2020年1月25日，大年初一，办公室里所有人都按时到达了自己的岗位，大家的工作积极性异常的高，大家似乎都已经忘记了昨天没能和家人团聚的遗憾，又或许大家只是不愿意去想，整个疾控中心在统一调度下，所有人都紧张有序地开展着工作。

天气格外的冷，窗外寒风呼啸，鹅毛般的大雪下了一早上，没有一点要停下的意思，窗外偶尔传来一两声大树被压断的清脆响声。在这样一个抗疫的关键时刻，似乎连老天爷都不作美，以为如此作难，疾控人就会屈服，然而它低估了我们疾控人的骨气和韧劲！就在2020年1月25日这天，我们的疾控“英雄”们毅然出征了，随着组织一声令下，胡灿、陶莹、何煜颖三位同事，顶着风雪，提着简单的行囊出发，前往某县处置疫情。“2003年是上一辈的疾控人保护了我们，今天就由我们去保护他们和后辈吧”，一位准备出发的同事笑

2020年1月24日，贵阳市云岩区普陀社区同事及当班医生曾浪协同普陀社区卫生服务站工作人员赵乐茜到辖区排查武汉返黔人员（摄影：廖春）。

着说道。但我看得出来她说得很认真，也许是这个年代的年轻人都不太善于表达感情吧，作为同一年代的我读懂了。我很想替代这些年轻的女孩去前线，但是现实（非专业）却只允许我目送他们离开，看着他们那单薄却不失坚定的身影消失在茫茫白雪中，心中祝愿他们健康平安归来。

2020 年 2 月 3 日，我和一位在社区卫生服务站的好友崔阅通电话，想要了解一下他们的情况。"疫情防控期间，单位所有人员都严阵以待，24 小时随时待命，也没有休息时间"他告诉我。他年前休假回家，仅仅陪了家人两三天时间又马不停蹄地赶回来投入到工作中。他父亲身体不好，家里的两个孩子和父母全仰仗妻子一个人照顾。但是单位需要他，辖区的父老乡亲们也需要他，这份责任不允许他在家人身上投入哪怕多一点点的精力。社区卫生服务机构的主要工作就是追踪辖区所有可疑的人，将高危、有症状的人带至定点医院进行详细的检测排查，为了不漏过任何一个人，他们需要全程陪同，经常在医院一守就是一夜，累了随便靠一靠，缓一缓又继续工作。虽然辛苦，但他们依然觉得自己的工作很有价值。有时遇到一些家属不理解，社区医生在上门进行排查时可能会受到家属排挤甚至是辱骂，有些年轻的小姑娘，也只能往肚子里咽苦水。在家中他们也是爸爸妈妈的掌上明珠，何曾受过这样的委屈。但是同事却骄傲地告诉我"我们单位的年轻人很优秀、有担当，我们一个小女孩今年是准备春节和他男朋友举行婚礼的，啥都准备好了，就缺她回家，但是最后她还是决定留下来和同事们一起战斗"。电话那头语调突然低沉了下来"有一天我开玩笑问她，你不回家结婚你男朋友不会难过吗？也许是这一句话真刺痛了她，女孩子一个下午都没有和我再说话……"这就是疾控人，舍小家为大家，在国家需要的时候，选择了听从国家号召，坚守岗位，挺身而出，全力以赴。

疫情面前，疾控人从不畏惧，从不退缩，哪里吹响了疫情的号角，哪里就有他们的身影，他们前赴后继，不顾安危、不计报酬、不论得失，只求能够守护人民群众健康！致敬最美疾控人！

（贵州省疾病预防控制中心　刘浪）

州里来了个女指导

许琳在医院开展新冠肺炎防控培训（摄影：许琳）。

州里绝没想到，省指挥部居然会派一个瘦瘦小小的女人下来，指导这场席卷全国的疫情防控工作。没有性别歧视，原因归于她小小的身板。

你看她，一副弱不禁风的样子，枣红色的应急服罩在上身，下面则是细细的腿。别说高强度的抗疫工作，唯恐怒江的风一吹就倒，或者碧罗雪山的寒气一冷就病，不但难向省里交代，关键是耽误大事啊。昆明、西双版纳、丽江先后出现病例，最后周边“红遍”，连喊“救命”的楚雄和文山也先后沦陷。全省就剩下地处西北角的两块净土，怒江和迪庆。本身就是国家脱贫“上甘岭”的“三区三州”的俩兄弟相依为命，在网络上互相打气。

靠这个瘦瘦小小的女人挡住脾气暴躁的新冠肺炎？人们怀疑省里是不是弄错了，别是和其他州市弄差了。比方说，她可以去暖和一点的西双版纳，或者经济好点的玉溪。总之，不该派她来怒江。

一个14天过去了，怒江的确诊病例还是“0”。有人做歌曰“零是勋章”。这话不假，保住怒江这块净土，意义重大。咱自家人了解自家事，这地方山多，相对落后，脱贫正在倒计时。若是疫情输入，祸事不小。

她来之后，做了不少事情。地毯式搜索、网格化管理指导、下福贡、跑兰坪……若有人想了解，移步互联网、微信朋友圈看反映“疾控人”辛苦的文章，看个两三篇，自然就明了。她来之后，听说州人民医院，甚至泸水市人民医院、福贡县人民医院这些县医院的胆子都大起来了，居然敢报新冠肺炎疑似病例了！

诸君可要知道啊，这几家医院以前可连“不明原因肺炎病例”都没报过。这下好了，连跨数级，跟国内看齐，与国际接轨起来。州里的疫情公告一发，顿时惊掉一地眼球。

问她，她说：“要相信医院临床医生的专业水准，不敢报则永远不会报，那么我们的监测水平永远起不来。”

是没病例还是发现不了？会不会一发现就是疫情扩散的局面？

州里人实难相信，她瘦瘦小小的身躯中居然藏着如此大胆的决断。人们欣喜于怒江“0”确诊病例报告，心里却不免有以上的疑问。疑似病例的报告，给人们打了一剂定心针：咱们不是发现不了病例，各大医院有这个能力，只要有疑似病例，能够灵敏地排查出来，立即通过相关调查和实验室检测予以排除。

这个意义可大了！比人们每天看到一个孤零零的“0”报告心里怀疑医疗卫生系统的能力而胆战心惊好得多。人们知道了一线的防控及时而有效，咱怒江州没有病例，是真没有！

2020年2月10日，她14天的工作结束，即将返回昆明。然而就在当日上午，她还抽两个多小时的时间，给全州疾控中心、医院、卫生院的同事们搞了一次视频培训。内容都是干货，你看她说了啥：早发现防控策略是“外防输入”，但也要做好“内防扩散”的准备，“分类管理，科学防控”。交通管制站、乡镇社区的网格化防控，基层卫生机构（乡镇卫生院）、药店私人诊所、安置酒店等人群集中场所管理，将来面临的返工、返学人员的管理等，防控工作的方方面面无所不包。她工作期间看到的问题是什么，解决的策略是什么，建议是什么，从问题的提出到解决方法一条龙的实施方案。

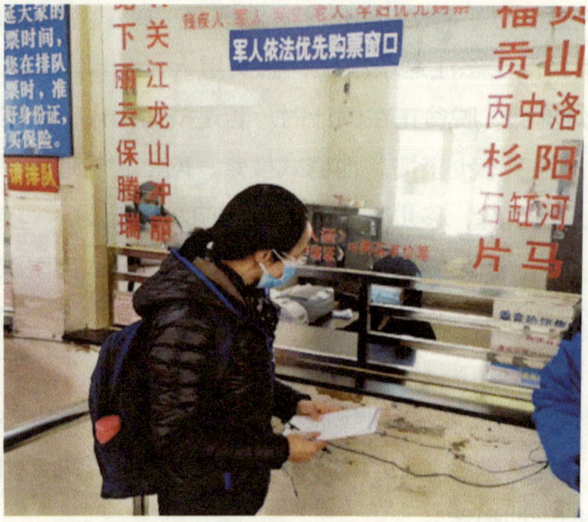

许琳到汽车站开展督导（摄影：许琳）。

每个问题都很具体，解决方法又结合怒江实际，听者无不叹服。虽然是视频培训，至少作者本人所在的县区培训会场，无论行政管理人员，还是疾控中心和医院的专业人员，两个小时“无尿点”。

她来之前，不被人们信服，因为她不是干应急处置专业的，倒不仅仅在于她瘦瘦小小的身躯。许琳，何许人也？云南省疾控中心结核病防治所所长，博士。她参与过云南省第一次成建制的援外抗震救灾——2015 年的尼泊尔地震抗震救灾，省内的各次大的地震灾后防疫她也参与了。

截至 2020 年 2 月 10 日，怒江州仍然保持确诊病例“0”纪录！

（云南省疾病预防控制中心　郝林会）

40 核酸检测，与时间赛跑

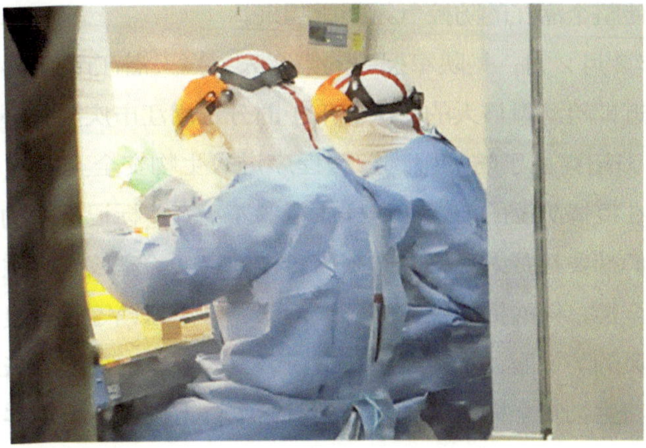

2020 年 2 月 2 日，陕西省疾控中心援鄂检测队队员张超与潜江市疾控中心陈晓勇科长在 BSL-2 生物安全实验室工作（摄影：刘东立）。

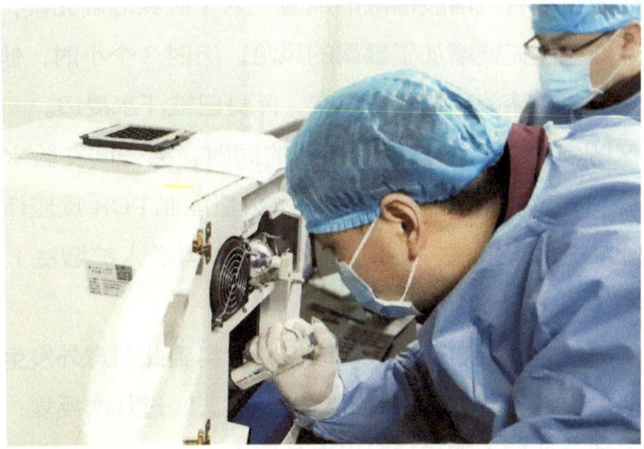

2020 年 1 月 31 日，陕西省疾控中心援鄂检测队队长刘东立在潜江市疾控中心实验室校准 ABI 7500 荧光定量 PCR 仪（摄影：史伟）。

陕西省疾控中心援鄂检测队2020年1月31日第一批进入湖北省潜江市，在整个新冠肺炎疫情防控工作中，他们承担的核酸检测任务是重要的一环，每天公布的确诊病例数，都是经过实验室检测“一锤定音”的结果。陕西援军到来，潜江市疾控中心检测效能大幅提升，他们与时间赛跑，克服了一个又一个的困难，当天就诊断了15例阳性，超过了潜江市前期病例数的总和，瞬间使整个潜江的防控气氛凝重起来。

2020年2月2日，是陕军援鄂的第3天，当天潜江市疾控中心收到73份标本，是近期检测量最大的一次。下午时分，潜江市疾控中心陈晓勇科长和援鄂队员张超穿上了防护服，按照程序进入生物安全实验室核心区开始准备实验。在疫情防控的前期，送样质量参差不齐，标记不清的状况时有发生，每天他们都要花费大量的时间来核对样本。实验室核心区空间狭小，摆放着生物安全柜、核酸提取仪、高压灭菌器、低温冰箱等仪器设备。队员们穿着密不透风的防护服，水雾迷漫在护目镜上，戴着近视镜的张超几乎瞪圆了眼睛，隔着生物安全柜的玻璃，猜测着标本管上模糊不清的字迹。有的标本盖不严，出现洒漏，他们还要冒着巨大的风险进行处理。汗水渐渐地在防护服内蒸腾、冷凝，又蒸腾、冷凝，此刻已浑然不觉，只有全神贯注地逐一反复核对。1个小时过去了，终于核对完毕，实验人员一个个打开标本管盖，吸取样本，按照预先排比的标本号码加入提取试剂盒。此刻是风险最大的时候，开盖操作随时都有气溶胶播散的风险，为了确保准确无误，陈晓勇和张超尽量放慢速度，这无疑增加了暴露的风险。历时3个小时，他们坐在生物安全柜前一动不动，膝盖和腿变得酸麻，浑身已被汗水浸透。

在核心区的实验人员加样提取核酸的同时，另一间实验室里，潜江市疾控中心检验科邓琴正在按照今天的样本数量配制PCR反应体系，一会她将配制好的试剂送进提取室，加入样本核酸，再送入扩增室上机进行扩增检测。

陈晓勇依照程序准备启动核酸提取仪，没料到此时意外发生了，提取仪控制面板忽然失灵，无论怎么按键都毫无反应。经过几次反复，开机关机重新启动仍然无效，他们立即通过对讲向外界求助。实验室外围的所有人员立刻紧张起来，游帅乔是潜江市疾控中心实验室的骨干力量，善于动脑解决各类问题，他迅速飞奔到更衣处，以最快的速度穿上防护装备，进入实验核心区增援。核心区里三人身着厚重的防护服，拆开仪器面板，反复查找原因，折腾了近 1 个小时，最终通过一次偶然的点击，机器终于启动了，所有人长舒了一口气。1 个小时后，核酸提取程序完成，5 个小时，这是检测组最长的一次经历。当他们退出核心区，褪去防护服，浑身湿透，脸上也深深地烙下了胜利的标记。

仪器是潜江市中心医院支援来的 ABi 7500 荧光定量 PCR 仪，在前几天由陕西省疾控中心支援队完成校准，看着 PCR 仪也正常启动，检测队员们些许舒缓。再等待 2 个小时，今天的检测结果就可以报告，他们知道，这个结果有太多的人在等待。

2020 年 2 月 2 日 20 时 20 分是一个特殊的时刻，所有人都在拍照纪念。在等待结果的时候，援鄂检测队 5 位队员合拍了一张照片，以纪念在潜江支援的这个特殊时刻。

然而，没料到屋漏偏逢连夜雨，晚上 9 时许结果出来大家傻眼了，仪器扩增曲线并不好看，很难判定结果，所有队员神经立刻变得高度紧张，如果不能按时出具检测结果，将会影响到整个防控工作，巨大的压力让每个人都面色沉重。此刻时间紧迫、争分夺秒，重新提取显然是不可能了，试剂也只有这一种，队长刘东立迅速做出决定，重新更换仪器再做一次。话音未落，检验科长陈晓勇已飞奔上楼进入了实验室，重新配制体系，上机检测，动作沉稳老练。

等待的过程是难熬的，新型冠状病毒是一个新的病原体，前期所有的检测试剂、提取试剂都不稳定，给结果判定增加了很多不确定性。在这个过程中，检测队与仪器厂家、试剂厂家反复联系，查找问题原因。检测队 11 人全部值守，潜江市疾控中心大楼灯火通明，都在焦急地等待最终的数据。

2020 年 2 月 2 日晚上 11 时 30 分，更换仪器后的第二批数据出来了，经过与仪器厂家确认，检测队在 11 时 38 分报告了结果。队员们脸上露出了倦怠的笑容，他们知道，后面的日子还可能有更加残酷的一场场恶战。

（陕西省疾病预防控制中心　刘东立）

41

追击病毒，有我在

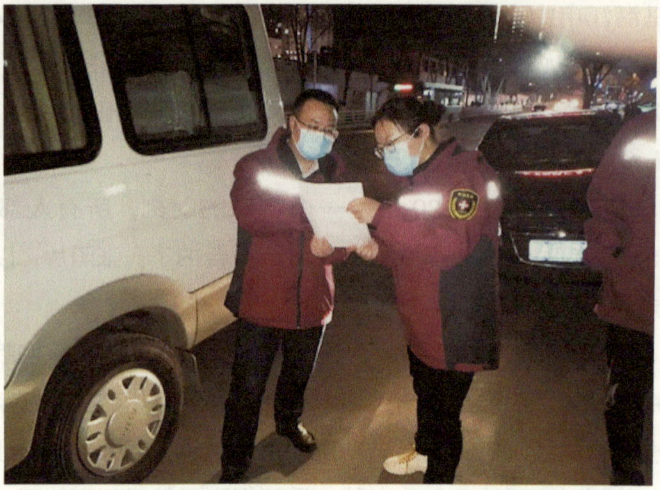

2020 年 3 月 4 日，青海省疾控中心李子晔赴西宁市城东区开展流行病学调查工作。

防控新冠肺炎疫情以来，青海省各级疾控部门党组织迅速行动，动员一切力量迎难而上，勇当先锋队、争做排头兵。共产党员坚守初心和使命，冲锋在前，日夜守卫在疫情防控第一线。

靠近前沿排查

他们虽然不在临床一线，却是离病毒最近的人。当人们配合疫情防控、自觉远离病毒、自行减少接触的时候，全省疾控系统的共产党员却带头挺身而出，第一时间赶赴现场，全力寻找可能携带病毒的感染者和密切接触者，争分夺秒开展面对面排查。

2020年1月24日，大年三十，早7点，青海省出现第一例新冠肺炎疑似病例。此前，青海省疾控中心急性传染病防制科副科长徐莉立加班加点，仅用不足2天时间编写完成了青海省新冠肺炎疫情防控方案、病例监测方案、流行病学调查方案及可疑暴露者和密切接触者管理方案。几天下来，她的眼睛布满血丝，疲惫不堪。

但接下来，她要马不停蹄，与市、区两级疾控中心流行病学调查人员详细梳理病例来西宁后活动、就医轨迹，不放过任何一个细节，排查每一个可能的密切接触者。并起草上报第一份调查报告，下发指导意见，指导各地对疑似病例进行流行病学调查和采样，接收各地上送标本。2020年1月25日，青海省首例新冠肺炎病例确诊。这一天，青海省启动疫情应对一级响应，全省疫情防控工作步入空前紧张的阶段。

“您在哪儿上车下车？”“大约几点几分？”“与谁同行？”“您再仔细想想……”徐莉立团队帮助排查对象回忆曾乘坐的交通工具、可能接触过的人、可能到过的场所、可能触碰过的设施和物品等。在常年应对各类突发传染病疫情中，她积累了丰富的现场经验，为此，在新冠疫情应对中，她始终坚持对每一例患者尽最大可能寻找一切可能传染的蛛丝马迹，把进一步传播的风险降到最低。

2020年1月28日晚，青海省红十字医院报告1例武汉回西宁疑似病例，该病例发病后10余天才去医院就诊，活动范围大，接触人员多。作为当日应急值班组长，她在马永成副主任的带领下，立即与另一名队员一起连夜赶赴现场，联合西宁市疾控中心人员对病例进行耐心询问、详细调查，不遗漏任何一个细节，工作直至凌晨。2月5日，青海省确诊了首例二代病例，为进一步梳理感染来源，防止疫情进一步扩散，她又和主管领导、同事一道赶赴大通县进行调查和指导。从开展病例调查到完成调查报告，常常需要六七个小时，她们总是一往无前、废寝忘食。流行病学调查工作没有按部就班，只有紧张和突然，反应快一点，再快一点，才能最大限度阻止疫情蔓延，才能为抗击疫情赢得时间。有时普通老百姓不太了解流行病学调查，有些病例根本不配合流行病学调查，甚至隐瞒自己的旅居史等重要信息，这就给她们提出了更高的要求。她们不仅要熟记流行病学调查的重点信息，更要掌握询问的技巧，耐心细致的同时还要懂得运用法律，从而获得每一条重要信息。他们就是疫情防控一线的“刑侦员”，深知漏掉一个人、漏掉一段行程就可能埋下一颗疫情暴发的“定时炸弹”。

此时，必须与时间赛跑，越早越全面地发现疑似病例的密切接触者，并及时隔离和诊断，越能更好地保护普通人群，防止疫情传播。每天有多少确诊和疑似病例？与这些人有关的密切接触者有多少？密切接触者的健康状况如何？近期流动的轨迹是怎样的……每次排查都要对获取的信息反复求证，在排查记录本上绘制出错综复杂的人物和时间关联图，每个排查报告都确保准确无误。一个个看似简单的事实背后，是大量紧张繁重的调查、跟踪、问讯。在严峻的疫情面前，每个疾控人都在奋力答好守望初心的答卷。

检测精准无误

2020年1月24日凌晨，青海省首例疑似病例样本送达青海省疾控中心卫生检验检测中心，从这一刻起，卫生检验检测中心的灯光就再也没有熄灭过。无论什么时间，只要标本送到，就立即启动8个小时左右的实验室检测。

新型冠状病毒核酸检测是一项高风险、高强度的工作，必须严格做好个人防护。检验人员进实验室要穿戴一层工作服、一层防护服、眼罩、面罩、口罩、帽子、手套、工作鞋、防水靴套，由于防护服密不透气，穿上一会儿就会汗流浃背，防护眼镜也会起雾。在实验室里连续工作数小时，不

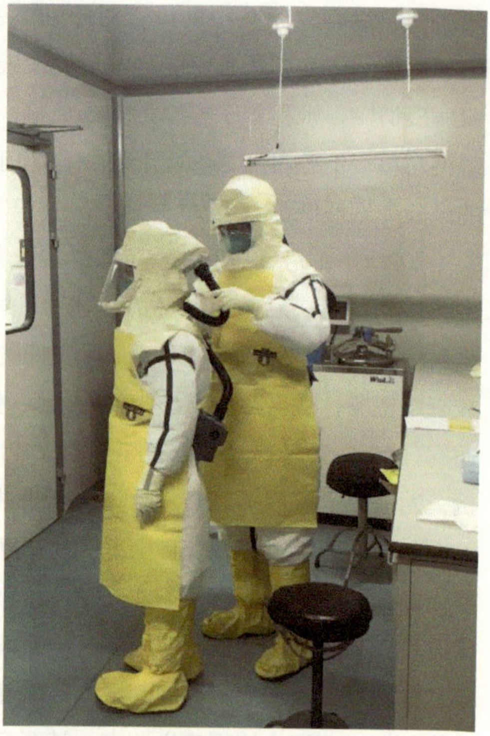

2020年2月2日凌晨1点，青海省疾控中心实验室检测人员雷有菊、李崇亥相互检查防护服准备进实验室进行核酸检测。

能外出、不能喝水、不能吃东西、不能上厕所，对体力、精力都是很大的挑战，但全体党员和工作人员不喊累、不喊苦、不退缩。

连日来，他们没有按点吃过饭、没睡过一个囫囵觉。困了，就蜷在椅子上眯一会。他们和更多的疾控工作者一起听党指挥、团结一致、无畏无惧、绝不懈怠，忠实地在岗位上践行着初心使命。

勇于负重前行

面对疫情，各级疾控中心党组织迅速投入战斗，全力构筑防控疫情的“桥头堡”。青海省疾控中心党委发出支援湖北疫情防控工作的倡议后，仅仅20多分钟，所有共产党员都提交了请战书，最终确定4人驰援湖北，其中有3人是共产党员，1人是入党积极分子。青海省疾控中心传染所党支部、西宁市疾控中心党总支及城东区疾控党支部的全体党员主动请战，争分夺秒赶赴疫情防控一线，24小时轮流搜索排查感染者或密切接触者信息……

2020年1月24日，大年三十，青海省疾控中心综合办公室主任，机关第二党支部书记，国家突发急性传染病防控（青海）队伍副队长、A队队长郭鹏陪同家人到四川成都过春节，刚下飞机，当听到青海检出一例新型冠状病毒核酸阳性病例，正准备要送往中国疾控中心复核的消息后，他立刻放弃与家人团聚的机会，简单安排家人入住后购买了返程的机票，于1月25日凌晨返回西宁。

从机场直接返回单位，郭鹏便担任新冠肺炎疫情防控领导小组综合协调及信息通讯组副组长。连续26天奋战在抗击新冠肺炎疫情前线，从未休息过一天，每天基本都是工作到晚上10点才回到家中。疫情发生初期，防控人员、物资、后勤保障等各项工作都尚未理顺，作为青海省疾控中心办公室主任、国家突发急性传染病防控队A队队长，立即从各所、各部门协调抽调流行病和检验检测防控人员充实到一线，协调应急办和后勤服务中心将防护服、口罩、消毒液等防控物资迅速准备到位，妥善安置夜间疫情防控人员住宿，鉴于疫情期间所有饭馆关门，立即协商后勤服务中心启动食堂为全体防控人员提供饭菜，有力保障了防控人员的生活。他，仅仅是“疫情面前、党员在前”，第一时间靠前战斗、第一时间落实防控措施的一个缩影。

在全省阻击疫情的战斗中，疾控战线的共产党员和广大工作人员就像一颗颗“螺丝钉”，牢牢地钉在防控疫情前沿阵地上，以过硬的专业素质咬定疫情追击排查不放松，勇于涉险滩、逆行而上，全力以赴守护人民群众生命安全和身体健康。

（青海省疾病预防控制中心　何君）

42

防疫抗疫中的“螺丝钉”

2020 年 2 月 13 日，崔金朝在国家卫生健康委编写当日疫情研判报告。

1962 年 4 月 7 日，雷锋同志在日记中写道：“一个人的作用对于革命事业来说，就如一架机器上的一颗螺丝钉。机器由于有许许多多螺丝钉的连结和固定，才成了一个坚实的整体，才能运转自如，发挥它巨大的工作能力，螺丝钉虽小，其作用是不可估量的，我愿永远做一个螺丝钉……”

请战上阵，争分夺秒

春节伊始，一场疫情席卷全国，牵连着每一个中国人的生命，也牵动着每一个疾控人的心。对于中国疾控中心传染病管理处的三年级研究生崔金朝同学来说，这是肩负起疾控学子防疫重任的时刻，是将自己平时积累的理论结合实际的最好机会。于是他大年初一向领导申请，第二天乘坐最早一班飞机抵达北京直奔单位，加入到中国疾控中心防控技术组的工作中。

尽管和一线相比，后方的数据分析工作和技术支持工作没有危险性，但是在疫情早期这项工作也是复杂繁重的。将早期的疫情数据，通过数据分析，转化成及时的可用的数据成果，让国家决策部门能够有据可依是防控技术组的重要职责和使命。每天崔金朝同学需要利用白天的工作时间将疾控中心的各项数据整理好，为疫情的每日研判做好数据支持。早期全国上下密切关注着疫情数据的实时更新，我国联防联控机制工作组需要参考准确的数据进行科学决策，这是一项争分夺秒的工作，崔金朝同学不敢马虎，经常与疾控中心技术支持部门的老师们加班到凌晨 3 点，完成数据分析报告，在办公

2020 年 2 月 6 日，崔金朝在中国疾控中心传染病管理处会议室绘制抗疫主题板报。

室简单休息，凌晨6点前就要将整理好的数据送至国家卫生健康委应急办汇总成最新的疫情研判资料。

在配合卫生健康委领导完成每日报告图表制作、数据更新、报告整理装订后，崔金朝同学还要赶回疾控中心继续完成防控技术组数据分析小组的日常工作。在疫情早期，崔金朝同学就是这样，脚步不停，与时间赛跑，与疫情较量，每天只休息3~4个小时，每周都工作超过135个小时。然而，这只是所有在后方工作的疾控人的一个缩影。尽管工作压力很大，很疲劳，但是每个人都斗志昂扬，心中都坚信待凛冬离去，雪融草青，疫情的阴霾终会过去，阳光很快就会普照华夏大地！

勇于承担，乐于钻研

崔金朝同学是众多为疫情防控事业不断努力的疾控人中普普通通的一员。他平时生活中是一个阳光幽默的人，防疫抗疫的工作虽然很苦很累，但他用欢笑感染周围的同学，鼓励大家充分发扬老一辈苦中作乐的革命精神，用细致的关怀照顾每一位同志，保证大家都能用饱满的精神状态愉悦地投身到工作中。他在完成自己的工作之余，还尽可能帮小组其他同事分担压力，确保任务尽快完成。

崔金朝同学十分热爱公共卫生事业，注重专业能力的提升，在研究生期间自学了多种数据分析软件，并创办公众号与师弟师妹们及时分享学习心得。他经常和身边的同学说，自己非常有幸能够成为中国疾病预防控制中心的一名研究生。在老师的引导和带领下，他非常喜欢钻研理论，在这次疫情防控的工作中更是发扬了“钻牛角尖”的精神，每一个专题报告都“脑洞大开”，尽力去挖掘每一个可能影响疫情发展的因素，积极思考，结合疫情形势提出自己的观点。

那一年，张书记和雷锋在望城的山间小道上偶然间发现一颗小小的螺丝钉。小雷锋当时蹦蹦跳跳，一脚踢飞了螺丝钉。张书记却上前几步，将螺丝钉拾起擦拭干净，郑重地交给雷锋说：“留着，会有用处的。”就这样简单地一句话竟然影响了一个年轻人的一生。在后来雷锋同志写的日记中，螺丝钉被反复思索，终于形成了今天的“螺丝钉精神”。可以说是干一行，爱一行，钻一行。在祖国的抗疫大军中，专家学者、医生护士的老中青“军团”正体现了这种精神的一代代传承，也正是这种精神，感染了一个个像崔金朝同学这样的年轻人。他们每个人都愿意做一颗小小的螺丝钉，投身到祖国的公共卫生事业中，刻苦钻研，在各自的岗位上努力工作，共同为祖国的抗疫事业贡献自己的一份力！

（中国疾病预防控制中心传染病管理处　杨孝坤）

“守坝人”的 67 分钟电话

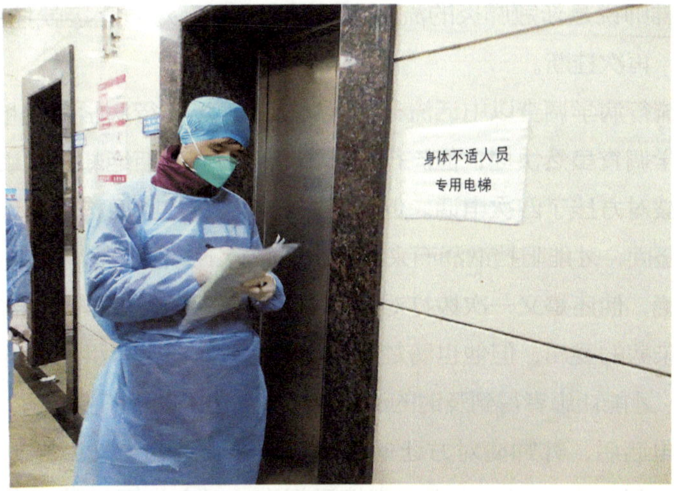

2020 年 3 月 1 日，韩帅在武汉市东西湖区某企业职工宿舍开展流行病学调查。

2020 年 3 月 1 日下午，武汉市东西湖区疾控中心临时会议室一片忙碌，韩帅和流行病学调查小组的同事们正在梳理手头资料，对四类人员进行筛查、分析。突然，急促的敲门声响起，检测组同事拿着今天的隔离点人员核酸检测报告推门而入。当天有数十例新冠肺炎核酸检测结果阳性，需要进行流行病学调查。

所谓四类人员，是指确诊患者、疑似患者、不能排除感染可能的发热患者和确诊患者的密切接触者。湖北省委书记应勇指出：“流行病学调查是当前疫情防控的源头性、基础性工作，成效直接关系到疫情防控的成败！”为此，武汉市加大力度开展流行病学调查，对所有新增确诊患者摸清活动轨迹，追踪隔离密切接触者，形成“发热——确诊——轨迹调查——确定密切接触者——隔离密切接触者——核酸检测密切接触者”的闭环。

这时的韩帅，刚拿起核酸阳性报告，只听敲门声再次响起，信息科人员进来说：定点医院发热门诊收治了一名新冠肺炎疑似患者，需要马上进行流行病学调查。韩帅放下手上的报告，马上拿起电话，打给那位新冠肺炎疑似患者。

这是武汉某大型公司的一位职员，新型冠状病毒核酸检测阳性。电话接通后，听韩帅说是新冠肺炎的流行病学调查人员，对方直接就挂断了电话。再次拨通，再次挂断。

武汉流行病学调查以电话流行病学调查和现场流行病学调查相结合。电话流行病学调查虽然快捷，但流行病学调查人员遭到拒绝却是常事。最多一次，韩帅被对方挂了四次电话。但他明白传染病防控就像构筑堤坝，大坝筑得及时、坚固，才能阻挡汹涌而来的洪水，减轻下游医疗救治的压力。为此，尽管被拒绝，他还是又一次拨打对方的电话号码。他理解被调查者对隐私的保护、对染病的委屈，但他也清楚地知道只有调查清楚“洪水”的源头及流经的线路，才能让患者得到及时的治疗，让未被传染的人不受伤害。

拨通电话后，韩帅请对方让他把流行病学调查的意义说完。对方在韩帅耐心而诚恳的说服下，终于同意接受问询。对方告诉韩帅，自武汉“封城”以来，他在家隔离，从未外出，买菜都是网上订购、社区配送，没想到2020 年 2 月 28 日突然发热，次日采集咽拭子样本，新型冠状病毒核酸确诊阳性。

韩帅按照个案调查表上的问题一步步推进，像福尔摩斯侦探一样。首先是确定姓名和身份证号码是否正确，具体到住址的门牌号、房间号及发病日期和诊断日期。在危险因素及接触史调查中，对方一再强调，他闭门未出，家人也未患病，原则上不应感染。言语间，充满着不解、恐惧，甚至有点愤懑。

然而韩帅没有停止追问。他既让询问的气氛变得轻松，又在言词中围绕时间节点步步紧逼，要求对方务必回忆发病前 14 天病例接触史，哪怕是一人来访、一次外出。终于，对方在韩帅拉家常般的询问下回忆道：2020 年 2 月 18 日，他表哥来送过一次菜，并留下来吃了午饭。

韩帅问：你表哥目前有没有得病？或者是不是在集中隔离点的疑似患者呢？电话那一端，对方并未回答。

面对有些患者的犹豫与抗拒，韩帅很是理解，但他没有放弃追问。对方沉默许久，还是说“不清楚”，但是他报出了表哥的名字、家庭地址及联系方式。韩帅请信息科同事立即在传染病报告系统查询，结果发现他表哥是2020年2月21日被确诊为新冠肺炎的。

终于摸清了对方的病例接触史，韩帅马上展开发病后密切接触者的情况调查。对方告诉韩帅，他家里只有他和妻子、女儿三个人居住，和双方父母没有来往。这样，他老婆和女儿被确定为密切接触者。

韩帅再次询问：14天内有无外出，哪怕是出门倒个垃圾。一份详尽的流行病学调查报告必须形成一条完整的证据链，疑似患者在过去14天内每一个时间点的去向、行为必须严丝合缝地卡在一起，这中间哪怕有5分钟时间是模糊的，都很可能导致无辜的人暴露在未知的病毒风险中。经过反复追问、耐心引导，对方说他在2020年2月24日独自驾车，回公司开过一个短会。会议共9人。于是，与会的8名同事也被确定为密切接触者。

韩帅详细登记了所有密切接触者的姓名、联系方式、现在的住址、与患者的关系等详细信息。最后，嘱托他配合治疗，并祝他早日康复。

这样一个电话，耗时67分钟……

韩帅及其同事在完成流行病学调查个案调查后进行分析、汇总，再次确认无误，将信息迅速发给武汉东西湖区新冠肺炎防控指挥部，指挥部转手把相关信息发给各街道社区，街道社区马上排查密切接触者，迅速组织大巴，把所有密切接触者运送至隔离点。

韩帅一天平均要完成10~20个人员、每人近100个问题的调查，并和医院相关医生联系，核对个案调查表和网络传染病报卡信息，确认无误后，完成网络上报传染病报卡，之后还要撰写调查报告，回宾馆时常常已深更半夜。

疫情就是命令，防控就是责任。韩帅和同事们像战场上的侦察兵，用缜密的侦查手段、科学的分析方法，搜索所有和疫情相关的蛛丝马迹，抽丝剥茧般探寻真相，最大限度防止疫情扩散。为此他们被当地人亲切地称为“守坝人”。“守坝人”把时间和精力都奉献给了他们所守护的人民健康，坚定不移。

（中国疾病预防控制中心寄生虫病预防控制所　韩帅）

44

恪尽职守 "疫"不容辞

王松旺副研究员的日常工作。

新冠肺炎疫情来势汹汹，牵动着每一位国人的心，无数卫生健康工作者放弃了春节阖家团聚的机会，毅然坚守在各自的工作岗位，勇敢地肩负起抗疫的社会责任。中国疾控中心信息中心王松旺副研究员，是新冠肺炎应急响应工作组数据管理与信息技术组成员，在疫情防控的关键时期投入到了艰巨的工作中，用自己的行动展示了疾控人的奉献和担当。

新技术服务疫情态势

为了帮助公众便捷直观地了解新冠肺炎疫情形势，王松旺副研究员所在团队联合 ×× 公司于 2020 年 1 月 23 日成立了疾控保障服务小组，每日加班加点，仅用 4 天时间即在中国疾控中心官网热点关注栏目上线推出"新型冠状病毒肺炎疫情分布系统"。该系统动态更新每日国内疫情和全球疫情的变化情况，通过地图、统计图表、疫情回顾等形式在时间和空间维度上对疫情数据进行了分析和可视化，利用新一代信息技术为公众及时了解疫情进展提供帮助。截至 2020 年 2 月 28 日，该系统访问量超过 900 万次，访问高峰时在线访客达到 3 500 人，其用户覆盖了国内各个省（市、自治区），而且辐射全球 170 多个国家。

新办法规范数据共享

为合规安全地使用新冠肺炎疫情数据，王松旺副研究员组织编写了《关于加强新冠肺炎疫情数据共享使用的通知及其相关管理办法》，作为中国疾控中心使用和共享疫情数据的依据。为保障新冠肺炎数据的安全传输，他联合信息中心网络保障室通过 VPN 网络建立了数据共享的安全访问通道，搭建疫情数据共享平台，为新冠肺炎疫情数据的共享与安全传输提供了保障。

大数据助力精准防控

疫情数据共享是他每日的工作任务之一，自 2020 年 2 月 1 日起，每日定时向国家卫生健康委、中华预防医学会、浙江省疾控中心等多个疾控相关机构提供各类疫情数据服务，为疫情防控提供数据支撑。此外，基于大数据的可能密切接触者数据匹配也是其重要工作之一。根据国务院应对新型冠状病毒肺炎疫情联防联控工作机制，王松旺副研究员每日将传染病网络直报系统的各种病例相关信息整理发送至国家卫生健康委大数据分析工作专题组，作为相关部门进行大数据比对和分析的重要基础，并对可能的密切接触者进行匹配和转化，并及时反馈至各省级疾控中心。截至 2020 年 3 月 10 日，已将比对出的共 33 批次密切接触者信息发各省级疾控中心，在早发现、早诊断、早隔离密切接触者上发挥了重要作用。

从疫情分布系统的研发、疫情数据的整理和发布、数据共享管理办法的编制，到疫情数据的安全传输和精准匹配，王松旺副研究员事必躬亲，带领团队在新冠肺炎疫情的数据发布、共享和防控中发挥了重要作用。在这场艰巨的战疫中，他从 2020 年 1 月 18 日起，多次通宵达旦，其在疫情背后的辛苦付出真实反映了疾控信息人在幕后的默默坚守。平日的专业知识储备，化作战“疫”的责任与担当，他用坚持和奉献诠释了疾控人在抗疫战场的忠诚与初心，平凡而又伟大！如今战“疫”胜利在望，在全国人民的共同努力下，我们必将迎来疫后的艳阳天！

（中国疾病预防控制中心　孟郁洁）

“老疾控”在新冠肺炎防疫一线的二三事

在中国疾控中心性病艾滋病预防控制中心说起“老疾控”“老艾防”“老流调”一准儿会想到他，对，他就是吕繁同志。他55岁，按照世界卫生组织的年龄划分标准，是标准的中年人。“老”是指“咖位”，他是一位流行病学“大咖”，为国家的传染病防治事业不遗余力，兢兢业业地在疾控岗位上奋斗了22年；他也是一位知识渊博的学者，认真做科研的同时，带博士和硕士研究生，为国家公共卫生事业培养后继人才；他更是一名疾控战士，只要有疫情防控应急任务，他都会第一时间义无反顾地冲到第一线，保卫人民的身体健康。

2020年春节前夕，新冠肺炎疫情突发。在1月上旬他还在国家卫生健康委党校学习时，中国疾控中心启动了应对新冠肺炎的二级响应，1月中旬又启动了一级响应。作为一名“老疾控”，他敏锐地感觉到疫情形势的严峻性。也是从那时起，他就做好了准备：随时待命，召之即来，来之能战，战之必胜。

“只有不怕小麻烦，才能避免大麻烦”

2020年1月26日（正月初二）0:56急促的电话铃声响起，他接到命令：1月26—29日参加国务院应对新型冠状病毒感染的肺炎疫情联防联控机制北京市疫情防控工作督导。接到通知，立即行动，他快速熟悉国家关于新冠肺炎防治的政策、技术文件，上网查阅资料了解北京市疫情、防治动态等信息。在到机场、地铁和超市等机构作现场督导的过程中，他认真学习、观察。他注意到虽然各相关机构部门已经采取了相应措施，但在一些小细节上还存在短板和不足。他向管理人员提出要把工作做细，虽然一些工作麻烦些，但值得用心去做。只有不怕小麻烦，才能避免大麻烦。督导后他认真分析总结，并及时向有关领导做汇报。

2020 年 2 月 14 日吕繁副主任在湖南省邵阳市检查指导反馈会上发言（摄影：梁文明）。

自己就是一颗螺丝钉

苟利国家生死以，岂因祸福避趋之。当疫情来临，吕繁同志就暗暗下定决心把已经开好的春节期间住院的医嘱搁在一边，全身心准备好投入战“疫”；当疫情来临，他积极响应党中央的号召，选择“逆行”，迎接挑战；当疫情来临，他就把自己交给了组织，只要组织需要，自己就是一颗螺丝钉，哪里需要就去到哪里。参与国务院应对新冠肺炎疫情联防联控机制工作指导组工作，他充分发挥自身优势和一线督导的经验，协助工作组领队做好工作方案，认真落实国家疫情防控有关政策措施，研判湖南省疫情特征和防治现状，指导当地循证完善防控策略和措施。面对连续高强度的现场工作，他付出了超乎寻常的艰辛和努力，同时也尽力隐忍并克服自己身体可能存在的各种不适和病痛，他说：“作为一名疾控人，一名老党员，不忘初心，牢记使命，在大疫面前，发挥疾控不可替代的作用，把疾控的这颗螺丝钉拧紧筑牢，关键时刻不掉链子。”

25、6、15、62、64

猜猜这一串数字代表了什么？这是指吕繁同志连续 25 天参与湖南省疫情防控工作指导，足迹遍布 6 个市 15 个县（区）62 家机构（场所），包括疾控中心、定点医院和综合医院、妇幼保健院、血站、计生协、社区卫生服务中心、乡卫生院、村卫生室、社区公共服务中心、机场、火车站、客车站、商场、超市、药店、农贸市场、大中小企业、集中隔离点、养老院、高速检查站、集中隔离点、村卫生室等，对疑似病例监测和报告、流行病学调查、重点人群排查、发热门诊设置、重症患者救治、企事业单位员工和机场等人员聚集场所就餐、体温监测、消毒、卫生监督、计生系统参与等进行检查指导。指导督促省、市、县提高政治站位，压实各级责任，落实“四早”“四集中”，并针对调研检查发现的问题提出建议。2020 年 2 月 4—26 日，所在工作组向国务院应对新冠肺炎联防联控机制和湖南省应对新冠肺炎联防联控机制提出建议 64 项，湖南省联防联控机制针对指导组的意见和建议在疫情报告、综合监督、复产复工、分区分工精准防治等方面作出了快速调整。

当前，战“疫”仍“吃劲”，还远远不能松劲。吕繁同志将积极响应习总书记关于“不获全胜绝不轻言成功”的号召，进一步提高政治站位，继续和千千万万的疾控人一起，积极参加疫情防控，为党旗添彩，为中国疾控的旗帜增辉……

（中国疾病预防控制中心性病艾滋病预防控制中心　李杰）

战友

46 勇当健康卫士的天津铁军

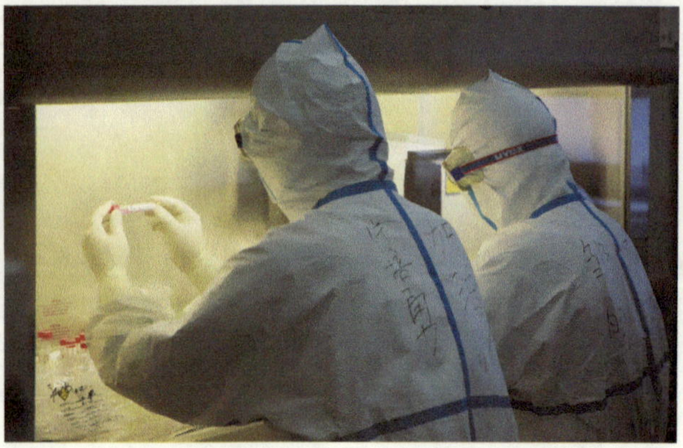

2020 年 1 月 25 日凌晨 2 点，接到样本，实验检测组又开始了紧张的核酸检测工作。

发生新冠肺炎疫情以来，天津市疾控中心作为疫情处置的一线和主战场，坚决落实市委市政府各项部署和要求，把做好新冠肺炎疫情防控工作作为首要政治任务和头等大事，作为守卫首都东大门的天津防疫专业部门，时刻绷紧思想之弦，坚守“战时状态、战时机制、战时思维、战时方法”的要求，用自信与专业展现了保障和服务人民健康的责任和担当。

超前谋划应对，发挥政治优势

2020 年 1 月 14 日，全国新型冠状病毒感染的肺炎防控工作电视电话会议召开后，天津市疾控中心党委迅即正式启动新冠肺炎疫情防控工作，组建中心防控工作领导小组和综合协调保障、疫情处置、实验检测等七个专项工作组。在应对疫情过程中，中心党委始终坚持以政治标准推动疫情防控落实落地，在天津市发布确诊病例当日，即出台《关于在防控新型冠状病毒感染的肺炎中充分发挥共产党员先锋模范作用的通知》，组织全体党员干部自愿签名请战，全员取消休假，为打好疫情防控阻击战提供思想保证和组织保证。为强化干部担当担责意识，中心党委、纪委联合印发《关于在疫情防控工作中严肃工作纪律压实战时责任的通知》，切实压实战时责任，把党组织政治优势转化为防控疫情专业优势。同时，着眼全局大局，组织市区两级疾控中心共派出4批60名队员驰援湖北，派出6名党员支援宝坻防控工作，派出3名党员参加中国赴布基纳法索和科特迪瓦抗疫医疗专家组。

果断处置危机，彰显雷霆之势

中心党委坚持把公共卫生安全事件处置作为关键之举，天津动车客车段乘务车间聚集性疫情后，连夜到天津动车客车段现场处置，提出分级封控、划出红黄区隔离管理的建议，并参与推动落实，这是天津市启动一级响应后的第一个整体封控区域。针对发现有发热患者的大型邮轮“歌诗达”号，连夜采集样本、快速出具检测结果，排除感染，24小时内完成了邮轮“应急处置战”，疾控机构的专业娴熟操作堪称“教科书级别”经典案例。之后，

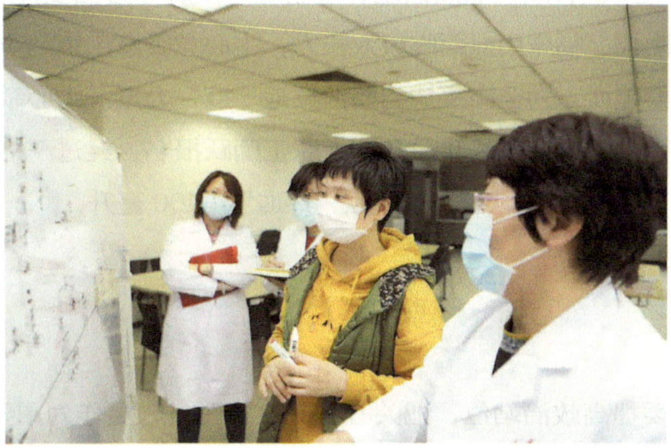

2020年1月28日下午2点，顾不上吃饭，疫情处置组仍在抽丝剥茧，分析聚集病例的传播关系，探寻疑似病例信息。

天津市疾控中心相继参与处置了“宝坻区百货大楼聚集性疫情”“武清区人民医院院内感染疫情”等本市重大疫情事件，配合做好国际航班技术经停相关工作，多次在判定疫情性质、病原检测等方面做到“一锤定音”。

把握疫情趋势，谋划硬核之策

在天津市防控指挥部的正确领导下，天津市疾控中心党委始终思想不麻痹、不松懈，行动不乱不慢、不慌不散，持续开展疫情研判，不断完善应急预案，结合疫情形势变化，及时提出相应防控措施建议，从前期“外堵输入”策略，到及时调整为“外堵输入、内防扩散”，再到综合性防止农村、社区扩散防控等，都为天津市防控指挥部决策提供了重要参考。同时，坚持问题导向，提出加强全市疾控机构病原检测能力建设的建议，进一步强化了战时技术资源储备。

尽专业机构之责，做百姓贴心人

疫情期间，天津市疾控中心积极做好防控知识宣传，派员参加 20 余场新闻发布会，参与组织印制折页纸、明白纸、宣传手册，接听市民热线，在新媒体、电视、报纸刊发或转发权威科普知识 200 余篇次，在通报疫情信息、解读防控知识、回应热点话题、澄清疑虑误解等方面发挥了较好作用。看到因疫情防控，临床用血面临极大压力，中心党委发出集结令，号召员工积极参与无偿献血，为全市疫情防控汇集战“疫”力量。中心领导、支部书记、处室负责人、抗疫一线队员及广大职工踊跃报名，经过严格筛选，最终 21 名党员干部职工参与献血，共捐献“热血”4 400 毫升。

心系一线职工，体现组织温暖

中心党委提高政治站位，把关心关爱一线医务人员作为重要工作来抓，成立了党政一把手为组长的市疾控中心保障和关爱领导小组，以及工作组和督查组，向所有一线职工及时宣贯保障关爱措施。在正月初九向全体职工家属印发感谢信的基础上，专门为所有一线员工家属再次送去慰问信。中心党委安排专人对一线人员和其家庭逐一对接，对 11 名援鄂队员建立了“二对一”联系关爱机制，多种形式开展慰问，询问困难需求。中心党委主要领导与每位援鄂家属取得联系，了解家中困难，并与其他班子成员分头带队多次对援鄂队员家属开展入户慰问活动，快速帮助解决一线职工家属就医、取药等困难，把组织关心关爱送到职工心坎上。

生命重于泰山，疫情就是命令，防控就是责任。在本次疫情处置过程中，天津疾控人迎难而上，中心党委和领导班子以身作则、亲临一线、靠前指挥，党员干部迎难而上、带头履责、坚守岗位，全体员工主动放弃休假，放弃陪伴父母、照顾孩子、旅游、回家探亲的机会，全部在岗上班，充分发扬了疾控队伍能吃苦、能战斗、能奉献的疾控精神，诠释了新时代天津疾控人“若有疫、召必至，至即战、战必胜”的勇气与担当，体现了始终把人民的健康安全放在首位，不忘初心、牢记使命、英勇奋斗、挺身而出的思想境界。抗击疫情是一场战斗，也是一次机遇。面对疫情防控进入最吃劲的阶段，天津市疾控中心正在以责任促落实、以行动见成效，牢牢把握主动权，锻炼防控疫情的“铁军”，坚决打赢疫情防控人民战争、总体战、阻击战，不获全胜决不收兵。

（天津市疾病预防控制中心　李晓林）

47

为梦而战，青春的答卷不留白

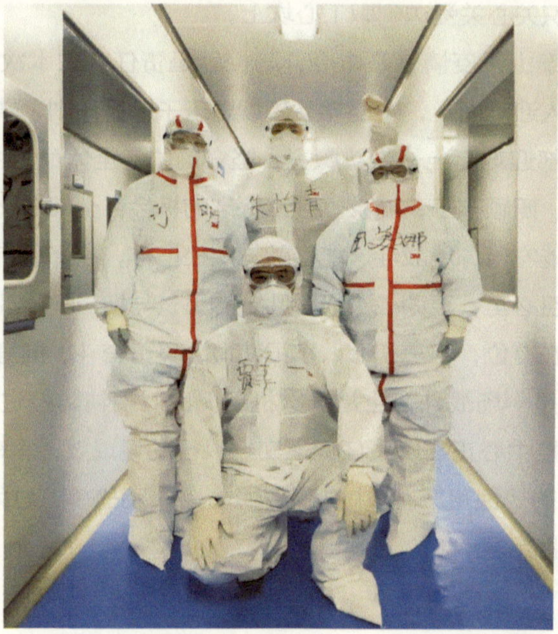

2020 年 3 月 3 日夜，河北省疾控中心应急检测队在湖北省神农架林区疾控中心实验室，准备开始新冠病毒核酸检测。

突如其来的新冠肺炎疫情让 2020 年的春节变得沉重，当人们唯恐对这种新型冠状病毒躲避不及而闭门不出的时候，河北省疾控中心的贾肇一、田美娜、朱怡青、刘萌四名实验室检测人员，却义无反顾地踏上了奔赴湖北的列车，这天是 2020 年 1 月 31 日，农历大年初七。

这是一支平均年龄不足 35 岁的队伍，4 名队员都是高学历、高职称的检测尖兵，作为疾控的青年骨干，他们不畏艰险、毅然逆行，彰显着新时代疾控青年的蓬勃朝气。当他们离开年迈的父母、挚爱的爱人、年幼的孩子，踏上空寂的列车，勇毅出征的时候，当他们转乘汽车在布满厚厚积雪的盘山路上艰难前行的时候，当他们经过一道道防疫关卡，星夜兼程的时候，没有人知道他们何时才能回来，更无从知晓疫情的走向。此行，多了几分悲壮和孤勇，这份深厚的战地情谊，也将 4 个年轻人紧紧连在了一起。

神农架林区是湖北省最偏远的山区，交通不便，在此工作的外地人居多，常住人口不足 8 万人，在武汉过年的有 8 000 多人，防控压力极为严峻。疫情发生后，这里成了一座孤岛，在外过年的医护人员回不来，应急物资也很难调配到位，人员和物资极度缺乏。河北省检测队的火速驰援，无疑是一场及时雨，救了当地的燃眉之急。“早诊断，早治疗，才能为患者康复争取更多机会”，2020 年 2 月 1 日一大早，不顾舟车劳顿，队长贾肇一就带领队员们迅速进入神农架林区疾控中心实验室，开始病毒核酸检测工作。

2020 年 2 月 13 日，河北省疾控中心应急检测队队长贾肇一在湖北神农架林区木鱼镇中医院对当地 22 名医护人员进行个人防护和采样培训。

神农架林区疾控中心是整个神农架林区唯一能进行新型冠状病毒核酸检验的机构，相比省级实验室，硬件设施较为陈旧，整个实验过程受限，存在一定生物安全隐患。检测队到达之后，面对种种问题和困难，仅用半天时间就完成了实验流程优化、实验环节衔接、仪器生物安全评估等工作。为提高检测效率，实验室人员开足马力，每天三班倒，人员和设备高负荷运转，硬是把新型冠状病毒核酸检测数量从最初每天几十份提高到了每天 300 多份，保证样品即到即检，日清日结。实验室不是唯一的战场，当得知很多偏远山区的乡镇基层身处一线却因交通不便缺少专业培训，无法做到安全的个人防护时，他们冒着恶劣的天气，克服复杂的交通条件，踏着厚厚的积雪，穿行在崎岖的山路，辗转于各个边远乡镇和村庄，现场培训基层医务人员，指导发热门诊和重点公共场所消毒，为当地筑牢了乡村防护的“堤坝”。

两代疾控情，“疫”线共筑梦。作为疾控人的后代，队长贾肇一的父亲退休前也是一名疾控老兵，曾参加过“非典”、汶川地震救援等重大突发事件的应急处置，至今退而不休，依然行走在疾控战线，贾肇一的疾控情怀来自于父亲的影响。在来湖北之前，刚做完胸椎手术的父亲鼓励他说：“作为疾控人，疫情发生后，你不第一时间战斗在一线，将来你会后悔一辈子。”援鄂号令一发出，贾肇一铭记父亲嘱咐，第一时间主动请缨，驰援湖北。作为队伍里唯一的男士，他是美女们的“保护神”，同时他还是个响当当的“智慧星”，所有问题都难不倒他，凭借丰富的知识储备和过硬的技术，他受到当地领导的高度认可，成为神农架林区疾控中心的得力高参。他用实际行动践行着出发前的誓言：“不忘初心，牢记使命，驰援湖北，能打必胜。”在这场疫情大考中，两代人用不同的方式践行着疾控人的初心和使命。

“90 后”的青春不打烊。朱怡青和刘萌，被誉为“90 后”美女姐妹花，年轻靓丽有朝气。如果没有这场突如其来的疫情，她们也许还在围着父母撒娇，跟老公秀秀恩爱，享受着年轻的人生。然而，在这场没有硝烟的战“役”中，她们迅速完成了角色的转换，不再是卖萌的孩子，不再是撒娇的妻子。湖北的气温很低，神农架林区冬天最高气温 3℃左右，实验楼没有暖气，两个年轻姑娘需要将保暖外套脱在 3 楼，徒步走到 6 楼实验室准备间穿防护服。三级防护设备穿戴程序异常繁琐，正压防护服开启后，噪声很大，检测人员之间的交流完全靠大声喊话和手势，5 个小时以上的检测过程不能喝水，不能上厕所，脱下防护服后，衣服早已湿透，N95 口罩和眼罩在她们的脸上勒出深深的印记，然而这对姐妹花却一笑了之，从不言苦。谁说“90后”是“温室里的花朵”，在这场疫情阻击战中，她们是最优秀的战士，无畏生死的勇气和一往无前的力量让她们的青春在逆行的征程中绽放出了最耀眼的光芒。

诠释初心使命，为梦想而战。田美娜是个热情、爱笑，做事一向认真、细致的女博士，是检测队的百事通、实验室的顶梁柱，更是队员们的主心骨和贴心大姐姐。“作为疾控工作者，又是病毒分子生物学的博士，大疫当前，火线冲锋才是我的使命！”她是这样说的，也是这样做的。在疫区的每个日日夜夜，她用实际行动诠释着从事病毒研究的初心，践行着疾控人的使命。“作为一个母亲，我要做好榜样，让孩子懂得什么叫责任与担当！”闲暇之余，她最牵挂的还是 7 岁的女儿，每天只能以视频聊天的方式弥补亏欠的母爱。没有人知道，平日里开朗爱笑的女博士，母亲过世才不到半年。还没有走出离别之痛的她，每天看到因疫情而死亡的数据，不由触景生情，想起逝去的母亲。为了让更多的家庭避免失去亲人的悲伤，她化悲痛为力量，将对母亲未尽到的孝道化作在一线的坚守，用充实的工作来代替失去亲人的悲痛，她相信母亲一定在另一个世界看着她，她希望母亲以她为傲，她希望用这样一种方式告慰母亲……

疫线冲锋，他们是最亲密的战友，稚嫩的脸上写满了勇毅和担当；时光不老，他们激情不散、热情不减；年华不尽，他们友情长存、真情永在！

（河北省疾病预防控制中心　田美娜　郭晓亮）

48

不辱疾控使命　不负健康卫士之名

2020 年 2 月 17 日早上，在山西省阳泉市疾控中心门前，中心职工集体送别高艳云、王晓晓两名同志支援湖北，她们即将奔赴湖北省仙桃市，支援当地疾控中心开展流行病学调查工作（摄影：张欣）。

新春伊始，本该万家灯火，膝下承欢，围炉话家常，随着“疫情就是命令，防控就是责任”的号角吹响，山西省阳泉市疾控中心全体战士义无反顾地奔赴抗击疫情的战场。

从除夕到十五，在厚厚隔离服里的你，还好吗，检验检测组的同志们。漆黑的午夜里，偌大的无菌间显得格外安静，只有不足一平方米的无菌操作台灯火如昼，娴熟的操作、准确地计算、快速报回检验结果，只为及早报回准确数据。夜幕里的传统佳节少了往年的红火热闹，道路两旁挂满彩灯的树像站岗的哨兵，你们步履匆匆，赶在黎明前将阳性核酸检测样本送到山西省疾控中心检验科。隔着防护服，只看到面屏和眼罩后坚定的眼神，“不好意思，在半夜送来样本，新年快乐！”山西省疾控中心检验科的老师笑笑说：

“新年快乐，咱们能这样一起跨年，也是缘分呢！”转身关住隔离间的门。

是啊，检验科的年轻妈妈也无数次这样将自己关在隔离间，把自己和病毒样本关起来，不能回家，不能把病毒传播的可能带给家人，不能休息，不能让病毒比我有更多的时间传给更多健康的生命。你把年迈的父母、哭声呼唤的孩子留在家中，独自与病毒较量，小小的个子撑起了一片天堂。

检验科核酸检测组人手不够，领导整合了卫生检验科和疾病检验科的所有医学检验专业人员，组成三个核酸检验组，老兵带新兵，一组组的完成岗前培训、生物安全培训、内部质控，白天做实验，晚上打开专业书籍材料，恶补微生物学专业知识，边干边学，边学边干。每人要通过五轮的检验能力考核，等干完了，也学会了，等再送来样品，核酸检测的新手成为了有经验的“老检验”。

与病毒近身搏斗的你，还好吗？流行病调查组的病毒侦察兵们。又有确诊病例了，依然是晚上十点钟，密切接触者需一一排查。你喂完生病卧床的老父亲最后一粒药后，边换衣服边说：“明天早上想吃啥？我回来做饭。”背影消失在夜色里，来到新冠肺炎患者的病床前，悉心关怀和记录他们的发病时间、旅途起止、生活轨迹……比晚上陪父亲的时候笑得还要亲切些。

凌晨三点，传防科办公室依然灯火通明，流行病学调查队员们眼含血丝依然坚守阵地，寂静的夜里，鼠标键盘的噼啪声成了最美妙的回响，那是你们在写调查报告的声音，报告早完成一刻，病毒就离健康人群远了一些。

虽然发现新病例的时间总在傍晚，系统报告总在深夜，但是无论何时，中心领导、小组组长、负责同志、流行病学调查人员，大家依然全员到岗，紧紧抱团，互相补台。把每一例病例做好，把每一组数据整理好，才能把每一个报告完成好。把每一件事情做好，做好，再做好。

守护人民健康的消杀卫士们，你们还好吗？疫点消毒、终末消毒、企业复工防控指导……你说：“我要快点，再快点，争取在阳泉市的所有企业单位复工前，全部做完消毒指导工作”“所有单位”，您知道这个“所有”的具体数目是多少吗？我想，你们也没有确切的答案，只是不知疲倦地不停工作，只要哪家单位有需求，你们会尽己所能，竭尽全力。你们在这个新年，走了最多的路，转过最特殊“黄河阵”，消毒液洒到的每一寸土地都化成一句“祝你健康”。身后笨重的消毒壶装满液体，额头的汗珠顺着眼罩和口罩的压痕流下，眼睛凝视双脚前一米的距离，右手持杆，左手压泵，上上下下，左左右右，白天，夜晚，工厂，企业，走廊，会议室，楼梯间，保持着同样一个姿势，步步倒退，却是永远向前。

阳泉市出现病例正值春节，所有的图文厂都关门了，印刷厂歇业，版面制作设计人员躲避疫情回了家，疾控人开始“自己动手，丰衣足食”，多年不拿的毛笔提起来，晦涩难懂的修图软件再试试，一张张精美的宣传海报出自疾控中心宣传人，一幅幅醒目的宣传大字报出自疾控人，困难没有把疾控人打倒，而疾控人却成为了最美“书法家”和“修图工程师”。

湖北情况不太乐观，向疾控系统发出了请求支援函，信息才刚刚发出，一张张印着红手印的请战书就出现在领导的办公桌，“我是共产党员”“我是有多年实战经验的专业技术人员”“我虽然刚刚参加工作不久，但是我没有成家，没有顾虑”“主任，我知道您很为难，但是如果有一个去湖北的名额，请让我去吧”。

这些是疾控人的缩影，还有更多在疫情防控工作中牺牲假期、坚守岗位、默默奉献的人，他们有的是值班室的接线员，一天接起几十个电话；有的是办公室的文员，无论多晚，直到发完手里的最后一个文件；有的是后勤保障人员，从大年初一开始，每天 5 点起床为中心职工准备早饭。

疫情就是军情，当冲锋的号角吹响，就是他们，转头奔赴没有硝烟的战场。

生命重于泰山，当人民的生命健康受到威胁，就是他们，手挽手，肩并肩，筑起一道防疫阻疫的城墙。

当疫情退去，硝烟散尽，还是这群可爱的疾控人，他们又默默回到自己的工作岗位，为“健康中国 2030”贡献自己的力量。

（山西省阳泉市疾病预防控制中心　冯燕）

不忘初心　牢记使命，平凡的人承担起无私的使命

2020 年 2 月 15 日，吉林省疾控中心工作人员 24 小时值守，开展密切接触者协查管理工作（摄影：谢伟）。

一场突如其来的疫情防控阻击战，在中华大地骤然打响。2020 年 1 月 14 日，吉林省疾控中心吹响战斗的号角，中心全民皆兵，疫情、检验、保障、专家、综合 5 支队伍迅速进入战斗。春节、元宵节和每个周末，他们放弃了休息、放弃了与家人团聚的机会，义无反顾地投入到这场疫情阻击战中，以疾控人的职责践行初心，牢记守护人民群众生命安全和身体健康的艰巨使命。

使　　命

有这样一支队伍，他们与时间赛跑，与疫情抗衡，他们一刻不停歇的高速运转，寻找病毒传染源，锁定密切接触者，有效控制疫情增量，这就是吉林省疾控中心疫情报告与现场处置组。“内防扩散、外防输入”是他们的工作原则，“查清流行病调查一条线、织密协查工作一张网、牢筑密接管理一堵墙”是他们的工作方法。近万人的密接管理，15 000 余份协查函，1 400 余份疫情简报，疫情分析研判，边境港口联防联控，疫情组像一台精密的仪器，严谨地落实着防控工作的每个细节。

每当夜幕降临，你如果路过景阳大路，一定会看见吉林省疾控中心五楼亮着灯，那里就是吉林省疾控中心病毒检验实验室——新冠肺炎病例确诊的“审判官”，全省同样的“审判官”还有 11 个，他们可以“一锤定音”。

根据吉林省疫情防控工作要求，掌握疫情防控工作主动权，全省的确诊病例、疑似病例、病例密切接触人员、发热门诊留观人员四类人群将全部进

2020 年 4 月 14 日，吉林省疾控中心援鄂防疫队结束集中休整返回长春（摄影：谢伟）。

行实验室检测。为了保证所有样本能第一时间得到准确的结果，检测人员不论傍晚还是清晨，“应检尽检，随到随检”，本该酣然入睡的深夜却成了他们最忙碌的时刻，长明的实验室是他们的战场，厚重的防护服是他们的战衣，在他们的努力下，一份份检测报告为流行病学调查提供了科学依据、为疫情防控措施落实指明了方向。

逆　　行

在全国疫情最严重的时刻，在湖北抗击疫情主战场最紧要的关头，吉林省疾控系统 17 名勇士主动请缨、挺身而出，白衣执甲、千里逆行，50 多个日日夜夜奋战在疫情防控第一线，用实际行动践行了出征时的铮铮誓言。

他们分别在武汉市洪山区疾控中心、青山区疾控中心和恩施州巴东县疾控中心负责疫情监测、流行病学调查排查、实验室检测、督查指导、消杀送样和人员培训工作。他们第一时间创新性提出了“筑牢一座堡垒、携手两支省队、实现三零目标、发挥四大优势、打赢五场疫战”的疫情防控“12345”的总体工作思路。采取“踏点代线，覆线盖面”“围点打援，火速歼灭”的战略战术，科学、精准、规范、有力、有序、有效开展新冠肺炎疫情防控工作，并圆满完成了援助任务，为湖北保卫战取得阶段性成效贡献了吉林疾控力量和吉林防控模式，展现了疾控人“功成不必在我，功成必定有我”的家国情怀和“特别能吃苦、特别能战斗、特别守纪律、特别讲奉献”的疾控精神风貌。

担　　当

还有这样一支平均年龄达到了 53 岁的队伍，他们有着流行病学调查和传染病防控的丰富经验，都是曾经抗击过“非典”“甲流”，参加过抗洪、抗震工作的优秀党员、资深专家。当疫情发令枪响起的时候，他们来不及准备出差用品，来不及备齐个人防护用品，来不及安顿家里的老小，在没有方便的交通工具的条件下，他们自行前往，直赴现场。缺少补给，风餐露宿，他们 337 人次深入各地疾控中心、留观站、集中隔离点、社区、居民小区等实地了解防控措施落实情况，研判疫情走势，指导基层规范开展疫情防控工作。70 年前，作家魏巍从朝鲜战场归来后，发表了著名的报告文学——《谁是最可爱的人》，今天，他们就是疫情防控战役上最可爱的人。

奉　献

还有这样一群人，他们默默坚守在工作岗位上，奉献着自己对疾控事业的全部热爱，他们协调着疫情防控的各个细节，保障着一线战友的工作和生活，引导社会的宣传方向。吉林省疾控中心作为全省卫生防控应急物资的准备地，坚持物资库所有进出物品日清日结，保障全省医疗卫生一线人员防护用品及时发放到位，累计收发物资 10 万余件。中心本着专业性和科普性相融合的原则，第一时间编制《新型冠状病毒肺炎防控基本知识手册》《社区新型冠状病毒肺炎疫情预防控制指导手册》《新型冠状病毒肺炎预防手册（漫画版）》等宣传材料。1 000 余条信息发布，数十次媒体采访，2 000 余通电话接访，54 万条网络舆情监测，无不体现着疾控人对社会声音的关切和回应。

“哪有什么岁月静好，不过是有人为你负重前行。”面对疫情，吉林省疾控中心每一名干部职工，化身疫情防控战线上的铁军尖兵，战斗在抗击疫情的最前线。他们是父亲、是母亲，是丈夫、是妻子，是儿子、是女儿。他们不提要求、没有怨言，以单位为家，有的身患疾病仍坚守阵地、有的无暇顾及家中重病长辈、有的撇下尚在襁褓中的孩子，但没有一人喊苦喊累、临阵退缩。哪里有需要，哪里就是他们冲锋陷阵的阵地，几点有工作，几点就是他们的“正常”工作时间。

在这场没有硝烟的战斗中，吉林省疾控人无私奉献、默默坚守，他们的字典里没有“退缩”二字，他们用实际行动诠释了勇于担当、敢于奉献、精益求精的疾控精神，用“上医治未病”的预防控制措施筑起了一道守护全省人民健康的屏障，在全国疫情防控攻坚战中尽责担当、冲锋陷阵，贡献了疾控人的全部力量。

（吉林省疾病预防控制中心　赵辛）

50

潜行奋战的城市“隐形侠”

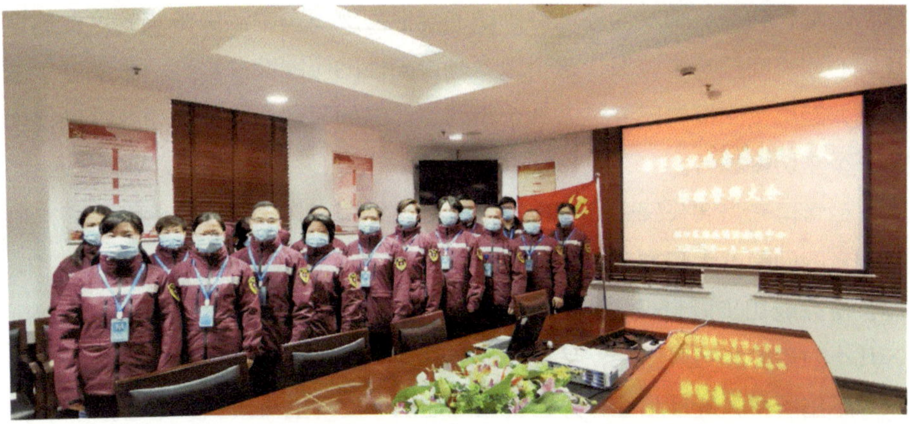

2020 年 1 月 23 日下午，上海市虹口区疾控中心召开“新型冠状病毒感染的肺炎防控誓师大会”，全体应急处置队员参加并庄严宣誓（摄影：吴志芳）。

在国家和人民危急之际，谁能挺身而出，战而胜之？人们在感动于各地医护人员英勇逆行的壮举时，赫然发现在抗击新冠肺炎的第一线，还有一群此前从未注意过的“隐形侠”，他们的名字是疾控人。

图中身穿紫衣的，就是疾控中心的作战部队，他们不看病治病，却是防止病毒扩散的终结者。检测、流行病学调查、排查、消杀、健教……他们在各个阵地昼夜奋战，隐姓埋名却技艺高强，成为潜行奋战的“隐形侠”，守护着人民的生命健康。

流行病学调查分队被赞誉为“福尔摩斯”，是这支部队的先锋军，负责通过抽丝剥茧式的调查询问，透过纷繁复杂的生活轨迹，将一个个看似毫不关联的片段，串成一条条紧密连接的传染链条，隔离传染源，切断传播途径，控制住“星星之火”，守住疫情防控的“堤坝”。

时间拨回到 2020 年 2 月 12 日深夜 11 时，虹口区疾控中心流行病学调查组组长张晶眉头紧皱，用手指敲打着桌上一张活动行程图。“不对，这个人的活动轨迹没有形成逻辑闭环，有不合常理之处，恐怕有重要信息遗漏。”这个身经百战，先后参与处置过家庭聚集性疫情，国外重点地区来源等疑似 / 确诊病例流行病学调查的组长明白这是块难啃的骨头。“马上跟李某的家属和提到的密切接触者联系，印证他提供的每个活动细节！”隐瞒发热就诊、咳嗽、肺炎、牌友为外地待确诊的疑似病例……电话里传来的这些信息让她心里瞬间拉响了警报，这个患者确诊阳性的可能性非常高。张晶看了下时间，距离接到报告已经过去 3 个小时了。时间紧迫，必须要争分夺秒找到每一个密切接触者。

尽管再三强调公民必须如实配合流行病学调查，李某仍然含糊其词，加之调查时间跨度大和方言障碍，导致很多关键信息缺漏，调查一度陷入了僵局，待完成初步调查报告，已是凌晨两点。张晶嘱咐队员们抓紧时间休息，等几小时后检测结果出来，又是一场硬仗。

不出所料，确诊阳性！分管主任陈道湧一面向上海市疾控中心报告申请外地病例协查函，一面部署扩充人手继续追踪调查，确保不落一处，不漏一人！中心经验丰富的流行病学调查组前辈、心思缜密的密接组精英、地形熟悉的消杀组骨干、甚至连与患者同乡同音的人事科科长都纷纷赶来支援。而我们的同盟战友和技术手段还不仅如此，上海市政府建立了联防联控的防疫机制，给流行病学调查工作提供了有力的支撑。公安等部门及时介入，我们很快拿到了该名病例的行动轨迹定位详细信息。在团结协作的强大攻势和不容置疑的证据面前，在条分缕析、层层剖析的询问之下，李某终于将所有环节进行了完整复盘。至此，攻坚战刚刚画上一个逗点。

战“疫”中，密接管理组则每日上演着 24 小时“快、准、狠”的追踪排雷。“90 后”的任小凡眼睛熬得通红，和组员们通过监控视频将已掌握的活动轨迹一一确认。10 天，8 个场所，数十小时的监控视频，他们紧盯屏幕一帧一帧查看，一点一点比对，核实确认每一个密切接触者信息，不敢放过任何蛛丝马迹。他们深知职责重大：“漏掉一个人就意味着增加一份传播风险，就像一颗定时炸弹，所以绝不能有任何疏忽。”

消杀组早已闻风而动，组长王飞作为一名共产党员，在抗击疫情最严峻的时刻，以中心为家，连轴工作十天，负责全区消毒工作技术指导、咨询、现场培训、医疗机构感染控制督导、重点场所现场消毒等工作。他们的“武器”是各种型号的喷雾器，“子弹”是专业的知识和各种类型的消毒液，他们冲锋陷阵，“逛”市场、“兜”商场、“跑”病家、“进”医院，与病毒做生死较量。

4次不断推翻重来的流行病学调查，跨越10天近50条的定位记录，8个场所数十小时的监控追踪，涉及4个区24名密切接触者人员的隔离管理，出动4人次累计4 000平方米的消毒面积，20余名疾控队员前后长达100小时的通力协作……当所有防控措施被落实，所有密切接触人员被找到并隔离，一道道坚实屏障被筑起的那一刻，战友们内心充满了成就感和使命感。

这仅仅是抗击疫情中的一场小役，这些坚守拼杀的战友们也只是疾控战“疫”大军中的小小缩影。哪有什么岁月静好，只是有人在替你负重前行；哪有什么从天而降的英雄，只有挺身而出逆行奋战的战“疫”者。也许他们的事迹不足以载入英雄谱，也许他们的付出很快会被遗忘，但守护人民健康的初心和使命将始终在线。职责所在，责无旁贷，他们是人民健康守卫者，他们是疾控人！

（上海市虹口区疾病预防控制中心　张晶）

51

不畏艰险担重任
勇闯一线阻疫情

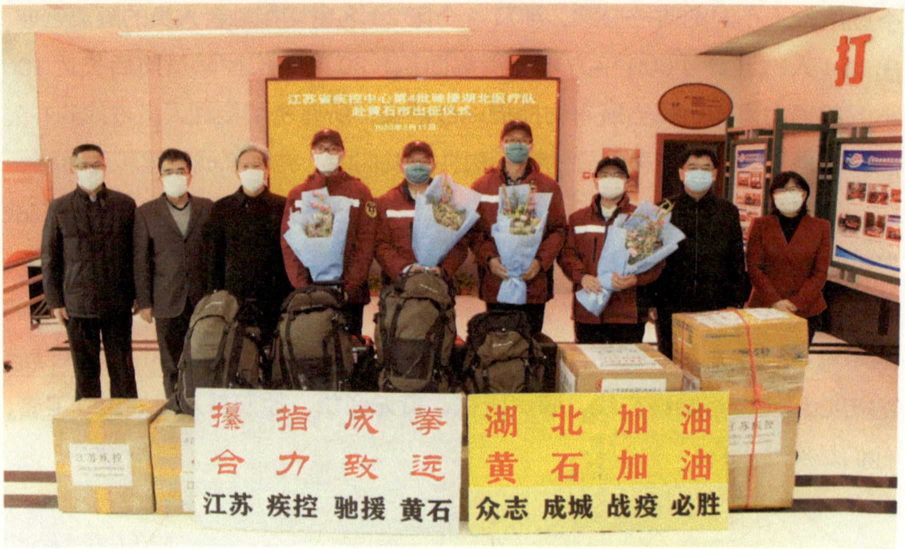

2020 年 2 月 11 日，江苏省疾控中心领导班子为第四批驰援湖北队员送行。

面对新冠肺炎疫情，江苏省疾控中心迅速贯彻习近平总书记“把人民群众生命安全和身体健康放在首位”重要指示精神，按照省委省政府和省卫生健康委联防联控决策部署，依托大数据科学谋划、研判指导、精准施策、强力支撑新冠肺炎疫情防控，有力保障社会安全稳定。

敢于担当　靠前推进

江苏省疾控中心第一时间传达贯彻党中央、国务院重大决策和省委省政府及省卫生健康委部署精神，党委研究部署疫情防控工作，中心疫情防控工作领导小组每日例会根据综合协调组、疫情监测组、现场处置组、病原检测组、宣传教育组、后勤保障组工作汇报，研判疫情形势，分类精准施策。中心领导带队督导市县和社区，落细落实《全省新冠肺炎疫情防控应急预案（试行）》，协助省卫生健康委制发市、县（市、区）疾控中心新冠肺炎疫情防控机关事业单位、农贸市场、学校与幼托机构、餐饮、农村社区等卫生学技术指南 13 个，指导全省疫情防控；依托“传染源活动轨迹网”，构建联动公安、通管部门大数据平台，识别密切接触者信息，最大限度降低漏查；发挥省市疾控中心实时视频机制作用，多方会商、研判厘清跨区域聚集性疫情传播链条，发挥省、市、县三级疾控中心联合调查、精准防控机制作用，畅通国家、省、市、县四级应急值守桥梁，日均电话服务 200 多个，做到早部署、早掌控、早溯源，牢牢把握疫情防控工作成效主动权。

织密网底　提升能力

保证省市县疾控中心执行疫情防控方案“一盘棋”“不走样”，关键是早发现、早诊断、早隔离。除夕前抽调国家突发急性传染病防控队（江苏）队员，组建分驻市县工作组 13 个，织密防控指导网底，通过培训提升市县疾控中心、第三方检测机构、医疗机构核酸检测、质量管理、生物安全防护能力，实时建言献策各地防控指挥部，沉到一线跟踪防控方案落实成效。利用云视讯办公系统等信息化手段，全省多地域全时空准确、真实、远程互通督办“面访”密切接触者信息，降低一线流行病学调查人员暴露风险，提升新冠肺炎病例流行病学调查效率。建立协查机制和协查模板，专人专岗高效协查追踪跨省密切接触者，截至 2020 年 2 月 22 日，累计收办 26 个省份协查函 467 份，协查密切接触者 1 470 人；全省发向 30 个省份和中国疾控中心协查函 720 份，请求协查密切接触者 2 970 人，精准管控密切接触者“牛鼻子”，快速切断新型冠状病毒传播扩散途径。国家突发急性传染病应急队（江苏）微生物检测车驰援一线，车载生物安全二级负压实验室检测聚集性疫情病例标本新冠病毒核酸近千份，提高快速排查、诊断成效，锤炼实战能力。

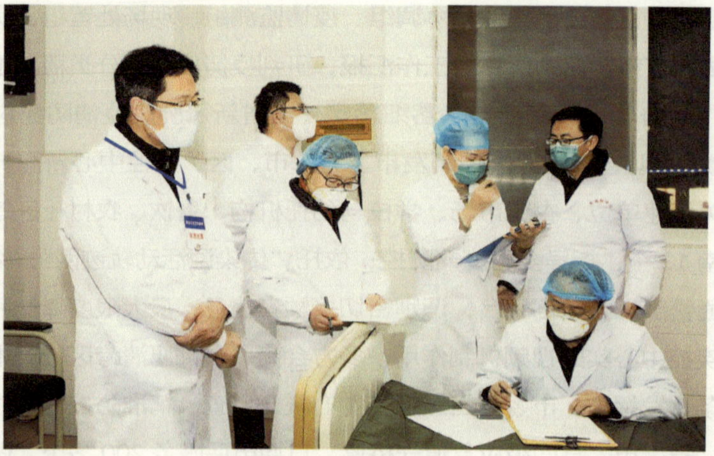

2020年1月28日江苏省疾控中心驻点专家在海门指导新冠肺炎疫情防控工作。

科研支撑　移动作战

中心申办生物安全三级实验室新型冠状病毒实验活动资质，分离培养鉴定多株毒株，支撑新冠肺炎病例药物、消毒剂效果评价。依据国家公布基因组序列，自建新型冠状病毒荧光PCR、巢式PCR检测方法，增加内参基因全程质控、肛拭子检测、重新采检、重提核酸等手段，复核单靶标阳性标本，决不放过任何疑点，确保检测精准。自建高通量测序靶标富集方法，获取多株病毒全基因组序列，监测病毒变异。克隆表达NP蛋白、RBD蛋白，NP蛋白技术转让通用生物公司，发挥社会效益。研发并评价新型冠状病毒IgM、IgG快速检测试剂敏感性和特异性，提高核酸和血清学抗体检测溯源成功率，归纳新冠肺炎血清学抗体消长特征，筛查重点管控人群，支撑复工复学。调查探究新冠肺炎病例传染期病毒增殖和排出途径、动态变化、排毒期限规律，与南京医科大学合作，研判新型冠状病毒传播能力、流行趋势与防治效果，支撑全省防控。升级来苏返苏人员健康状况主动申报告APP，申报人员自动生成健康二维码（苏康码），互认分类管理红、黄、绿不同风险级别人群信息，适应长三角一体化协同防控需求，减少重复隔离。

强化科普　多线进击

勇担为民健康责任。研判形成《新冠肺炎疫情舆情分析》，支撑防控决策。健教主阵地“江苏疾控”微信公众号、中心官网“防控新型冠状病毒”专栏紧扣焦点、回应关切，每日推送驰援湖北前线等微信不少于 3 条，疫情动态、健康教育、技术规范、直击一线、健康科普等每日及时传播最新疫情防控科学信息。截至 2020 年 2 月 22 日，公众号推送微信 153 篇，关注人数从疫情前的 98 万增至 195 万。科教贴近防疫需求，合作抖音、滴滴等媒体，发布原创、直观生动、平实趣味的图文、视频、海报，腾讯“江苏疫情防控”小程序查询申报更便捷、传播形式更丰富，科普信息点击量近 650 万次，阅读量为 3 万以上的微信 53 篇，单篇最高超过 62 万次，《人民日报》《新华日报》、江苏电视台等数十家媒体报道疫情防控、驰援湖北风采。

对口支援　不走过场

2020 年 2 月 1—17 日，根据国家和省卫生健康委要求，江苏省疾控中心先后抽组市县专家 3 批 15 人，组成应急队支援黄石市疾控中心防控新冠肺炎疫情，用实际行动书写疫情就是命令、防控就是责任的历史答卷。江苏省对口支援黄石预防控制组 3 批队员中流行病学专业 7 人、消杀专业 2 人、检验专业 6 人，防控组面对队员任务来源不同、到达时间不同、工作方向不同的实际情况，及时成立临时党支部，发挥党组织的战斗堡垒作用。建立三方纵横合作机制，一方面隶属黄石市疫情防控指挥部统一指挥，保质保量完成各项指令任务；另一方面完善黄石市卫生健康委、黄石市疾控中心对接机制，共享防控信息，共克防控难题；再一方面畅通江苏省对口支援黄石市医疗组报告机制，互通医防信息，率先建立医疗队员驻地消毒与感染防控制度，及时通报医疗组发现的医院感染风险，保障医疗队员健康。

防控组通过审核流行病学调查报告、实地走访疫点、采样流程反馈等多种途径，实时跟进疫情防控现场工作，针对个案流行病学调查报告、病例居所、隔离点终末消杀措施、实验室检测送样等关键环节存在的问题，及时总结归纳，深入防控一线，组织黄石市新冠肺炎流行病学调查方法及要点培训，提高全市流行病学调查人员技术能力；组织新冠肺炎病例终末消毒技术培训，现场演示终末消毒防护装备穿脱流程，提高基层社区卫生人员和集中隔离医学观察点驻点卫生人员防护能力；组织新型冠状病毒检测技术指南、实验室检测质量控制、生物安全、个人防护等方面培训，提高黄石医疗机构新型冠状病毒样品采集、检测和医护人员防控能力。在提高“三种能力”基础上，建立微信群和 QQ 群交流平台，共同解决实际问题，在防控实战中为当地培养出一支带不走的骨干队伍。

（江苏省疾病预防控制中心　陈昌挺　童玮玮）

52

疫魔战记之“四大名捕”

“定海针”——沈理通

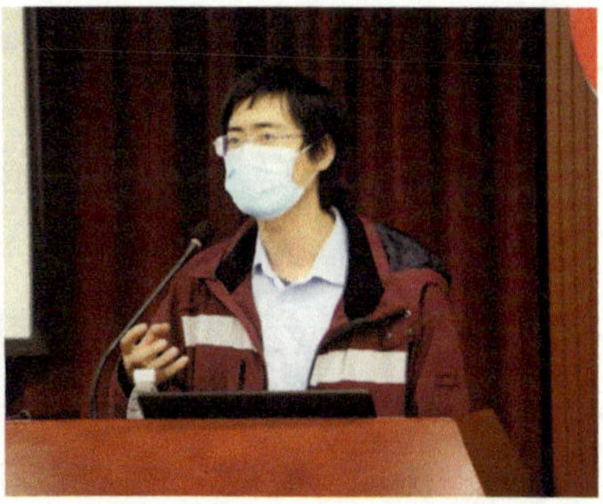

“天机星”——王明斋

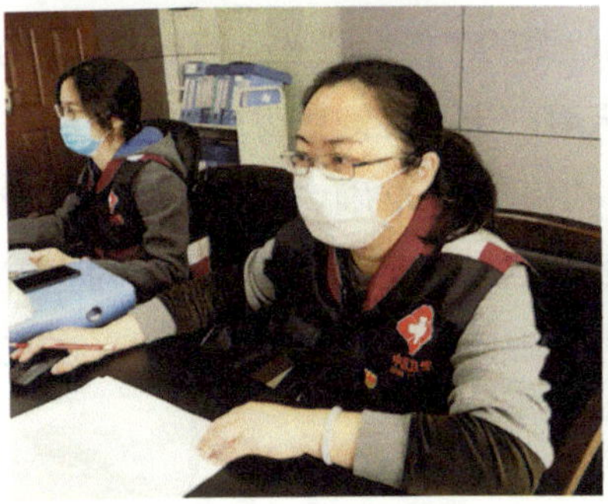

“疾如风”——马姗姗

“追魂手”——张怡盾

厦门市疾控中心抗疫“四大名捕”（摄影：陈友兰、骆桂坤、曾丹妮）。

新冠肺炎疫情肆虐华夏大地，在这场刀光剑影的对决中，有这样一群人，你可能会忽略他们的存在，他们不像治病救人的医护那样引人注目，更多时候，他们在暗中和疫魔殊死搏斗，和病毒赛跑，看谁能更快一剑封喉。他们的任务不仅是锁定和击杀病毒，终极使命则是保护更多的人避免被病毒屠戮……

厦门疾控人，作为阻击疫情的“神捕手”，有自己的独门秘技：流行病学调查、检验、留观、消杀……2003 年擒拿“非典”恶魔，2009 年抗击“甲流”虐贼，2013、2015 年激战“H7N9”顽徒，现在追杀“新冠”疫魔，哪里有邪恶肆虐，哪里就有他们短兵相接的身影。今天，我们就来认识一下厦门市疾控中心武艺高强的“四大名捕”。

“定海针”——沈理通

新冠疫情初露端倪，沈理通敏感的神经就立刻绷了起来。预判、预案、方案、指南，在疫情入侵厦门之前，凭借着“老应急”的敏感性，他警觉地捕捉着疫情动向，争分夺秒地查找搜集资料，提前学习、认真梳理工作机制流程。在中心启动应急响应后，他第一时间参与疫情防控 24 小时轮班值守。他总是能及时协调解决现场流行病学调查、密接排查、采样送检、网络直报等工作环节中的各类突发问题，运筹帷幄，成竹在胸。对于值班组的同事们来说，有这枚“定海针”在，任何急难险重的工作都能被有条不紊地安排好。

2020 年 1 月 30 日，他被抽调加入厦门市卫生健康委疫情防控流行病学调查处置小组。一个个疫情藏匿地点，组织队伍准确点射；一个个流行病学调查病例，形成高质量报告；一组组数据信息，及时准确汇总，为全市疫情防控提供科学准确的专业支撑……漂亮的组合拳背后，是他的夙兴夜寐和一刻都不敢放松的警惕。

“疾如风”——马姗姗

“雷厉风行”几乎是所有同事对马姗姗的评价，思维敏捷、头脑清晰，工作起来毫不含糊，素有“疾如风”之称。疫情处置中，她能上下联动，综合协调各区指挥部、定点医院、实验室、集中留观点，迅速获取分析数据资料，发出各类响应指令，精准发力，有条不紊。

她的另一个角色是免规科科长，负责全市儿童疫苗接种管理工作。疫情期间如何安全有效开展预防接种工作，是她最为挂心的事情。她周密考虑疫情态势，合理调整全市接种服务时间，充分利用微信预约功能，有效分散接种门诊人流。并对接种门诊出入通道设置、消毒、健康管理、宣传等方面做了详细安排。每日了解全市40个预防接种门诊预约数和实际接种数，对接种数较多的门诊通过现场视频了解情况，并及时发出预警，疫情期间全市接种门诊微信预约接种比例达90%。

"追魂手"——张怡盾

既有公共卫生专业背景，又熟悉信息系统开发，信设科副科长张怡盾就是业内戏称的"香饽饽""两栖人员"。当厦门出现首例疑似病例后，信息中心同步转变为疫情处置中心，他立即投入到疫情防控工作中。一天，他遇到了一个特殊的确诊病例，因为一直找不到可能的感染来源难以释怀，本该开车回家的他，却由于过分投入，不自觉地把车开到了定点医院。

常年和数据打交道的经验和敏感性，让他总是能从信息化的角度寻找解决问题的捷径。面对复杂的病例、密接之间的关联，以及各种统计分析要求，他主动与厦门市医疗大数据中心、软件公司沟通，讨论系统研发的可行性及实现病例和密接的管理功能。很快"厦门市新冠肺炎监测溯源系统"顺利研发并投入使用，极大地提高了工作效率。

厦门市疾控中心"四大名捕"在工作（摄影：陈友兰）。

“天机星”——王明斋

作为福建省新冠肺炎疫情危险因素调查组长、厦门市新冠肺炎疾控专家组成员、厦门市疾控中心新冠技术指导组成员，王明斋是疫情防控幕后的“智囊”和“军师”，指导并从事新冠肺炎流行病学调查、技术方案制定、密接判定和管理、疫情研判和风险评估等。疫情暴发至今，他始终奔走一线，掌握最前沿、最真实的一手资料，对于全市每一份流行病学调查报告、密接情况都了然于胸。他运用自己的专业素养，抽丝剥茧，协助防控组全面迅速查找出密接对象、潜在感染人员，有效防止了疫情的进一步蔓延。

新冠疫情发生以来，他陆续完成技术方案和指南 40 余份、更新 5 个版本的流行病学调查报告模板、6 个版本的诊疗方案、5 个版本的防控方案解读、2 次新冠肺炎专题公共卫生风险评估报告、4 次疫情分析研判、4 个培训讲座视频、35 名确诊病例危险因素调查……

“神捕”的光鲜外衣下，手机、座机、微信语音一直处在“爆棚”状态，最多一天 200 多个。多少个不眠之夜，在茫茫人海中苦寻“疫魔”的蛛丝马迹，夜幕下疲惫的身影多了几分黯然……

哪有什么武功盖世、百毒不侵，舍身在前，唯愿你一切安好。

（福建省厦门市疾病预防控制中心　陈友兰）

53

抗疫一线最美的“情人”

2020 年 3 月 1 日深夜，徐明树和同事仍在办公室分析疫情（摄影：舒崇飞）。

疫情之下，涌现出很多“抗疫第一线，上阵夫妻兵”的故事，在我们的身边就有这样一对夫妻。徐明树，丈夫，江西省上饶市疾控中心副主任；王琳，妻子，江西省上饶市疾控中心检验科副科长。

这对防疫伉俪搭档有一双儿女，但是这些天，家里一双儿女都是由家里老人在照料。习惯了父母陪伴的孩子情绪烦躁，可他们也只能在有限的休息时间里通过电话安抚一下孩子的情绪，转身又继续奋战在疫情防控的第一线。工作繁忙时，偶尔会接到他的宝贝女儿的电话说想爸爸了。身边谁都知道，他是“女儿奴”，现在却因为工作，早出晚归，每天只能亲吻一下睡梦中的小棉袄，轻声说一句：宝贝，爸爸好想陪你玩游戏、看绘本、听故事……但这段时间，爸爸妈妈要和许多许多叔叔阿姨们在一起，一起“打怪兽”“战僵尸”，爸爸是一名党员，五星红旗在召唤，爸爸必须跟上！

因为疫情 他们共守防线

作为中心领导班子之一，徐主任身上的担子绝对不轻，主要承担技术指导、信息沟通与应急保障，细分起来，从全市疫情信息日报，疫情风险评估，协助上级领导拟定防控策略及公众情绪监测，再到疫情咨询查新，健康知识宣教及应急物资储备，甚至是车辆保障工作也要兼顾到。

在同事们眼里，他一直是一位好学、认真、多才并且事必躬亲的领导。单位微信群、他的朋友圈，总会随时出现关于疫情的各种官方报道和科普知识，早到凌晨5点，晚至凌晨2点（我也不清楚，在他的作息时间里，这个点是该叫“早”，还是“晚”！）。大家都好奇，这位领导是怎么做到“眼观六路，耳听八方”的？用他爱人的话来说：“老徐每天都很忙，经常加班到半夜回来，有时在家凌晨两三点还在核实疫情数据，又有早起的习惯，所以每天都睡不了几个小时。”

丈夫的一天：

00：10

完成了一天的数据信息分析评估，回到家中。

08：00—12：20

分配当天风险评估报告工作任务；

审核各组上报数据信息；

制作上饶市病例排名表；

形成鄱阳疫情风险评估报告；

调配应急车辆前往鄱阳指导疫情防控工作；

查看后勤保障、物资储备及采购情况并及时调度物资投入；

整理审核实验室检测数据统计表。

13：30—18：00

关注全国、全省、全市新增及累计病例趋势分析；

关注省市县确诊病例趋势图；

制作上饶市新增病例趋势图及累计确诊病例趋势图；

制作鄱阳及鄱阳以外新增病例趋势图。

19：00—

等待市级专家组会诊结果，随后制定时间路线图；

收集新增病例信息，制作新增病例分析表；

制定病例信息发布统计表。

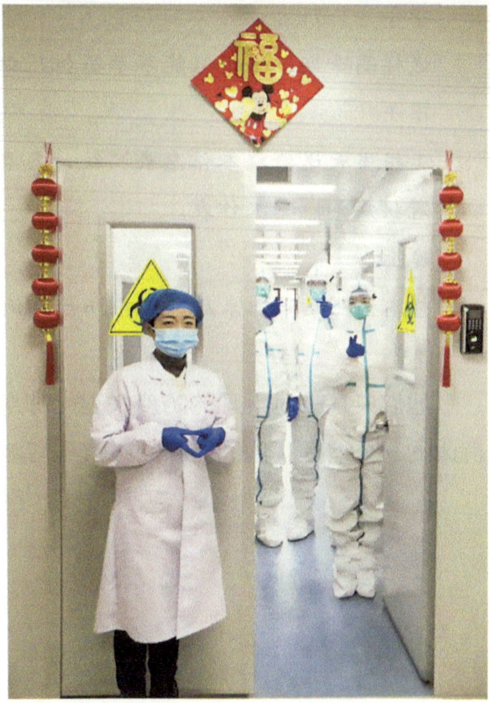

除夕，门外的检验科副科长王琳和三名检验科同事在病毒微生物室门口合影（摄影：舒崇飞）。

“喂，您好，这里是上饶市疾控中心实验室，请问哪位……好的，您现在就可以把患者的样本送过来，我马上为您安排做核酸检测”，上午7：30就到了单位，一天的准备工作还未来得及开展，各县（市、区）疾控中心和医院要送样本的电话就接踵而至了。接下来就是紧张有序的样本交接，统计送检名单、分类及汇总，等待结果出炉的同时，还要协调管理好科室其他检测工作，更要做好实验室人员的后勤保障。这个时候，她不仅是一双儿女的母亲，更是实验室一批奋战在病毒微生物室内同僚的依靠。她深知，特殊时期，马虎不得！

妻子的一天：

早上

各县市告知送检样本信息、到达时间，收集、登记、分类、汇总；

安排好科室其他检测工作；

根据卫生健康委的安排对第三方检测机构实验室检测新型冠状病毒条件及能力做现场评估。

中午

送样高峰期，午饭只能草草扒拉几口。

下午

上报当天送检样本信息表，统计各县市病例数，样本数，阳性数，统计新型冠状病毒检测工作表。

晚上

样本检测结果出来后，上报阳性病例的相关检测信息。

他们只是一对平凡的防疫夫妻，却是战斗在抗击新冠肺炎一线防疫人员群体的一个缩影。他们诠释的不仅是奋斗的模样，更是爱情的模样。

（江西省上饶市疾病预防控制中心　李消）

54

与子偕行，用爱战“疫”

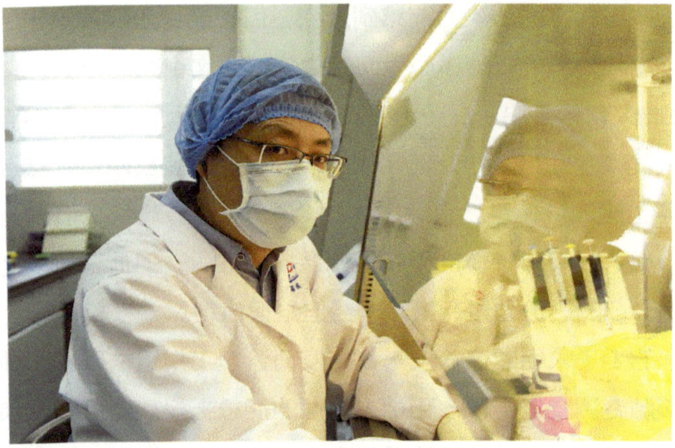

2020年2月22日，张文强正在进行新型冠状病毒质控核酸标本保存条件影响评价实验（摄影：胡毅）。

在抗击新冠肺炎疫情一线，有一种“浪漫”，是夫妻并肩作战；有一种牵挂，是工作之余的互道平安。有这样一对“疾控伉俪”——他，是微观世界的“侦察兵”；她，是疫情数据的“追踪者”。在同一个战线上，他们同心同行，用爱守护健康，用情执着坚守，用扎实的公共卫生专业知识和精湛的技术与疫魔较量。

张文强是山东省疾控中心抗击新冠肺炎疫情检验检测组成员，他主要承担新型冠状病毒疑似病例标本和密切接触者标本实验室检验检测、相关质量控制和实验室保障工作。在与疫魔赛跑的日子里，无论是清晨正午还是子夜凌晨，只要标本送达，实验马上开始。张文强和他的队友们3人一组，轮番值守，在第一时间出具病例标本复核检测的准确结果，为病例确诊、密切接触人群划分等疫情防控工作提供了“一锤定音”的实验室诊断。从标本接样到出具诊断结果大约需要4个小时，实验室工作人员须按照生物安全要求全程穿着特殊材质的防护装备，进行严密包裹。“估计大家平时戴口罩都不习惯，我们做完一套实验下来，整个人基本上像是从汗里捞出来的，刚开始会疲劳憋闷，有时需要连续作战，时间久了也就习惯了。”作为身经百战并接受过系统培训的实验室“老手”，谈及第一次直面“潘多拉盒子里的魔鬼”，他说的确因病毒较高的传染力而感到紧张，但想到身为疾控卫士的光荣使命和来自整个团队的强大支持，心里面就会倍感踏实也充满力量。

“印象最深刻的是腊月二十九那天夜里，其实大约是次日零点了，我们接样并进入实验室开始工作，到完成的时候已经是凌晨四点，然后除夕那天的工作任务也比较多，也就只睡了大约3个小时吧。”张文强患有强直性脊柱炎多年，坐着时间久了脊椎和肩膀就会疼痛难忍，但他表示能为守护百姓健康贡献出自己的一份力量，虽然辛苦但是很值得。

张文强的妻子宋绍霞这些天一直在疫情管理工作组忙碌着，她的具体工作是密切接触者调查报告审核和相关数据的汇总上报。新冠肺炎病例密切接触者的追踪和管理是疫情防控的重要内容之一，为了控制疫情蔓延，根据每一例确诊患者的活动路线寻找密切接触者，落实居家隔离观察，是疫情防控的关键一步。追踪密切接触者的工作量大而繁琐，需要极强的责任心、细心

2020年1月30日，宋绍霞（右）与同事进行疫情分析（摄影：胡毅）。

和耐心。工作中她要始终保持高度专注，紧盯屏幕数据，耐心细致，汇总整理全省各地市上报的疫情信息，逐一进行数据比对，出具分析报告，及时追踪校对。她和她的同事们分工协作，及时根据密切接触者的调查追踪情况更新相关数据，对全省 17 000 多份信息进行比对和审核。

“已经习惯了这种紧张有序的节奏，只有大家平安了，我们心里才会真的踏实！”坚守在疫情防控一线的夫妇俩，把两个年幼的孩子留给家中年迈的父亲独自照看。“好几个夜晚，孩子们商量好要等着我们回家才肯入睡，她们是用这样的方式来表达对我们的思念吧。老父亲也总是说让我们一心忙工作要紧，家里有他带着孩子们，放心就是了。”提到孩子和老父亲，小两口的眼睛是湿润的，身为疾控卫士的他们同时也是父母的孩子、孩子的父母，那份按捺已久的暖流从内心深处最柔软的地方涌动而出……

“小宋，要照顾好自己，我们一起努力，战‘疫’必胜！”

“文强，辛苦了，注意身体！一起加油，我们就要胜利了！到疫情结束的时候，大家都能摘掉口罩，恢复往日正常的生活，孩子们都能在明媚的阳光里自由呼吸、快乐奔跑！”

这是他们此刻最想对彼此说的话，在这没有硝烟的战场上，他们和所有奋战在一线的疾控工作者们一起并肩战斗，守护人民健康，用执着坚守和默默奉献讲述着“最浪漫的事”。

（山东省疾病预防控制中心　范正）

55

“生物安全”为盾，“引物探针”作剑，此战必胜

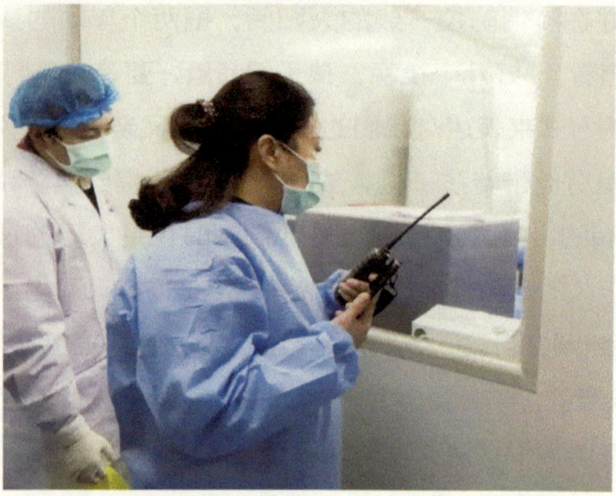

检验科科长张莉隔着三防玻璃，用对讲机与实验室里的同事沟通（摄影：杨乐）。

“又来一批样本，下午四点前要出结果，抓紧时间。”湖北省咸宁市疾控中心实验大楼三楼走廊上，检验科科长张莉正隔着三防玻璃，用对讲机与实验室里的同事沟通。实验室里，检测人员正在生物安全柜前紧张有序地开展工作，听到呼叫，一位实验员起身从传递窗取出样品，核对无误后转身又忙碌了起来。

张莉，咸宁市疾控中心检验科科长，中共党员。工作中她对同事们要求极高，眼睛里揉不得沙子，强调实验操作规范、数据准确有效；生活上她事无巨细，对同志们关心有加。操心的多了，难免啰嗦唠叨，年轻人占多数的科室同事们亲切地赠予昵称——“张妈妈”。工作以来，她打过的硬仗很多，2009 年甲型 H1N1 流感、2015 年人感染 H7N9 禽流感、2018 年登革热等，但对抗这么严重的疫情，还是头一回。

张莉带领同事们与新型冠状病毒近身搏斗，于2020年1月22日连夜完成本市第一例新冠肺炎疑似病例核酸检测，送湖北省疾控中心进行首例阳性复核，在最短时间内通过了新型冠状病毒核酸检测能力确认。

这次抗击新冠肺炎阻击战中，咸宁市疾控中心检验科承担了全市的新冠病毒样本核酸检测工作，大家不畏困难、团结一致，不管任务多么艰巨、紧急，总能按计划、按要求完成工作。乍一看，事情都是大家一起做的，但只有同事们才知道，这些出色工作的背后，离不开“张妈妈”无处不在的“碎碎念”护持。

2020年3月5日，做完当天的病例标本检测后，为又一批阳性结果为零而庆祝（摄影：杨乐）。

“李静、安妮，到时间看结果没？赶紧去看！”统筹兼顾，可能是当科长的基本技能，应对各种电话、各种报表的繁忙工作之余，张莉还不忘提醒同事及时获取实验结果。李静、杜安妮，咸宁战“疫”中无法绕过的两名同志。平时专业工作就是“玩弄”病毒的她们，在战时，更是当仁不让地成为了主力军。把她俩放一起说，是因为她们有着太多的共性，都是将将三十岁的青年人，都对家中年幼的孩子满是愧疚。自疫情发生起，还没有回过一天家，虽然想念却不能相见，把时间都给了工作，把牵挂留在了心里。偶尔在工作间隙与孩子视频通话，面对孩子“妈妈，你什么时候回家？”的问题，虽然心中酸楚无比，却总是笑着转移话题，因为她们清楚，作为与新型冠状病毒距离最近的实验员，感染风险极高，不回家，不见面，才是对孩子们最真切的爱！她们更知道，国难当头，作为党员更应起到模范带头作用！只有全身心地投入工作，奉献自己全部的光与热，才能在最短的时间内完成对新冠肺炎疫情的阻击，而这，正是和孩子们相逢的最短路途！

“一身汗，赶紧回去洗澡，别着凉了！”这是提醒在核心区长时间工作后一身大汗的向剑注意身体。向剑，分子生物学专业硕士，入职半年，算是科室里的小弟弟，生于恩施利川大山里的孩子有着一股子天生的韧劲，在这次战“疫”中迎难而上，飞速成长！对于工作，他有着自己的坚持：“我写完这批原始记录就回，张妈不操心哈。”

“杨乐，我等下审完报告去你家睡哈，这两天在办公室睡的腰疼！”办公室的临时床铺实在逼仄，张妈妈有时也会蹭杨乐的床。“不好！你电话太多了，吵死个人，你还是睡单位吧，莫来祸害我！”杨乐立马破碎了张妈妈蹭床的念想，转头又心软了。“算了算了，你还是和我一起睡吧，我再给你铺个床。”杨乐，新冠肺炎疫情期间主要负责收样工作，有时也轮换做核酸提取。单位迁新址后，在附近为父母购置了一套小户型改善居住环境，才装修完，还没等孝敬爸妈，新冠肺炎疫情就来了。“我就一个人住这边家里‘自我隔离’，正好离单位也近，方便随时上岗。”在豁达的杨乐看来，运气一直在她这边。

“小侯，数据统计好了没，抓紧时间，指挥部又在催结果了，一定要及时上报！”这是在催结果数据汇总工作；“王阿姨，您身体不好，不用进实验室，我们人还够。您就帮忙搞搞环境消毒，做做体温监测。哦，对了，医疗废物也麻烦您了，没问题吧？”这是关心科室最年长的同志；“徐涵，你手伤了就别接触样本了，把接送辽宁专家工作做好，在外面盯着对讲机，把工作简讯写好就行了。”这是按实际情况合理分配工作任务；“大毛，物资出入库明细一定要做好，品牌、规格、数量写清楚了啊，人家捐赠的物资一定用在刀刃上。”这是操心科室物资储备；“张胜，赶紧推个板车到大门口，又来一批物资！快快开，跑起来！”这是给疲惫的同事鼓劲；“小明，都转钟了，再有样本来的话，我来收。你赶紧去休息，明天早上还有样本要送到，还要早起，小心身体吃不消。”这是关心在岗时间过长的同事。

“张妈妈”的碎碎念啊，科室的运转还真少不了它。

“守土有责，疫情就是疾控人的冲锋号。此次疫情，社会各界牺牲太多，大难当前，我们不能算英雄，仅仅只是疫情的先锋兵，在自己的领域尽职尽责，只求不负党和国家的教导、以实际行动践行入学时许下的医学生誓言、对得起自己的良心！个人的力量是有限的，拼尽全力，也只能完成一部分工作，但在人民战争的汪洋大海中，在以习近平同志为核心的党中央的英明决策领导下，疫情必成历史，阴霾必将消散，愿所有来咸援助的各路逆行者，都能平安回家，让一切疫情相关数据，尽早归零。‘生物安全’为盾，‘引物探针’作剑，此战必胜！”这是咸宁市疾控中心检验科科长张莉和她的战友们抗战必胜的信念与决心。

（湖北省咸宁市疾病预防控制中心　张莉）

56

在严冬中绽放的花样青春

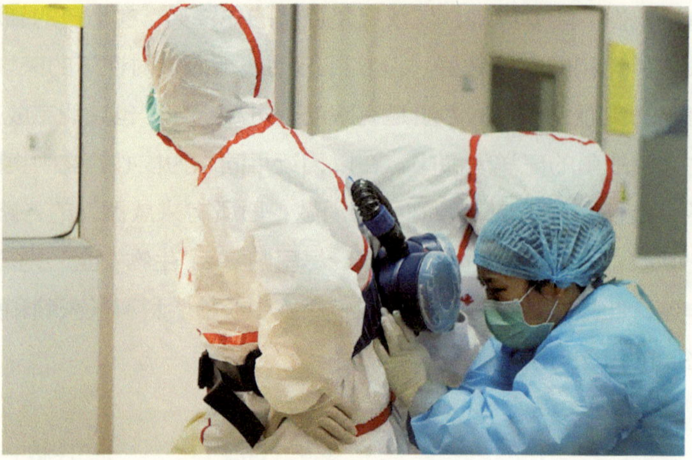

2020 年 2 月 4 日，湖北省襄阳市疾控中心检验检测人员正在穿戴正压呼吸面罩，准备进入实验室开展核酸检测工作（摄影：冯娟）。

疫情考验本色，青春在奋斗中淬炼成钢

这是一支年轻的队伍，战斗在离“病毒”最近的地方，夜以继日开展新冠肺炎病例标本核酸检测，八名女同志，一名男同志，在一间不到 100 平方米的实验室中，承担了全市过半的核酸检测任务。随着疫情防控工作的持续深入，湖北省襄阳市疾控中心病毒核酸检测团队的八名女同志，注定要度过一个战斗的“妇女节”。

不是天生女汉子，只因责任扛在肩

史静是 2019 年上半年刚刚担任市疾控中心卫生监测检验科副科长的年

轻人，2015年她毕业于中国科学院武汉病毒所，有着闪闪发光的学历。性格活泼的她，平时被戏称为“风一样的女子”，但穿上防护服进入实验室，汗珠爬过脖子的瘙痒，无法喝水的干渴，这些在平时忍不过一秒钟的事，她在实验室里却一忍就是6小时。

除了做实验外，她还要当好实验室的“管家”，如何排班、如何优化检测批次、如何提高检测效率、如何严把质量关和生物安全关……她统统都要放在心上，保证实验室的正常运转。

去年，本已从实验室调岗到公共卫生科任副科长的胡玉洁，主动申请在疫情期间回到实验室，加入核酸检测团队。2020年1月23日，腊月二十九，胡玉洁转运襄阳市首例新冠肺炎病例标本前往武汉，送至湖北省疾控中心进行复核。当时的武汉市已经封城，里面究竟情况如何，胡玉洁心里也没底。但事关重大，团队中其他同志大多数是“90后”，她作为“80后”的“大姐大”，觉得这项充满未知与危险的任务理应由自己去完成。

在此之后，她又三进三出武汉市，转运检测试剂盒、防护服、健康教育宣传资料等物资。她在夜色中挪开高速路口重达百斤的路障，在凌晨的服务区广场上吃泡面充饥，与司机一同搬运物资搬到汗流浃背、手腕抽筋……这时，她早已忘记自己本是一个柔弱的女子。

战“疫”时期的母爱，不会被距离阻隔

疫情发生后，检测团队里的郝小欣、甘云霞、童芳莉，三个带着年幼子女的女同志，不约而同地选择将孩子送到父母身边，从此驻扎在单位，昼夜不分地做着核酸检测。

郝小欣的孩子今年6岁，对于妈妈的工作，年幼的她懵懵懂懂，郝小欣告诉她，妈妈去工作，是为了你和小朋友们能早点出门玩。孩子似懂非懂，乖乖在家看书写作业，期待妈妈能够早点回家。

只是，早点回家的承诺，从一个星期，变成了两个星期、三个星期、不知归期……

郝小欣也曾从家门口路过，其实只要十分钟，她就能看一眼孩子。但考虑到核酸检测工作的危险性，她不能将感染的风险带给孩子。

思念之情难以抑制怎么办？吃饭时间，郝小欣会和童芳莉、甘云霞聊聊孩子，甘云霞是新手妈妈，孩子刚过吃奶的年纪，当妈的人在一起，话题总是离不开孩子。和孩子视频时，她们会互相检查，彼此脸上是否还留着被护目镜压出的红印子，不想被孩子和家里的老人看到。

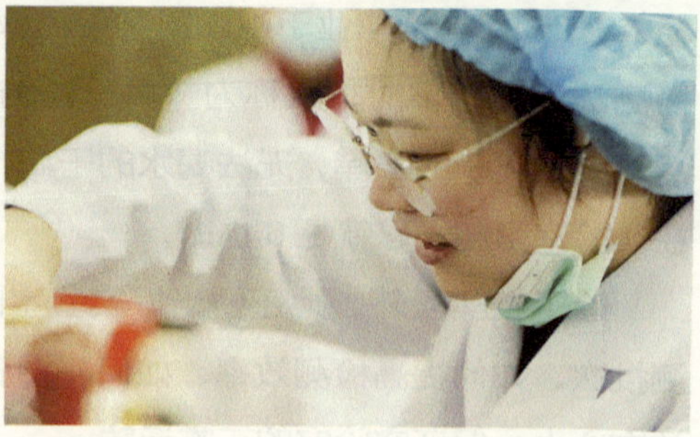

2020 年 3 月 1 日，刚完成一轮核酸检测工作的甘云霞正在吃盒饭（摄影：冯娟）。

“每次穿好防护服，即将进入实验室时，孩子的笑脸会从脑海中闪过。那一刻，真的特别想孩子。”郝小欣眼中泪花闪动。但想到她与孩子的暂时分离，是为了来日更好的相聚，那种刻骨的思念，反而给了她强大的力量，一直支撑到现在。

花儿一样的青春，不惧疫情的严冬

出生于 1993 年的枣阳姑娘陈卓静，是实验室里年龄最小的检测人员，刚刚参加工作不到半年。春节前夕，得知疫情来临，她立即打电话告诉父母：“春节不回家了，要在单位加班。”当父母问她出什么事了，懂事的她不想让父母担忧，只淡淡地说了一句：“跟平时一样。”

平时做“流感”样本检测，步骤和新冠肺炎标本检测差不多，但病毒的“杀伤力”却不可同日而语，尤其是新冠病毒属于新发现的病毒，充满了太多的未知，甚至存在变异的可能。尽管她瞒着爸妈，义无反顾上了一线，但当她真正第一次拿到病例标本时，心里还是忍不住紧张起来。

在整个检测过程中，用微量移液器吸取标本、在涡旋仪上震荡标本，以及核酸提取环节，因为剧烈震动，标本可能会产生大量气溶胶，扩散到空气中，威胁检验人员的安全。陈卓静第一次进行新冠肺炎标本的加样操作时，密闭厚实的防护服下，心跳声清晰入耳，呼吸声几不可闻，直到操作完成，她才敢微微喘几口气。

当她第一次顺利完成检测任务，返回清洁区域后，经历了 6 小时紧张考验的她，颤抖着双手给父母发了一条短信：“爸妈，我爱你们。”

陈卓静的两个搭档，杨子玉和施祥雨，只比她大两三岁，在这个春节同样放弃了与家人的团聚，日夜奋战在离病毒最近的阵地上。杨子玉原本准备春节期间举办婚礼，但疫情就是命令，她毫不迟疑推迟了婚期。男朋友在电话里说：“等你凯旋，一定送你一个独一无二的婚礼。”

陈卓静、杨子玉、施祥雨都是父母口中“温室里长大的‘90 后’”，她们像花儿一样美丽，有着秋水般的气质，也热爱着口红、奶茶、追星……但当疫情来袭，娇花也能撑起大树的担当，不惧疾风骤雨，敢与病毒较量。

（湖北省襄阳市疾病预防控制中心　张宇）

57

他们，离病毒最近！让孙副总理十分牵挂

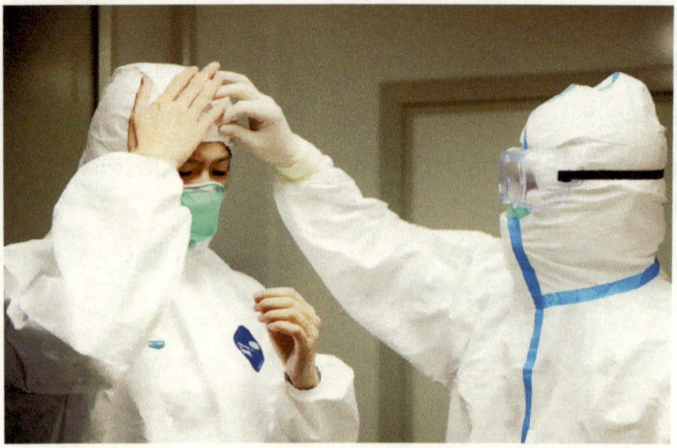

进入实验室前，涂丽荣（左一）、丁穗（右一）互相检查防护。

在抗击新冠肺炎的主战场上，我们看到了忙碌的临床医生和护士在努力抢救患者。然而，在我们看不见的地方，有这样一群身穿两层防护服、手戴二层医用手套，冒着被感染的风险在实验室检测病毒样本的疾控卫士。在孝感市疾控中心病毒检测实验室，我们见到了这群每天同病毒打交道，离病毒最近的人。

“因为标本有可能是病毒含量极高的污染源，必须在特定的实验室，穿着厚厚的防护服进行检验、观察、等待结果，每份标本顺利的话需连续工作5~6个小时才能出结果，不顺利的话时间翻倍。检测期间，一刻也不能放松，因为既要保证结果的准确性，还要确保自己负重工作时不能虚脱。”市疾控中心检验检测负责人骆胜超介绍，由于疫情的上升，检测样品不断增多，他们的工作量也随之增大，这对他们的身体和意志力是一个很大的考验。

孝感市疾控中心承担着孝感市孝南、云梦、安陆、孝昌、大悟等县市区和市直医疗机构的病毒样本检测工作，任务十分艰巨。

“为全身心投入工作，我把老婆和孩子送去丈母娘家，现在家里就我一个人。”85 后喻珂高大健壮，已有 12 年检测工作经验的他担任着检测小组的组长，每天带头早出晚归，前一天检测到半夜 12 点才下班。

“今天早上我们是八点进去，下午两点出来的，检测了一百多个样本。”年近五十的罗燕萍戴着眼镜十分瘦弱，说话却中气十足，工作中的各种苦、各种累，在她的眼里已成为家常便饭。

文文静静的曹婷微笑着说：“大年三十我和老公一路‘囧途’，从海南赶了回来，我们都是党员，都在实验室工作，武汉‘封城’，我们首先想到的就是一定要赶回来，和大家一起并肩作战。”透过她坚定的目光我们看到了一个疾控党员的初心。

检测过程中，在进行样本核酸提取时，会产生气溶胶飘浮在空气中，所以他们必须全副武装。下午三点半，他们开始进入实验室的准备工作。两层防护服穿上身，二层医用手套戴起来，两层医用鞋套穿一起，再戴上 N95 口罩、护目镜，整个人包裹得密不透风。

徐晖说：“防护服穿脱非常不便，我们进去五六个小时连口水都不能喝，怕上厕所要出来。”

“是啊，防护服和 N95 口罩是最缺的医疗物资，我们宁可自己‘吃亏’也不能浪费一套防护服！”丁穗、涂丽荣做着最后的防护检查。

如果顺利，晚上 10 点至 11 点能出来，不顺利，又是凌晨几点了。这个时刻和病毒样本打交道的工作不仅体力消耗大，而且心理压力也非常大。但他们从不叫苦叫累，毫无怨言。

“2020 年 2 月 1 日，孙春兰副总理来到实验室看望我们，给了大家莫大的鼓励，与病毒的这场较量，大家信心十足，胜利一定是属于我们的！”骆胜超铿锵有力的声音自信满满。

这群在层层隔离衣的保护下负重工作的人，是战士，更是勇士！

（孝感日报社　黄华；湖北省孝感市疾病预防控制中心　褚丽萍　邹琴）

58

抗疫娘子军　靓丽风景线

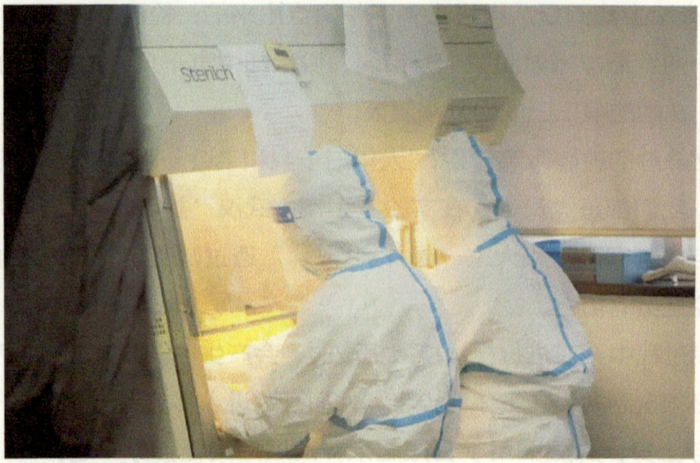

2020 年 1 月，新冠肺炎疫情暴发期，微检科的检验娘子军们夜以继日地在二级生物安全柜内处理疑似新冠肺炎患者标本，以尽快得出核酸检测结果（摄影：陈帅）。

在三八妇女节来临之际，湖南省抗击新冠肺炎疫情的战场上，有一支披荆斩棘守望明日之晨曦的“娘子军”。她们不爱红妆爱武装，在一线抗疫的实验室里，巾帼不让须眉，她们沉着、冷静、耐心、细心，她们不畏艰险、冲锋在前，在二级生物安全实验室里留下了她们英勇追击病毒的英姿，她们就是占据了微检科大半江山的 17 个女性成员。当她们穿起防护服之后，义无反顾地勇挑起抗疫重担，做起病毒检测实验来，心思更是缜密清晰，完全不输铮铮男儿。防护服加身后，安能辨我是雌雄？

新型冠状病毒比当年的 SARS 更狡猾，不到一个月就传染了 1 000 多个人，作为与湖北省交界的湖南省，疾控人迅速严阵以待，不敢轻敌。微检科的科长湛志飞及时组建了“新冠病毒检测团队”，这个团队里，就以娘子军为主要力量，她们在万家团聚、爆竹声声的春节假期之时，就开始了生物安全培训和病毒检测实验培训，并且 24 小时轮流值守。在这间实验室里，除了在疫情前期完成了所有阳性病例标本的确认，还在疫情的快速增长期，及时指导并培训了湖南省 14 个地市疾控中心微生物实验室总计约 40 000 份的病毒核酸检测。直到现在实验室里也仍然在忙忙碌碌地进行着恢复期患者和疑似患者的核酸检测、血清学抗体的实验，甚至大便肛拭子和尿液的病毒核酸的进一步提取与研究，以期为疾病的传播发展模式研究提供更多的实验室依据。

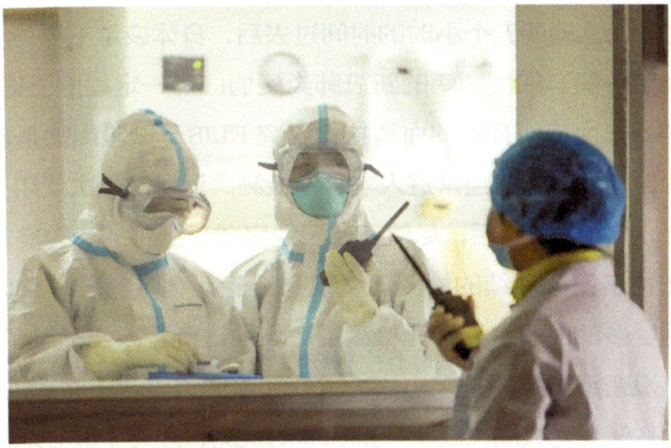

2020 年 2 月，新冠肺炎疫情形势仍不容乐观，疑似患者标本源源不断被送往实验室，微检科的检验人员在二级生物安全实验室内用步话机接收同事在外间传递的新冠肺炎样本信息（摄影：陈帅）。

这支检测团队里的娘子军们，就冒着随时有可能被新型冠状病毒感染的风险，做着跟病毒短兵相接的最危险的工作。说是战士，但她们其实也是一群平凡的人，她们也是母亲、是妻子、是女儿，只是在这个抗疫的特殊时期，不得不暂时告别生活中的角色，忘记自己背后的牵挂。防护装备加身，进入 BSL-2 实验室，就变成了全副武装的兵，更不会有一丝一毫退缩，一心只想着如何尽快获得准确的实验结果，跑赢这场与病毒的赛跑，让疑似患者第一时间确诊，为疫情防控争取宝贵的时间。

呼吸道病毒组的李芳彩是“70 后”的大姐姐，平日里打针、抽血、采样、实验样样都是一把好手，对年轻的同事们也是传帮带、关爱有加。万家团聚的大年三十，她与贺子翔就已经在实验室里穿脱防护服，进行了三轮实验，三轮实验做完已经到晚上 11 点多了，为了让第二天工作的同事能有个无菌、清洁的环境，她还细致耐心地把每个医疗垃圾进行高压灭菌，84 消毒液擦拭桌面和拖地、过氧化氢喷洒空气、紫外灯照射，每一个步骤都仍旧认认真真地做完，直到凌晨十二点鞭炮声响起，她才想起家里还有在等着自己吃团年饭的家人。与年轻人相比，李芳彩的体力经常要扯她的后腿，但她从来没有抱怨过。穿着厚厚的双层防护服，戴着令人缺氧的 N95 口罩、双层手套，每一轮实验四五个小时的时间过去后，身体疲惫不堪，老腰更是觉得像快要断了一般。即使湖南的新冠肺炎疫情已经一定程度上得到了控制，标本量减少，但由于新开始的血清抗体研究 ELISA 试验用的是新的试剂盒和新的方法，她仍然需要经常进入实验室检测。记得第一次使用一种同时检测 IgG 和 IgM 的试剂盒后，尽管自己已经完成了上午的一轮实验可以出去休息了，但由于担心后续的检测团队没有经验，有可能没有掌握到实验技巧，会浪费更多的时间，为了让检测更顺利地进行，即使都过了吃饭时间，李芳彩硬是没舍得脱掉防护服出来，就在实验室里等着下一轮的娘子军们，并跟她们认真仔细地共同完成了一批标本的检测，才终于放心地从实验室里出来休息了。这时候，她才终于露出了满脸印痕的脸。

陈雨，肠道病毒组成员，平日里做病毒核酸的分子生物学实验也是她硕士研究生时期的专长。春节期间，她原本是计划去探望在海南过年的父母，好好给自己放个假的，看到新型冠状病毒的疫情主要靠核酸检测来确诊，这也是自己最能发挥作用的时刻，深深觉得自己的重任在肩，于是早早把飞机票退了，跟爸妈说了抱歉，从春节起就一直留守在长沙。因为决心全身心投入到抗击新冠肺炎疫情的战斗中，从年初二开始值班起，就自动与所有亲戚朋友们隔离了，想着自己比起科里有孩子的同事们更加没有牵挂，甚至还主动报名去湖北援助疫情。因为自己年轻，凡事都是抢着干，上午下午晚上的三班倒，经常会主动跟别的组交换成夜班。时间长了以后，这样不规律的工作时间严重影响到了健康，她自己都没发觉，心脏越来越不舒服了，只偷偷准备了硝酸甘油在口袋里，每次准备长时间的试验之前，就偷偷吃点再进实验室。这件事，她都一直瞒着没说，还是跟她同组的李世康无意中发现以后，才知道了她的这个秘密。可她还一直笑着解释：“没事，就是最近累了点，预防一下，等这周末睡个好觉就没事了。”

周帅锋，是科室的在读博士，中国疾控中心病毒病所马学军研究员的弟子，肠道病毒组成员，丈夫一直在外地医疗部门做技术支持，7 岁的女儿和身体不太好的父母都是自己在一手照顾。博士的课题很繁重，工作还需要她独当一面。今年过年她原本是可以跟老公一起回老家团聚休息的，也是因为突发的疫情，从大年初一起就与夏昕在长沙值班坚守，上午下午各进行了两轮新型冠状病毒核酸检测实验，之后一直是检测团队里的中坚力量。2020 年 2 月下旬，身体一向不太好的父亲又不幸住院了，甚至一度被医院下了病危通知，她却一直隐忍着没有告诉任何同事，该轮值的时候，从不推拒，自己则是利用工作间隙在医院和实验室之间两头奔忙。当湛志飞科长从其他同事那里得到此消息的时候，关切地问她，并且准备把她从新冠肺炎检测团队里面撤下来找别人替换时，她仍是坚定地说，不用了，她说每个小伙伴都有他们要忙的事情，不需要替换，自己仍然还可以扛过去的。

陈帅，是微检科一名平凡的微生物检验师，却是最不平凡的“战地摄影师”，作为科里的通讯员，除了日常的新冠肺炎检测实验，还需要额外负担起科室宣传的工作，记录下大家在实验室工作的影像。常常上午自己还在实验室与病毒短兵交战，下午没来得及休息，就带着她的长焦相机又进了实验室。由于生物安全的原因，不能进入实验室核心区域，只能用长枪大炮隔着实验室的双层玻璃，寻找时机、找好角度，费心地抢拍，说实话，一轮好的拍摄下来，可一点也不比做实验更轻松。每一幅图片都完整记录了同事的汗水和英姿，唯独却没有拍到经常加班做实验的自己。由于住得离单位近，经常主动加晚班，腊月二十九的时候，她就跟两位科长一起进入了二级生物安全实验室，加班到了凌晨。她还通过她的摄影机，让更多的人有机会见到了厚厚防护服下最真实、乐观的检验师，让更多的人了解了疾控人和他们的实验室。

萤烛末光，增辉日月；尘埃之微，补益山海。诸如此上的事例真是数不胜数，微检科的红色娘子军团里，每一个人的背后都有着平凡却令人感动的事迹。

时局再艰难，疫情再严峻，微检科的娘子军们都一直在互相鼓着劲，她们彼此是彼此的后盾与支撑。她们同舟共济、共克时艰，她们彼此之间既是同事、是战友，更是姐妹、是家人。安得成军如娘子，直气端能捷秦楚。微检科的红色娘子军团，必将谱写一曲新冠战“疫”最强音！

（湖南省疾病预防控制中心　夏昕　张亚娜）

59

多部门联合作战 成功化解邮轮危机

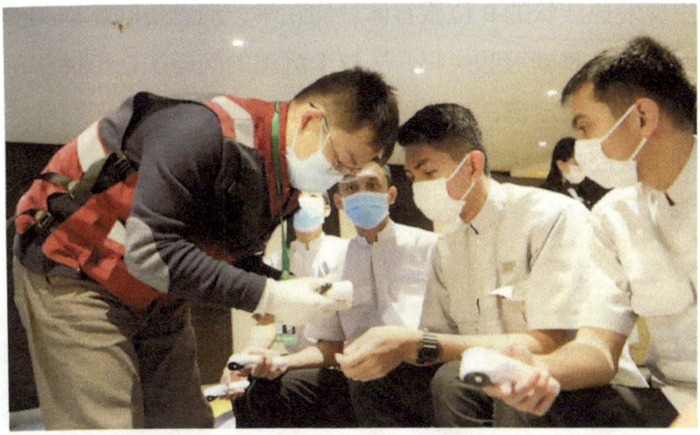

2020 年 1 月 26 日凌晨，深圳市疾控中心工作人员登上“歌诗达·威尼斯”号邮轮，开展医学排查（摄影：武南）。

农历庚子年春节前夕，突如其来的新冠肺炎肆虐神州大地，全国各地相继出现确诊病例，病毒来势汹汹。2020 年 1 月 19 日国家公布广东省首例确诊病例，广东省启动突发公共卫生事件一级响应，深圳进入应急状态。1 月 25 日晚，从越南返程的“歌诗达·威尼斯”号邮轮缓缓驶向深圳蛇口邮轮母港，邮轮上载有游客 4 973 名，船员 1 249 名，令人心惊的是船上有 9 名旅客出现了发热症状，这就像一颗不定时“炸弹”，随时有可能“引爆”！

当晚深圳市政府接到报告，迅速组织成立应急处置工作组，指挥部就设在蛇口码头上，市区政府、卫生、交通、文体旅游、海关、边检、蛇口港、邮轮公司等各机构多部门联合行动，时间紧，任务重，一旦有人确诊，将有一系列棘手问题等待解决。深圳市疾控中心应急专家组临危受命，接到通知后连夜制定应急方案，以供指挥部做决策，经多方商讨后，最终指挥部制定“正常”和“异常”两个应对方案。

2020年1月26日1:30，深圳市疾控中心两名党员同志和海关登轮突击队若干队员作为先锋派遣队搭乘拖轮到公海，在黑夜的大风大浪里颠簸了一个多小时，终于登上了“歌诗达·威尼斯”号邮轮。登船后几人迅速开展医学排查，筛查了10箱“健康声明卡”，逐个测体温，耗费数小时，最终排查发现148名人员有过武汉居住史或旅行史，4人体温超过标准温度，而此前上报曾出现发热症状的9位旅客体温均正常。消息传回蛇口码头上的指挥部，“这13位乘客是新冠肺炎吗？”这个沉重的问题压在指挥部每个人的心头，确诊检测将一锤定音，检测重任压在了深圳市唯一的新冠肺炎确诊实验室——深圳市疾控中心病原生物研究所。

2020年1月26日上午9时，深圳市疾控中心和南山区疾控中心工作人员登上“歌诗达·威尼斯”号邮轮，采集样本并开展流行病学调查（摄影：武南）。

2020年1月26日早上7时，天空阴云密布，一艘庞大的邮轮终于驶入蛇口港，深圳市疾控中心和南山区疾控中心采样人员、流行病学调查人员在码头集结，穿上防护服、戴上N95口罩和护目镜，9时登上邮轮采集13名发热游客样本，并开展流行病学调查。邮轮有6层高，地形复杂，宛如迷宫，13 名游客又散落在各个地点，流行病学调查人员和采样人员循着地图爬着楼梯上上下下，历经 3 个多小时终于完成了流行病学调查和采样工作。顾不上湿透的衣服和疲惫的身体，采样人员立即赶回实验室，核酸检测开始了！等待的过程很煎熬，指挥部每个人心里都绷紧了一根弦，邮轮上也开始出现骚动，为了安抚乘客的不安情绪，指挥部决定如实向乘客播报邮轮情况，随着邮轮广播，了解了情况的乘客们情绪逐渐稳定下来。

2020 年 1 月 26 日 17 时 38 分，检测结果出来了，双试剂双机检测结果均为阴性！指挥部和邮轮上的每个人都狠狠松了一口气。18 时，等候了一天的乘客开始分批下船，150 余名警力协助疏散，15 辆巴士运送 148 名重点人员前往南山区隔离酒店集中隔离。14 天后，全部隔离人员顺利解除隔离，无一人感染。一场大危机悄无声息地解除了。这次突发公共卫生事件的成功处置，也许有幸运之神的眷顾，但更大的决定因素是市委市政府指挥部的运筹帷幄，各有关部门的协调联动，市区疾控机构的默契配合，环环相扣，缺一不可。

疫情就是命令，防控就是责任，大疫当前有大爱，全社会守望相助，同心协力，共克时艰，疾控人更是义不容辞，勇当先锋，履行守护市民健康的使命。抗"疫"战场上，军旗飘扬，疾控战士们团结一致，全力以赴，与病毒抗争到底，坚信不久的将来，一定会取得胜利！

（广东省深圳市疾病预防控制中心　王赟）

60

破解病毒秘密的“听风者”

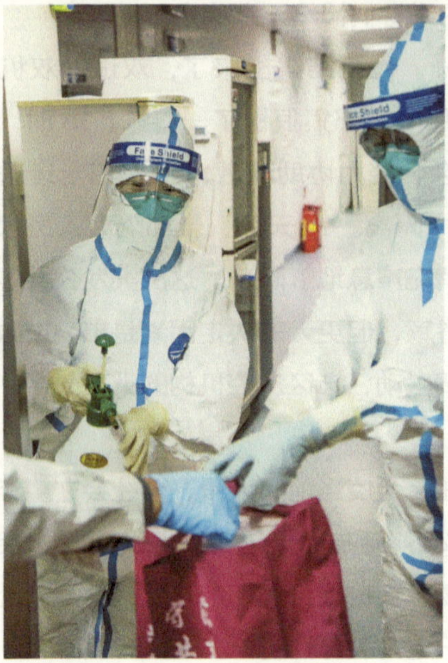

2020年1月22日，海南省疾控中心检验检测所微生物检验室孙初阳（右）和甘晓婷（左）接收疑似病例的样本进入实验室（摄影：邢泰然）。

“疾控人”是在疫情防控面前的排头兵，而检验检测组就像战场上破解各种情报密码的“听风者”，快速准确识别新型冠状病毒是他们的目标和责任。

疫情就是命令，防控就是责任。疫情发生后，海南省疾控中心党委带领共产党员冲在战“疫”最前沿，为全省疾控人以最美“逆行者”的姿态践行初心使命作表率。

2020年1月19日，海南省疾控中心迅速成立应对新冠肺炎疫情应急处置领导小组，对疫情防控工作做了全面部署，同时下设10个战“疫”小组，党委成员各负其责，全方位为省委、省政府当好参谋，为打赢战“疫”提供技术支撑。

按照部署，检验检测所全体人员放弃休假组建新冠肺炎应急处置检验检测小组，在组长马焱的安排下，小组内19人各司其职，做好收样、检测、汇总数据等工作。同时根据海南省卫生健康委的指示迅速组织专家对海口、三亚等地三级甲等医院PCR（基因扩增）实验室开展新型冠状病毒检测能力进行评估，确保检测工作持续有条不紊地进行，为疑似病例诊断、鉴别诊断提供可靠的病原学依据。

新型冠状病毒检测工作的难度及强度并不亚于一线医护工作者，因为每份标本都可能含有病毒，必须在特定实验室，穿着防护服进行检测、观察，等待结果。应急检验组的全体人员在高致病性病原体检测任务的面前毫不退缩，夜以继日地开展病例样本检测，第一时间检测出海南省首例新冠肺炎病例。自2020年1月20日以来，共检测新型冠状病毒标本3 000余份，为海南省新冠肺炎病例确诊、防控决策提供了有力的技术支持。做完实验，他们不顾疲惫及时总结经验，形成文字资料。疫情前期，无论当日检测工作多晚结束，均及时撰写总结，特别是生物安全个人防护上需要注意的细节，为今后的检测工作提供参考资料，确保检测过程万无一失。

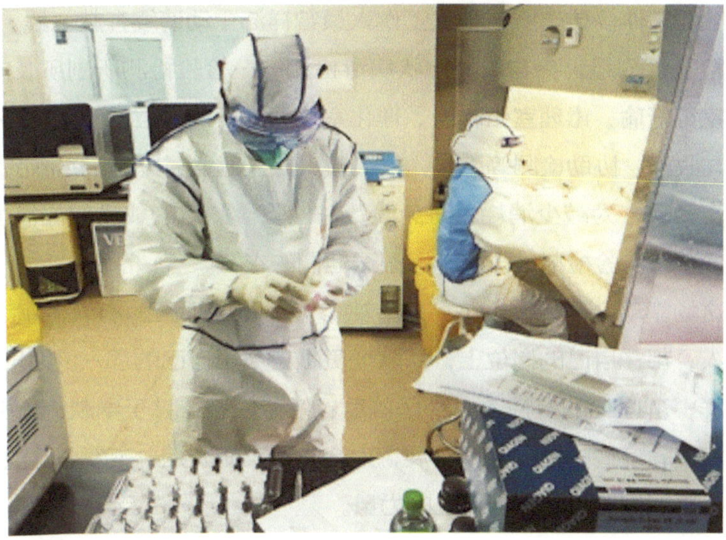

2020年2月20日，海南省疾控中心检验检测所微生物检验室工作人员正在进行新型冠状病毒检测。

由于防护物资紧缺，应急检验组成员们穿戴着密不透风的防护装备，在实验室里一干就是四五个小时，甚至通宵。即便 24 小时轮流坚守岗位，检验组的每位成员始终没有任何怨言，一直用饱满的激情投入到检测工作中。

大年三十，正是阖家欢聚之时，海南省疾控中心检验检测所微检室主任李丹丹却与同事一起在实验室里忙了一整晚。从成立检验检测组开始，李丹丹不仅有序安排检测工作和人员培训，还加入了中心组织的检测突击队。有时甚至刚忙完一整晚，她又立刻投身对医疗机构技术人员的检测培训中。2020 年 1 月 24 日，李丹丹为海南省人民医院等海口地区 6 家三级甲等医院 17 名实验室人员进行了新型冠状病毒检测技术培训；1 月 26 日，在新冠肺炎防控工作培训班上，他又亲自示范如何在开展流行病学调查时做好个人防护。几乎是 24 小时“泡”在单位的李丹丹，常常忙到连给孩子打电话的时间都没有。

在微检室里，还有许多像李丹丹一样忙碌在一线的工作人员：崔蕾在每次检测完成后，都会回忆检测过程中的每一个细节和注意事项，并记录下来为其他检测人员提供参考。她还多次主动与中国疾控中心专家对接，结合自己的实际操作，记录汇总成资料，分享给 6 家三级甲等医院、4 个市县疾控中心参考借鉴。邝仕壮在取消休假的通知下发前主动提出放弃春节假期，参加疫情检测工作。传防所结核室工作人员曾祥洁主动请缨奔赴一线，加入应急处置检验检测组，参与新型冠状病毒检测……检验检测所副所长叶海湄、艾滋病室符舒瑜、毒理室张晓昕、理化室黄涵，不同岗位的技术骨干纷纷加入，参与收样、协助检测等工作，体现着疾控人危急时刻勇于奉献的精神。

物资紧缺，为减少消耗、避免浪费，检验检测组的成员们都很少喝水，每次完成整个实验检测，汗水都已湿透他们的衣背。

在这场牵动全国人民的战“疫”中，有人逆流而行，有人千里寻毒踪，更多的人，都在自己的岗位上，默默地贡献着属于自己的那一份力量。他们正是这样一群坚韧的疾控人，身居幕后、任劳任怨、甘于奉献、负重前行，换来了海南省疫情防控的有序开展，为全省传染病防控、突发公共卫生事件处置等公共卫生保障奉献着自己的力量。

（海南日报　马珂）

61

“新增确诊病例”数字背后的故事

重庆市疾控中心流行病学分析组所有成员。

抗疫关键期，您是否已经把每天一早翻看“新冠肺炎每日疫情”当成了习惯？不断变化的新增病例数、累计病例数、疑似病例数，每天都牵动着重庆人民的心。这一串串数字背后，是重庆市疾控中心流行病学分析组所有成员的智慧、担当和坚守。

早在重庆市启动重大公共卫生事件一级响应之前，重庆市疾控中心就成立了流行病学分析组，由流行病学专家、中心传染病防制所所长、主任医师李勤担任技术负责人，卫生统计学博士沈卓之为组长。自小组成立以来，这十余人的硕博士团队每天 24 小时不间断地忙碌着，大家也许都在好奇，他们到底在做什么呢？

网络审卡，确保数据准确性

针对医院上报的确诊病例、疑似病例，负责网络审卡的易娟、杨琳等同志需要每隔 2 小时审核一次病例信息，一旦发现异常情况，即刻联系上报单位核实。0 点、2 点、4 点、6 点、……，谁没有疲惫不堪，谁没有睡眼惺忪，只是他们用自己的无眠夜，确保了疫情数据的准确，为后续分析奠定了坚实的基础。

疫情发布，每日数次勤更新

为了让老百姓能及时看到每日疫情数据，卢戎戎、邓华欣和徐佳薇必须在 0 点、9 点、12 点、16 点、20 点分 5 次向重庆市委、市政府、市卫生健康委上报，这份 0 点报告就是大家每天早上看到的“疫情头条”。徐佳薇说，每当 0 点敲响，以最快的速度下载、分析、写报告，手都在颤抖。她颤抖的不仅是作为技术人员精准报告的职责，更是事态严重对全民防控关切的医者仁心。

精读报告，理清疫情传播链

在疫情系统里，每一份区县上传的流行病学调查报告，都凝聚着各区县疾控中心、社区一线医务工作者的大量心血，每一份报告都是流行病学调查人员智慧劳动的结晶。对着沉甸甸的流行病学调查报告，流行病学专家们逐字逐句地仔细阅读，在字里行间寻觅着可能的传播线索。他们深知，这一条条传播链的背后，都是一个个鲜活的生命，是一户户期盼平安的家庭。

深度挖掘，诠释数字绘图表

进一步深度挖掘已审核的病例数据，用专业的知识进行分析。这分析不只是统计一共多少确诊病例那么简单，更重要的是对全市及各区县的每一例新增病例、每一起聚集事件的感染来源、流行特征、就诊确诊及时性等各类指标进行深度数据挖掘。他们用敬业和专业解析了串串数字背后的真实疫情，用张张图表诠释了当下的疾病态势。用沈卓之的话来说，数据就是我们的战场，提前一分钟分析完数据，就能提前一分钟遏制住肆虐的瘟疫。

预测研判，支撑政府做决策

如果你认为疫情报告里只有你看到的一小段，那就真小看了这个硕博专业团队了。在每天一份不断更新的 30 多页的报告里，包含了至少 8 千字、30 个图表，凝结着大家的辛勤和汗水，也凝结着大家的奉献和初心。疫情当前，这间忙碌中稍显杂乱的大办公室，来过重庆市委、市政府领导，来过国家卫生健康委领导，各级领导对他们的要求都是一致的：数据精准，预测有效。因为他们的每一个数字、每一份报告都是为评估防控措施效果，推进重庆市应急体系及措施的不断完善，为政府不断调整防控措施提供的科学依据。

虽然没有在一线与新型冠状病毒正面搏杀，但他们报告中的每一个字，都是攻击“敌人”的子弹。他们，是这场战“疫”的幕后英雄。连续超负荷工作数十天的他们，眼球上已布满血丝，因为没有轮岗，没有替换，每一个人都是这个岗位上的唯一。很多时候，要了解最新疫情报告，他们会清晨 6 点到岗；更多时候，要用最新数据指导各区县部署防控，他们会凌晨 1 点离岗。那天，李小平做完分析想站起来活动活动，可是她已经累得站不起来了，但她说，既然站不起来就坐着继续干吧。油垢的刘海，倦怠的眼圈，口罩后蜡黄的面容，已经是他们的标配形象，但没有一个人在乎，因为他们知道，他们的工作关乎一个个鲜活的生命，一户户期盼平安的家庭。

熊宇的女儿生病需要住院；杨琳推迟了既定的婚期；邓华欣在通宵连续电话值班后，依然坚守，在清晨完成了自己的数据分析，报告刚一提交就睡着了；陈宗良与在江津区疾控中心抗疫的妻子分隔两地，忙完数据分析接着又奔赴孝感，继续奋战在一线；赵怡楠甚至忙到连上厕所的时间都没有；好脾气的焦艳面对急性子的李勤所长，从来都是一声不吭完成任务；卢戎戎是两个孩子的母亲，爱人在国外进修学习，孩子年幼无人看管；尽管已经解除一级响应，可姚宁依然坚守在岗位，每天0点、12点雷打不动将数据报告准点发送……全体队员们的辛勤付出，作为技术负责人的李勤所长是看在眼里的，每每说到队员们如何带病到岗时，眼中都饱含泪水，她心里也是千般怜惜，万般无奈。

如果说冲锋在一线的临床医生是最美逆行者，那么这支十余人的数据分析团队就是抗“疫”战中的幕后英雄。有人说，这世间哪有什么真英雄，是啊，他们只不过是坚守在普通岗位上的平凡人，在国家需要时挺身而出而已。

一个月前，沈卓之曾在朋友圈发过一首小诗为自己鼓劲：

楚天风，江城雨。
新冠肆虐巴渝地。
赤子心，一线临，
铁肩道义为人民。

2020年2月19日，沈卓之的母亲因肺部原位癌接受手术，3月1日父亲也重病离世……接连的打击没有压垮她，反而给了她愈挫愈勇的坚韧。组织的关怀，同事的宽慰，让她从悲痛中走出，坚守在岗位上继续做好每一份疫情分析。

到2020年3月15日，重庆已连续19天无新增确诊病例，全市在院确诊患者“清零”。沈卓之也终于迎来了自己2020年的第一个休息日，这天，她在金黄的油菜花田里，仰着头用力呼吸，感受着这来之不易的春天……

（重庆市疾病预防控制中心　邹钦培）

62 一位拄拐的抗疫战士

李昭毅正在对疫情做研判（摄影：赵大志）。

“我认为这项措施应该纳入应急处置预案……”

“没关系，我过来，再分析一下这几起病例的调查情况……”

在忙碌的贵州省疾控中心应急办处置科，有一个人非常“特殊”——拄着双拐、行走不便的人，在贵州省疾控中心应急指挥中心来回走动处理工作。他就是李昭毅，处置科科长，一名中共党员，曾参与 2003 年“非典”、2009 年甲型 H1N1 流感、2016 年 H7N9 禽流感等贵州省多个突发公共卫生事件的应急处置工作，积累了丰富的现场应急处置经验，是一位资深的疾控应急处置专家。

2019 年 7 月，李昭毅参加贵州水城“7.23”特大山体滑坡灾害应急救援直至救援结束，因长时间超负荷工作诱发双侧股骨头坏死，需要多次手术治疗和长期休养。

当2019年12月底网络上不明原因肺炎消息出现后，病床上的李昭毅凭借着敏锐的专业直觉，密切关注着疫情形势。2020年1月23日武汉市宣布“封城”，才做完第四次左侧股骨头动脉灌注手术的李昭毅，再也待不住了，立即电话申请回单位参与疫情处置。

大年初一，他忍着病痛，冒着风雪，因当天遵义高速封路，便从遵义老家又辗转息烽G210国道赶回贵州省疾控中心的应急指挥中心，一到达单位就立即投入工作。当夜凌晨2点，他与同事们紧急完善新冠肺炎防控措施，为贵州省疫情防控提供强有力的技术保障。

大年初二，他加入贵州省疾控中心新冠肺炎疫情分析研判专家组，同时牵头应急管理工作，重点参与专家们分析研判每日疫情，开展省级疫情风险评估、指导现场流行病学调查及处置等工作。

大年初四，又是凌晨2点，李昭毅和贵州省疾控中心专家，根据贵州省疫情发展态势紧急草拟《贵州省新型冠状病毒感染的肺炎应急处置预案》，提出分阶段开展疫情防控工作，按照输入散发病例、本土散发病例、社区（村）早期传播、社区（村）间广泛传播等七个阶段和属地管理原则，采取“早、小、严、实”疫情防控措施，力求将新冠肺炎疫情的蔓延在最短时间内控制在最小范围。

大年初五，一夜未睡的李昭毅拄着双拐匆匆赶赴省政府，与相关部门研究防控措施，为全省封控方案提出疾控的专业技术建议……

与此同时，李昭毅所在的疫情研判专家组还承担了一项重要工作——全省新冠肺炎疫情进展和风险评估报告。主要针对动态疫情发展态势，从疫情特征、已采取的应对措施，开展风险评估工作，形成风险评估报告，提出现阶段贵州省防控措施和应对建议。截至2020年2月28日，累计完成报告十期，为省委省政府制定各阶段疫情防控方案提供了强有力的决策参考。

以带病之躯战疫，才下病床又上战场。

作为一名临床医学专业的医疗卫生工作者，若是术后复原没做好，会面临怎样的后果，他是最清楚的。但是，在疫情面前，人民群众的安危高于一切，他顾不上自己，毅然坚守在疾控应急处置工作岗位上。

2020 年 2 月 19 日凌晨 2 点，李昭毅完成了流行病学阶段工作报告，拄着双拐走出单位（摄影：赵大志）。

复工复产的关键时期，贵州省下调了应急响应级别，但李昭毅深知应急响应可降级，防控工作不可松劲。根据贵州省复工复产、返岗开学、近期无增加新感染患者的情况，2020 年 2 月 19 日李昭毅又和同事连夜对 1 月以来全省开展的疫情防控工作进行阶段性分析与总结，完成了流行病学阶段工作报告。同时，针对大批人员将陆续往返贵州省各地，湖北及周边省份来黔人数增加，2 月 26 日又紧急赶制《居民健康手册》《学生复课手册》《工厂复工手册》，对全省复工复产疫情防控工作提供重要的建议和措施。

从大年初一起，李昭毅与所有奋战在疫情防控一线的疾控人一样，没有休息一天、没有停止抗疫一刻，废寝忘食、通宵达旦地工作，保证第一时间掌握疫情数据、跟进贵州省疫情发展态势，全力为贵州省阻击新冠肺炎疫情争取时间，为人民群众生命健康筑起坚实的防护屏障。

虽双腿不便，却用坚强的意志和坚韧的毅力，全力阻击新冠肺炎，守护全省人民生命健康安全，李昭毅是逆向前行的疾控人。

（贵州省疾病预防控制中心　王棣）

63

云南首例新型冠状病毒阳性病患确认记

2020 年 1 月 17 日下午，姜黎黎对发热患者进行采样（摄影：张勇）。

采 样

2020 年 1 月 17 日上午，急性传染病防制所电话响了，同事们像往常一样接听电话："我是处突中心（云南省疾控中心疫情监测 / 突发公共卫生事件处置中心），省传染病医院转诊一位来自武汉的发热人员，肺部有阴影，需要采样……" 气氛瞬间凝重，办公室里静寂无声。伏晓庆所长环视所里所有人员问："谁和我去？" 然后目光锁定在我身上。"我去！" 我被这个声音吓了一跳，那个铿锵有力的声音是我发出的吗？大家目光齐聚在这里，我瞬间清醒了。立即行动，开始准备采样用品：消杀用品酒精、15 毫升和 50 毫升采样管、防护服、护目眼镜、帽子、鞋套、手套、采样棉签、冰袋及采样登记表、笔、生物安全运输箱。

一切准备完毕，再次核实无误后，我和伏晓庆所长携带着标本运输箱从单位出发，同事们的关切叮嘱萦绕耳边，一句也记不起，心里默默地回想着采样注意要领。面对陌生的疾病，风险性、感染性、致病性一无所知，想起前辈防疫人的一句话：“在未知的疾病面前，做最高级防护。”转瞬间我们到达了目的地，传染病院的护士已在患者治疗病区等待我们，伏晓庆所长和他们迅速交换意见后，我开始标记采样管，穿戴防护服、口罩、帽子、护目镜、手套等，半个小时的准备后，一切就绪。

伏所长简单和患者沟通，消除患者的敌对情绪后，请他坐下，我拿出准备好的采样管，迅速取出 2 根棉签，让他头后倾，张大嘴巴，一团白雾旋即喷出，作为一个专业人员我知道如果他是新型冠状病毒感染者，那么这些气体无疑就是一个“病毒炸弹”。刚进病房时的忐忑瞬间镇定下来，用压舌板固定舌头，越过舌根把棉签直插到咽后壁及扁桃体隐窝、侧壁等处，迅速来回擦拭 2~3 次，收集黏膜细胞，轻轻取出拭子，避免触及口腔的其他部位，然后把咽拭子插回采样管中，拧紧螺口，密封袋密封后放入标本运输桶，扭紧盖子，然后放入有冰袋的采样箱中。

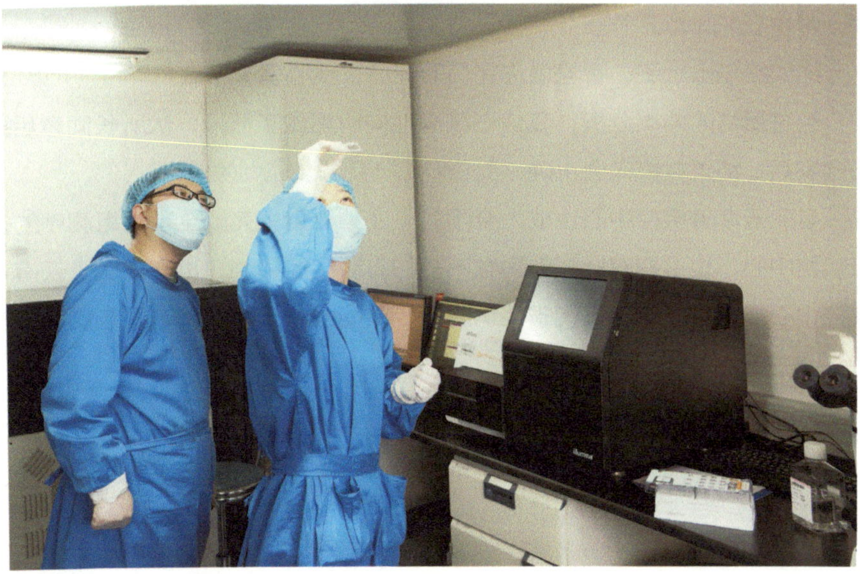

2020 年 1 月 17 日，李多和孙艳红对云南首例新冠肺炎病例进行实验室确认（摄影：张勇）。

当这一切顺利完成后，脱下防护服，才发现手心满是汗水。样本很快被送到云南省疾控中心，经检验该患者新型冠状病毒核酸阳性，也是云南省首例阳性患者，为了慎重起见，领导决定再次采样检测。下午采样进展很顺利，但返回后心情格外紧张，不是担心自己，而是害怕万一感染传给年仅2岁的女儿，忐忑中度过了14天的潜伏期，而当时的采样经历却记忆犹新。

实验室确认

2020年1月17日16：30，正在中国疾控中心出差的我接到伏晓庆所长的返岗通知，我立刻整理行装，经过4个多小时的长途飞行，凌晨12：30左右，匆匆忙忙赶到了云南省疾控中心，卸掉行李，仿佛卸掉了一身疲劳和倦怠，换上实验服，和同事孙艳红一头扎进了实验室。

中心为了有效防控疫情，确定病原，提前做好技术储备，培养测序技术人才，急传所把各项准备工作提前做到实处，试剂一应俱全，为病毒身份认证提供良好的平台和工作环境，确保各项工作顺利进行。

经过18个多小时测序前文库制备工作，再次确认无误后上机测序，此刻如释重负，但也已疲惫至极。机器运行大约近一天的时间，焦急的等待中，可也毫无睡意。

结果终于出来了，看着堪称完美的图谱，我心里有了底气。

经过缜密的结果分析，我信心满满地向所里做了汇报，伏所长同意后报备国家后，结果复核完全正确，此刻我终于可以安心地睡觉了。

自此云南省疾控中心也成为全国第一家独立自主完成全基因组测序的省级疾控中心，也是拥有此技能为数不多的省级疾控中心，再次确认了云南省疾控中心能力足以保障云南省疫情防控，有能力为云南省父老乡亲安危保驾护航。

（云南省疾病预防控制中心　曹亿会　张竞文）

充分发挥战斗堡垒作用 全力以赴做好疫情防控工作

西藏自治区疾控人在教僧人进行规范洗手。

新冠肺炎疫情发生后，根据西藏自治区卫生健康委安排部署，西藏自治区疾控部门积极开展新冠肺炎疫情防控工作，第一时间成立了新冠肺炎防控工作领导小组、专家组及防控处置专业组，明确了制度及职责，同时制订相关预案，并在疫情防控不同阶段制订印发指导性文件，为疫情防控提供助力。尤其在自治区政府启动Ⅰ级应急响应后，西藏自治区疾病预防控制中心立即按照响应要求再安排再部署，把人民群众生命安全和身体健康放在第一位，全力以赴做好疫情防控工作，坚决守住人民群众生命健康的防线。

为保障疫情处置能力确保处置力量，2020 年 1 月 23 日西藏自治区疾控中心停止所有请（休）假制度，并召回区内所有应急队员、西部地区现场流行病学培训项目毕业生与西藏自治区一线现场流行病学培训项目毕业生，严格落实24小时疫情应急值班值守工作，确保在岗人员充足。西藏自治区疾控中心与各级各部门信息互通、技术共享、联防联控，充分形成疫情防控工作合力，提高防控措施的针对性和实效性，切实保障人民群众身体健康和生命安全。联合拉萨市疾控中心、城关区疾控中心，建立三级流行病学调查工作机制，流行病学调查队员沉着应对复杂多变的情况，及时调阅发热门诊就诊记录，当面或不断地打电话询问相关接触者的健康状况和近期活动路径情况，在调查记录本上翔实记录时间关联导图，他们是疫情“排雷战士”。

在西藏自治区卫生健康委的安排部署下，西藏自治区疾控中心进驻拉萨贡嘎机场，协助机场开展疫情防控工作，利用专业知识开展防控指导，协助制定疫情防控流程，完善分检制度。规范西藏自治区新冠肺炎疫情报告制度，整合资源，建立联防联控机制，同时协调公安和铁路部门开展密切接触者跟踪调查与管理。严格按照最新版《新型冠状病毒感染的肺炎疫情防控方案》、PCR检测实验室规范要求开展检测工作；对各市（地）实验室检测人员开展检测能力培训，参训人员均已具备新型冠状病毒检测能力。积极开展舆情监测，安排专人专班24小时值守，发布疫情相关信息。12320热线累计工单数1 446单，呼入1 933次。“您好，请问有什么可以帮您。”这是咨询员们每天重复最多的一句话，他们面对着来电群众各式各样的疑问、倾诉、忧虑、诉求，用一句句回应、建议，为疫情防控添加“防护力量”。

西藏自治区疾控中心积极组织专业人员严格按照相关文件要求，开展新型冠状病毒实验室检测工作，对部分单位的实验室进行了现场评估和指导。持续对重点部门、单位或重点场所开展消毒及消毒指导与培训工作。

同时，加大宣传教育力度，开发制作公益宣传片2部，电子书1部，设计制作宣传海报15种，累计印制26 100张，发放至各重点部门及场所。持续在电视台轮番播放新冠肺炎预防公益宣传片和预防知识。在微信公众平台推送11种新冠肺炎预防知识，在西藏气象平台，发布5种新冠肺炎预防知识。在全市警务站LED显示屏、出租车顶灯LED及柳梧新区LED大型显示屏等持续投放新冠肺炎防控知识。向手机通讯用户发送预防新冠肺炎公益宣传短信累计覆盖455.37万人次。开展人群密集场所或重点场所现场宣传9次，发放宣传资料2万余份。邀请媒体采访报道新冠疫情防控工作5次。建立全区疾控系统新冠肺炎疫情宣传教育联动机制，持续对全区应急宣传教育工作提供支持。

经过全区各级各部门及各族人民的共同努力，西藏自治区疫情防控形势呈现良好态势，自治区人民政府决定自2020年3月6日24时起将西藏自治区突发公共卫生事件应急响应级别调整为Ⅱ级，部分地区按Ⅲ级响应管理。

西藏自治区疾控人在通过电话沟通新冠肺炎疫情相关工作。

西藏自治区积极响应国家卫生健康委的号召，2020年2月17日，及时组织责任强、技术硬的三名年轻同志，郭林海（西藏自治区监督局副局长）、宋启飞（西藏自治区疾控中心健康教育所）、白玛赤列（西藏自治区疾控中心检验所）驰援武汉。作为一名西藏疾控工作者，他们将人民的健康事业作为自己的毕生追求。不畏艰难，冲锋在前，积极参加抗击新冠肺炎疫情阻击战，驰援武汉战“疫”主战场，负责完成鼻、咽拭子样本采集；加入流行病学调查队，及时完成流行病学调查工作，冒着感染的风险进入定点收治医院，完成新冠肺炎患者的现场流行病学调查工作；定期收集报送疫情信息，每日撰写东西湖区疾控组晨报、晚报关键内容；完成了1起聚集性暴发疫情处置和疫情调查数据分析工作；做好武汉市东西湖区12个街道复工复产企业防疫知识培训工作。他们去湖北省武汉市支援疾控工作，与武汉人民以兄弟之情同抗时疫、以手足之谊共克难关，努力用在西藏卫生健康战线学习和练就的扎实专业技术、工作经验，用西藏卫生健康战士的白衣战袍和满腔热血，与凶悍的新型冠状病毒做顽强斗争。他们在坚决打赢新冠肺炎疫情防控阻击战中践行了“健康所系，性命相托”的医学誓言，为人民群众的健康事业奉献着自己的力量。

（西藏自治区疾病预防控制中心　宋启飞）

65

“90后”疾控“新兵”：那一瞬间，我们成长了

工作队员们在火车上为旅客监测体温。

2020年，是我和我的“战友们”踏入新疆疾控队伍的第一年。突如其来的新冠肺炎疫情，是一场灾难，也是一场人生大考。面对这场没有硝烟的战争，作为“90后”“疾控新兵”，我和我的“战友们”燃起斗志，毫不犹豫地投入到一线战“疫”中。

若有战，召必回！除夕一早，接到“立即返回单位抗击疫情”的通知时，我和我的“战友们”便第一时间买了当天返回的火车票。返回单位后，便积极加入哈密工作队，奔赴守护新疆“东大门”星星峡的一线岗位。

刚入职3个月的伊力扎提·艾赛提加入了哈密工作队，在安排部署工作时主动请缨值夜班，他说：“年轻人，精力旺盛。让我来！”伊力扎提·艾赛提的任务是为所有旅客测量体温。为保证测量数据精准，他要在被旅客塞得满满当当的车厢中穿行，为每位旅客测两次体温。“晚上在站台上站一会儿，测温枪就因室外温度太低不显示数值了。所以，我干脆把测温枪揣在怀里暖着。”伊力扎提·艾赛提说。

原本以为这项工作不好干，但事实上大多数旅客都非常配合，“深夜检测体温时，熟睡着的旅客们虽被吵醒也没有任何怨言。”大家的理解和支持让伊力扎提・艾赛提更有干劲，也让他对遏制疫情充满了信心。

奔赴星星峡的“战队”刚启程，上级就下达任务，需要一名少数民族专业人员随行赴南疆五地州开展巡视督导工作。帕孜丽亚・艾尼第一时间接下了这份光荣而又艰巨的任务。“南疆五地州都要跑遍，时间长、路途远，会非常辛苦，你做好准备了吗？”当被问及这个问题时，她毫不犹豫地说：“放心吧！我能行！”

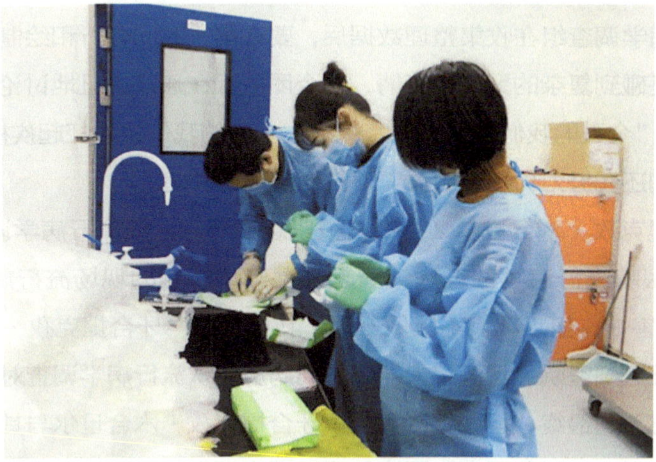

工作人员为流行病学调查组检查、整理现场调查用具。

疫情形势严峻，他们日夜兼程、马不停蹄地奔波在南疆五地州。重点指导当地落实疫情防控措施，着力协调解决实际困难。自春节那天后帕孜丽亚・艾尼就再也没有见过爱人和父母，那天督导组来到了她的家乡，趁仅有的午饭时间她飞奔回家。“我太想念我的家人了。虽然和家人就隔着小区大门匆匆见了一面，但是欣慰极了，一下又充满了力量。”帕孜丽亚・艾尼说。

“每天晚上，我们回到驻地都要到深夜了。还要把当天的工作情况和发现的问题整理出来，无论多晚都要反馈给指挥部。有时候太累了就趴在桌子上睡着了。可每当我看到同行两位专家忙碌的背影、坚定的眼神时，我就会打起精神来，告诉自己：'我是疾控人，防控疫情是我们义不容辞的责任！'"帕孜丽亚·艾尼坚定地说。

1995年出生的珲德孜·阿吾西在流行病学调查组做数据梳理工作。"我们的手机24小时开机，随时待命准备去现场调查。轮到值班的那一天，夜里一直都处于时刻待命状态，因为不一定什么时候就来任务了。"珲德孜·阿吾西说，最难的就是追踪密切接触者。要一遍一遍不厌其烦地询问，"你最近去过哪里？""和哪些人接触过？""什么时间接触的？"要尽可能明确确诊患者的活动轨迹。有时要面对恶语相向的人，她就只能一边疏导自己，一边继续耐心引导电话那边的人，只为得到精准的信息。

流行病学调查组在收集整理数据后，要在第一时间分析和绘制病例分析图。尤其是碰到复杂的聚集性疫情，整个团队都在通宵达旦地讨论疫情，梳理疫情链。"今天的我们能守护万家灯火，未来的我们也能扛起疾控的大旗，年轻的我们还在努力！"珲德孜·阿吾西坚定地说道。

牙合提克孜·木合旦尔2月2日被紧急抽调到一线流行病学调查队中，火线入组跟随流行病学调查队伍一起开展确诊病例的现场流行病学调查。"我们当然害怕，但是我们不能做逃兵，我要上！"牙合提克孜·木合旦尔坦言。从社区到医院、从医院大厅到隔离病房、从流行病学调查对象闭口不言"零信息"到最终"坦诚相待"……牙合提克孜·木合旦尔与其他队员一起向流行病学调查对象耐心解释流行病学调查工作的重要性，争取第一时间从流行病学调查对象口中获得有效信息，为疫情防控争取时间。

密不透风的防护服，一整天不停地调查询问，队员们口干舌燥、饥肠辘辘，心情也很低落。"他们不理解我们不要紧，我们一定要理解他们。他们有的是患者，有的刚刚承受了生离死别，有情绪是正常的。"每当想起流行病学调查组组长的一番话，队员们不敢停、不能停，也不愿停。为了第一时间完成流行病学调查报告、及时报送相关信息，队员们不约而同地继续奋战。凌晨6点，天已见白，看着已完成的流行病学调查报告，大家的心里才终于踏实了下来。

去年入职的李娟被分到实验室管理办公室，负责协助清点各种防护装备，为中心员工培训实验检测知识，为前线“战士”做防护准备等工作。这是她连续在岗的第 32 天，每日工作到深夜时最让她牵挂的就是她 4 岁的孩子，她的爱人也是一名疾控战士，两人在 2020 年 1 月 24 日奔赴工作岗位后就再也没能回家看孩子，现在唯一的沟通方式就是视频通话，儿子一看到她就只会说：“妈妈，你在哪？你什么时候回来？”。1 月 31 日是孩子四岁的生日，夫妻俩都无法陪在他身边，但他很懂事地说：“爸爸妈妈在打病毒，等没有病毒了，爸爸妈妈就会回来了！”。

“疫情结束后我最想见到的就是我的孩子。只要我们坚守岗位，共同努力，疫情终将被我们击退，那时我的孩子也一定会因为有我们这样的爸爸妈妈而感到骄傲和自豪！”李娟说。

每个时代的年轻人都拥有自己心中的英雄
对于“90 后”来说
英雄可能只存在于书本里
也可能是电影里的侠客
但现在
英雄没有那么遥远
他就是身穿隔离服的身边人

他们是新疆疾控新兵的缩影
却逐渐成长为一支优秀的抗疫先锋队
正用最热情、最炙热、最耀眼的光芒
照亮时代的每一个角落
对时代作出铿锵有力的回答
我们一定能行！

（新疆维吾尔自治区疾病预防控制中心　孙韵竹）

66

揭秘兵团新型冠状病毒“侦探社”

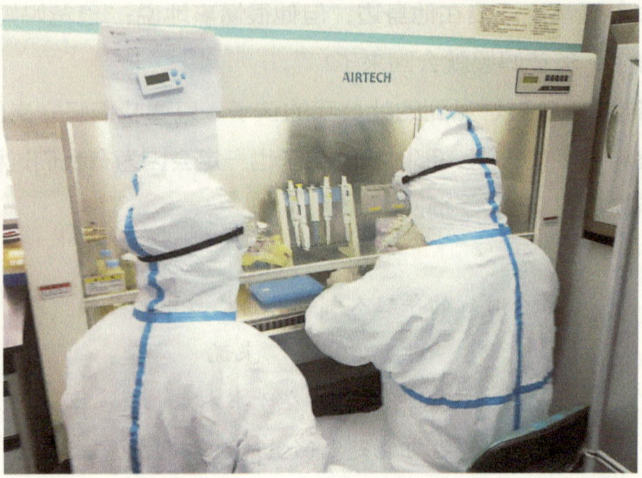

新疆兵团检验人在工作中（摄影：李红叶）。

今年春节假期是在一场没有硝烟战争的冲锋号声中开始的，在突发疫情面前有一批人必须日夜兼程，跟随号角，就像侦探一样，辨别真正的感染者，排除疑似患者，为防控工作指明方向，他们就是兵团疾控检验工作者，他们虽不能像临床医生一样冲在前线治病救人，但却在另一个更危险的战场不分日夜的默默战斗，每一例阳性结果经由他们确认，每一个结果都决定了患者的治疗方案，因此，他们必须保证极度认真的工作作风，谨慎再谨慎。

也许，他们没有感人至深的故事。

但是，他们每一个结果都包含着社会关注，承载着患者的希望。

他们希望把每天的工作告诉给身边的亲人。

让父母知道他的孩子身处多重要的岗位！

让孩子知道，爸爸为什么不能日夜陪伴！

此时此刻，全社会更需要他们！

他们责任重大，但使命光荣。

因为这是一支你也许从没听说过的英勇“侦探”——兵团疾控检验人。

从 2020 年 1 月 24 日开始，兵团疾控中心检验科开始陆续收到兵团各师团送检的新型冠状病毒的可疑样本。全科仅有 3 名工作人员连续 60 多天 24 小时轮流值班，每天上午 9 点进入实验室，次日凌晨离开已成为大家的工作常态。休息两三个小时，他们又投入到次日工作中，有时甚至是连夜都在加班加点开展工作。

“每一份样品都有可能是病毒含量极高的传染源，面对未知的风险，检验人员迎难而上，绝不退步，在第一时间对标本进行筛查，争取以最快的速度得到检测结果。”兵团疾控中心检验科主任李红叶说，这就是我们的职责和使命。

走出实验室，刚刚完成上一批检测任务的检验科检验医师何尧，胖乎乎的脸庞布满眼罩和口罩的勒痕，一双布满血丝的眼睛让他略显疲惫，但也难以掩饰没有阳性结果的喜悦。何尧是疾控系统的新兵，此次新冠疫情，让他觉得自己责任重大，但使命光荣，这番洗礼，也让他快速地融入了疾控系统，了解了疾控人、检验人的使命职责，也让他愈加坚信自己选择了光荣的职业。

“我们有决心、有信心绝不放过一例可疑样本，不放过一丝怀疑！”检验科刘玉霞坚毅地对单位领导说，“只要检测需要，我们立即投入工作，样本随到随检，保证及时排查出结果。”

在检测实验室，穿着厚厚的防护服进行检测、观察、分析结果，每份标本需要连续工作五六个小时，期间不能喝水、吃东西、上厕所、接打电话，一刻也不能放松。一场实验下来，每个人都是汗流浃背。他们没有抱怨工作任务重，没有要求舒适的床铺，也没有可口的工作餐，但是长期以来，正是兵团疾控中心 3 名检验科的工作人员撑起了整个兵团的新冠筛查工作，完成了几乎不可能的检测任务，令人发自肺腑地想要去赞叹，却又觉得任何字语，都不足以彰显这份艰辛。

“疫情就是命令，对于疾控人员来说，做好本职工作，为人民群众生命安全提供保障就是我们最大的使命。通过所有人的努力，尽快消除疫情，就是我们最大的愿望。”打印好检验报告，喝口水稍做休整后，刘玉霞穿戴好口罩、防护服、护目镜，和同事走进实验室，又开始了新一轮检测工作……

（新疆生产建设兵团疾病预防控制中心　刘磊）

67

爱是铠甲，给了你我与疫情战斗到底的勇气

沈瑾副研究员接受央视采访。

真正的英雄不在电影里，而是在我们身边。在中国疾控中心环境所，就有这样一个平凡的人，她叫沈瑾，副研究员，现任消毒中心副主任。2007年7月，她在研究生毕业后就职于中国疾控中心环境所消毒中心。疫情发生后，她是这样的，主动请缨、临危不乱。

沈瑾副研究员原计划在春节带父母和孩子外出旅行，新冠肺炎疫情发生后，她快速退掉了所有预订机票和酒店，主动请缨加入疫情防控工作中。作为重点场所防护与消毒技术组的联络人，她与全组人员一起，从2020年1月16日就投入疫情防控工作中，从防控方案的起草、宣传科普材料的编制，到实验室现场指导，只要接到上级指令，都能确保任务按时落实。按照安排，她通过央视等媒体，对做好社区疫情防控、社区公共环境消毒、面对面交流时应如何做好防护及缓解疫情焦虑等方面做出指导。特别是在春节假期，她和全组人员加班加点，多次通宵达旦，圆满完成了一件又一件应急方案的起草任务。据统计，截至2020年2月26日，被国务院联防

联控机制采纳并发布 5 项（包括 12 份技术文件），被国家卫生健康委采纳并发布 5 项（包括 7 个技术文件），被中央赴湖北省指导组防控组采纳并发布 1 项。

沈瑾的丈夫也是医务人员，他们同时加入到抗击疫情工作，只能留下懂事的孩子自己在家照顾自己。她说："我必须去，这是我的责任，也是我身为疾控人的义务。"情人节时候，她给自己的爱人发了微信，她说："虽然病毒把我们隔离了起来，但爱从未远离。爱是铠甲，给了你我与疫情战斗到底的勇气。"

危难之时显身手是来自多年的爱岗敬业与潜心研究的积累，疫情发生前，她是这样的：

爱岗敬业　投身卫生应急

参加工作以来，沈瑾副研究员从未"清闲"过。2008 年，沈瑾出现在北京奥运会和残奥会的卫生保障工作现场，并获得原北京市卫生局"为北京奥运会成功举办做出突出贡献"荣誉；2011—2015 年，她每年都参与重点场所卫生保障工作；2014 年，作为赴非预备队员参与西非埃博拉疫情防控技术指南编写和应急物质准备等工作；同年，还参与了南京青奥会卫生保障消毒指南编写工作；2016 年，赴福建参加防汛抗洪卫生防疫工作督导；2017 年，赴甘肃、湖北、四川等多省市参与医院感染管理质控调研；2018 年，赴江西参加医用织物洗涤调研工作；2019 年，赴西藏和新疆进行消毒专业技能培训和实验室指导工作。

潜心钻研　提升业务能力

自 2011 年以来，沈瑾主持或参与的课题共 21 项，其中主持 2 项，牵头起草 3 项国家标准，参与 15 项国家标准和卫生行业标准的制修订。

精益求精　开展业务指导

作为专家，她对全国 10 余个省市疾控中心和医院进行过现场消毒技术指导，通过全国学术年会和全国培训班培训的人员超过 5 000 人次。除自身科研外，她还协助张流波研究员培养硕士研究生和 MPH 共 14 名，担任三名 MPH 的副导师。指导学生的课题设计、实验方案制订及毕业论文撰写等。

青山一道，风雨同历。每一个疾控人，都在散发着自己的光芒。正是这星星点点的光，零零散散的火，共同映照着疾控队伍，如同战士一般，坚定地走下去。

（中国疾病预防控制中心环境与健康产品安全所　李晓　张伟）

68

52 天，160 个权威科普作品

——中国疾控中心健康传播中心科普团队百炼成钢战“疫”掠影

2020 年 2 月 24 日，中国疾控中心应急科普团队制作的复工防新冠肺炎公益海报登陆北京三元桥中国第一户外大屏（摄影：贺彬）！

“共同的事业，共同的斗争，可以使人们产生忍受一切的力量。”

——《钢铁是怎样炼成的》

世界卫生组织助理总干事布鲁斯·艾尔沃德说：“我认为最关键的是要学习中国的速度——一切都在于速度。”他说如果想快速反应，首先当地民众必须了解这种疾病。

疫情初始，中国疾控中心李新华书记迅速布置工作：“要尽快、尽一切力量为百姓提供最权威的科普知识，让百姓在理念上、行为上都能接种到健康科普这个最有效的社会疫苗！”

疫情就是命令，新华书记的话指明了科普团队战“疫”的方向，大家应命而行！一队八人，唯一的男生被借调到上级单位参加战斗，处长放弃与家人的新春团聚，出国三天临时提前回国，投入紧张的战“疫”中。这个团队没有春节、没有周末、不分白天夜晚，一直到现在还在积极活跃在抗“疫”科普的战场上！科普团队的一次次科普，为老百姓在面对未知疾病的恐慌面前，送上了镇静剂，发挥了消除社会的恐慌、倡导科学防疫理念的作用。同时，在这一时机，团队高质量的科普信息，与百姓的信息需求的匹配，让信息的传播效力发挥到最大，为未来群众健康素养的提升打下了基础。

仅52天，团队展现了惊人的战斗力，2020年1月21日至2020年3月12日，52天，160篇科普发布！平均每天3篇！具体包括1场直播，2本书，1条手机短信，32个视频，3组海报，121个图文。受众覆盖到了老年人、儿童、孕妇、医护人员等；场所包括公共场所、公共交通、医院、家庭、社区、学校、工厂、养老院、福利院等。

当新冠肺炎疫情来临时，我们用文字做武器投身战“疫”，用通俗易懂的文章告诉老百姓：怎样戴口罩才有用？怎样洗手才到位？有点发热怎么办？在家消毒怎么做……普适化的个人防护知识。

当确定疫情为呼吸道传染病时，又立即开始传递居家与出行系列防护指南：在家怎么做？外出怎么做？公共场所怎么做……。随着对新冠肺炎认识的深入，不同场所、不同人群、不同形式的权威科普陆续出炉。

疫情期间，仅中国疾控中心微信/微博阅读量就达1.75亿！开发制作的多条防疫视频，通过电视台、网页、爱奇艺等手机视频播放软件、各类客户端等70多个渠道进行传播，阅读量上亿次。如《开学前第一课——中国疾控中心推出的新冠肺炎防控系列科普视频》一推出瞬间阅读量就有了“10万+”。让我们更欣慰的是网民们的留言，有网友说：“这种宣传形式简直萌翻了，将很深奥的医学现象解读成了人人易懂的话语，真是实用有效。”有网友说：“希望能够让更多的人看到。”在推出一些漫画式的科普知识后，有网友留言：“通俗易懂，宝贝看了之后准备给爷爷奶奶讲故事啦。”也有网友留言：“漫画类科普知识很不错，小朋友也能看懂，健康教育要从娃娃抓起”……

分布在全国各地的网友把成千上万的点赞、好评送给了中国疾控科普。网友们的肯定，常常是我们工作的助推器，激励着我们、温暖着我们，让我们在这样艰难的时刻深深体会到了作为一个科普人的幸福。

一定转发，让身边人都能够做到预防，健康过新年。
01-24 21:29:26

感谢疾控中心员工们，是你们牺牲了自己的假期，为广大群众宣传预防知识，你们辛苦了🌹🌹🌹👍👍👍
01-28 06:28:56

勤洗手，戴口罩，不外出，不远行，在家努力学习，在这里，我感谢疾控中心员工们，感谢你们的付出，为大家舍小家，你们辛苦了。
01-30 09:38:31

真的不错
解释的非常清晰
我们一起加油 加油哦
02-01 06:11:13

很好的视频，让我们明白了关于消毒的办法。谢谢！武汉加油！中国必胜！🙏
02-09 13:25:11

您好，请问这么好的视频可以提供下载，供公益教学吗？
02-14 16:57:49

👍好看好懂好记好转发，我们农民工都看滴懂。
02-17 13:34:43

这堂课太形象，太生动了，且易懂。真是可减少大家对新冠肺炎的焦虑不安，恐怖。提高自身免疫力，平常心对待，很好！谢谢
03-10 16:48:38

上面的截图选取自 2020 年 1 月底以来，发布在中国疾控动态微信公众号的系列预防新冠肺炎科普知识的网友评论。

科普不是简单的口语化加工，科普知识是硬核内容，既要高度精准又要接地气，不容易理解掌握的内容需要科普的包装，公众才能更容易理解且便于接受。科普的对象中有专业人员，也有非专业人员，每个群体的需求不一样。我们必须“量体裁衣”。

翻看我们的科普，会发现有为专业人员准备的核心信息，有为普通民众专门设计的动画、漫画、图文，也有专门为儿童制作的作品。我们是分析者，创作者。

“赶快把从国家卫生健康委、微博、微信及 12320 卫生热线等途径反馈的公众关注的热点防护问题进行梳理和分析，立即反馈到防控技术组，并与防控技术组一起讨论参与开发。”

“已经定稿了，我们马上讨论，这个内容适合指南还是公众科普？公众科普用图文还是一图读懂、视频、音频？”

“这个语言有点专业化，立刻组织加工，以小学六年级学生能读懂为标准。”

“马上联系设计，需要进一步修改，图文搭配不合适，百姓可能会不容易看懂。”

“这几个图文已经审核完毕，最终定稿了，请第一时间发出去。”

上面的每一句话，都是我们认真发出每一篇科普文章前的真实写照，我们发出的每一条科普信息都需要经过严格的审核流程，越是紧急情况下的急需越要保证科普的严谨性、科学性和权威性。每一篇科普文章从选题、开发、编辑、制作到审核，要经过至少五、六轮上百人次的审核，最后才能从网络上发出。

我们敲打键盘的声音未曾停歇，讨论主题、修改稿件，饿了吃包泡面，累了在座椅上眯一会，每个人都很疲惫，但却热情高涨。办公楼的灯光一直亮着，像永不坠落的夜星。中国疾控中心健康传播中心科普团队就是这样一支钢铁般坚韧的团队。

2020 年 2 月 24 日，当复工预防新冠肺炎公益海报在三元桥中国第一户外大屏亮起时，传播中心全体成员不禁热泪盈眶，处长正巧当天过生日，她哽咽着说：“这是我收到的最好的生日礼物。”

我们仅仅是做了作为科普人我们应该做的。回想当疫情来临时，战友们天天出发，早上在寒风中等车，晚上是那清冷街道上的夜归人，小区的保安由衷地说："你们天天上班啊，好辛苦！"出租车司机说："这个点，也就你们还出来，你们是好样的。"

52 个日日夜夜，真的很辛苦！但当我们制作的视频被中央电视台和国家广电总局采用并在全国电视台播放，同时放到海外平台播放时；当我们的科普和图文翻译成波斯语和阿拉伯语投放到这些语言的国家时；当我们的系列孕妇、儿童防护视频和图文科普被投放至柬埔寨、印尼、朝鲜、老挝、马来西亚、蒙古、缅甸、巴布亚新几内亚、菲律宾、泰国、东帝汶、越南等国家时，作为国家级科普团队，我们体会到了山水一道，共担风雨的豪情！

锤炼钢铁需要足够的温度，科普创作人需要足够的热情，在疫情的这个炼炉中，中国疾控中心健康传播中心得到了充分的锤炼。百炼成钢，52 天，160 个权威科普作品，是对国家、对人民交出的最好答卷。

（中国疾病预防控制中心健康传播中心　夏宏伟　崔颖）

发挥宣传工作作用，凝聚疾控党员干部抗疫合力

2020 年 2 月 26 日，中国疾控中心援鄂前方宣传组在江夏区疾控中心采访流行病学调查组副组长、江夏区流行病学调查队队长丁钢强所长，并撰写《健康报》流行病学调查专版，刊登在《健康报》2020 年 2 月 29 日第三版（摄影：王静雷）。

习近平总书记在 2020 年 2 月 3 日召开的中央政治局常委会会议研究应对新冠肺炎疫情工作的讲话中，要求要做好宣传教育和舆论引导，充分报道各地区各部门联防联控的措施成效，生动讲述防疫抗疫一线的感人事迹，凝聚众志成城抗疫情的强大力量。

在这场没有硝烟的战争中，哪里有疫情，哪里就有全国上下 20 多万名疾控人的身影，哪里就有疾控党组织坚强有力的领导和党员干部率先垂范的身影。一名党员就是一面旗帜。广大党员干部是疾控系统抗击疫情的中流砥柱，是新时代疾控精神面貌的集中体现。为及时宣传疾控系统广大党员干部在疫情防控中的担当作为，讲述疾控战“疫”一线的感人故事，中国疾控中

心党委（以下简称中心党委）以高度的责任感和使命感，多措并举打出宣传“组合拳”，全力开展宣传引导工作，为打赢疫情攻坚战奏响疾控战“疫”最强音。

全国疾控一盘棋吹响宣传工作“集结号”

新冠肺炎疫情防控工作开展以来，全国疾控系统广大党员干部勇挑重担、冲锋在前，把思想和行动统一到党中央的各项决策部署上来。面对肆虐的疫情，需要强大的物质保障，也需要振奋人心的精神支撑，为此中心党委坚决响应党中央号召，在全国疾控系统发出《关于进一步加强疾控系统防控新型冠状病毒肺炎疫情宣传工作的通知》号角令，要求各级疾控机构配齐配强宣传力量，生动讲好疾控党员干部防疫抗疫的感人故事，打造疾控行业形象，展现疾控时代风貌，凝聚全社会众志成城共克时艰的强大力量。

中心党委书记靠前指挥，召开专门会议研究宣传工作。坚持全国疾控一盘棋，由国家疾控中心牵头，各省疾控中心共同参与，组建了一支自上而下，共同协作的宣传队伍，以文字、图片、视频等特殊方式参加战“疫”。采取“双线作战”模式，形成了既有前方直接采访，又有后方专业加工报道；前方既有宣传采访专职工作人员，又发动党员干部在当好抗疫排雷兵之余肩负起“战地记者”角色，形成了疫情防控的“战”时宣传队。

为适应宣传工作的需求，中心及时建立了以新媒体宣传为主、内外载体齐抓的宣传渠道。多平台、高频次宣传，在“学习强国”公众号中开辟了“中国疾控中心”专栏，与中心官网“疾控人在行动”专栏和“健康中国”“中国疾控动态”“全国卫生 12320”微信公众号同步传播，成为展现疾控党员干部抗疫风采最有时效性的平台，刊发 200 多篇报道，总阅读量过亿。主动发声，积极造势，在中心内网增设“中心党委应对肺炎疫情工作专刊”，全面宣传中心党员干部抗击疫情的优秀事迹；联系党建网、人民网、《健康报》杂志社，在传统权威媒体和行业报纸上报道疾控战士的感人故事，传递正能量，弘扬真善美，实现了融合宣传的合奏，营造了团结一心、共克时艰的舆论氛围。

宣传“组合拳”一：凸显党员干部责任担当的初心

当前做好疫情防控工作是一项十分重要的政治任务。中心党委在“学习强国”公众号第一时间发出告全国疾控系统党员干部的倡议书，号召每一名党员干部都要把人民群众生命安全和身体健康放在第一位，把初心写在行动上，把使命落实在工作岗位上。于宏观处彰显组织优势，在中心各个宣传平台及时刊登党委班子牵头编写出版的《新型冠状病毒感染的肺炎公众防护指南》，发挥专业优势，为公众解疑释惑。在《旗帜》杂志刊发《发挥政治优势 凝聚疾控力量 筑牢捍卫生命和健康的防线》，在中宣部“党建网”刊登《在疫情防控中彰显疾控人的初心使命》，体现了全国疾控系统同舟共济，在疫情防控岗位上践行新时代的初心使命。于细微处诠释初心真心，“对我们疾控人，疫情就是冲锋号，到了祖国和人民需要我们的时候了”“我的妻儿和岳母像之前支持我援非一样，一如既往理解和支持我本次的决定”“我是共产党员，让我去吧”……决心书、请战书等等，跃然于读者面前的是疾控党员干部身先士卒、越是艰难越往前的担当勇气。《妈妈，你什么时候打败病毒，接我回家？》《一封情书》这些报道后面，彰显的是疾控党员干部的精神面貌、政治本色和过硬作风。

宣传“组合拳”二：坚定党员干部科学抗疫的信心

疫情就是命令，防控就是责任。中心党委把宣传工作建立在援鄂抗疫一线，成立前线宣传工作组，“兵分三路”抓好一线临时党支部和党员干部的宣传，增强防疫抗疫的信心。一是紧跟党中央最新精神要求，用事实和数据说话，以简短凝练的消息报道前方工作组的工作进展情况，如《83 名国家支援湖北新冠病毒实验室检测队员全部到位》《全国疾控系统驰援湖北检测队满月完成检测总量破 10 万》；二是深入挖掘一线党员干部的好人好事，以有温度的文字凝聚起团结奋进的强大力量，如《疾控党员奋战一线，披荆斩棘尽显“战狼”风采》的系列报道、《让党旗高高飘扬在抗疫战场上》，在抗疫最危险、最繁重的岗位上，总有党员干部坚守的身影；三是“不放过”坚守后方的各类技术支持和工作保障人员，做冷静而审慎的记录者，如《前方保健康 后方做保障》《坚守幕后，一切为了疫情信息畅通》《默默坚守的隐形逆行者》等等。一篇篇反映疾控党员干部在抗疫工作岗位上发挥先锋模范作用，体现风险应对能力、专业驾驭能力、担当作为能力的报道，增强了疾控系统众志成城夺取抗疫胜利的信心决心。

宣传"组合拳"三：传递党员干部凝聚群众的贴心

党组织的力量不仅体现在党员干部的模范作用上，还体现在通过广泛动员群众、组织群众、凝聚群众，形成无声而有力的引领，汇聚起群防群治战胜疫情的磅礴力量。因此，中心党委宣传工作的另一大聚焦点就是传递疾控党员干部团结单位职工和社会群众共同抗疫，做人民群众贴心人、暖心人的温暖与力量。一方面，"在抗击疫情的第一线，我看到身边的党员纷纷挺身而出，冲锋在前，他们不惧危难、敢为人先的那股冲劲儿让我感受到了党中央的决心和党员的勇敢""当国家民族出现危机的时候，挺身而出的是共产党员，当人民利益受到损害的时候，奋不顾身的是共产党员""我在一线申请加入中国共产党，用自己的实际行动践行党员标准"，报道中再现了这些发自内心的感动，真实记录了疾控党员干部与职工同心同德，为前线工作注入了精神力量，形成了抗击疫情的强大合力。另一方面，"他的手机成了名副其实的市民热线电话""为了帮助和指导患者解决离院或者居家隔离时可能遇到的问题，他把私人电话留给了确诊患者"等等，宣扬了疾控党员干部在危难时刻和紧要关头，坚持走群众路线，把人民群众的生命安全和身体健康放在第一位，与群众团结协作拧成一股绳，携手抵御风险、克服困难，全面落实联防联控措施，构筑群防群治的严密防线。

（中国疾病预防控制中心　曾彦　路凯）

70

一线支部力量 “疫”路党旗飘扬

2020 年 3 月 10 日，援鄂战“疫”前线临时党支部第二次视频党员大会，会议由支部书记李群主持。

新冠肺炎防控战“疫”打响以来，中国疾控中心先后派出 146 人赴湖北参加一线工作，各个工作岗位 118 人，其中超过六成为党员。面对疫情，疾控党员干部始终走在最前沿、冲在最前列，越是艰难越向前，用实际行动践初心担使命，书写出疫情防控的“红色篇章”。

党旗“疫”线飘扬

哪里任务艰巨，党组织就建到哪里；哪里困难重重，党员就冲到哪里。2020 年 2 月 13 日，经中国疾控中心党委批准，中心成立援鄂战“疫”前线临时党支部，现有党员 81 名（含西藏疾控中心 2 名、上海市疾控中心 2 名）、入党积极分子 12 名（含上海市疾控中心 1 名），按照疾控任务和驻地局域不同划分成 8 个党小组，充分凝聚党员力量，让党支部和党小组成为战“疫”最前线的坚实堡垒。

发挥战斗堡垒作用。在湖北一线，中国疾控中心队员工作内容覆盖专家指导、疫情分析、现场调查、实验室检测、环境卫生和消毒、社区防控和溯源等多个方面，凸显工作队队伍多、涉及领域广、工作周期长、任务难度大等特点。援鄂战“疫”前线临时党支部在成立后第一时间进入工作状态，加强思想建设、组织建设，为打赢疫情防控阻击战，夺取抗击疫情最后胜利作最充分地动员和准备。

2020 年 2 月 24 日，中国疾控中心援鄂战“疫”前线临时党支部举行“守初心、担使命、战疫情”主题党日活动，支部党员们举起右拳，面对鲜红的党旗重温入党誓词，许下疾控人的铮铮誓言。一个支部，一座堡垒，一线临时党支部就是防疫一线的“红色堡垒”，在关键时刻彰显党组织的领导力。

发挥思想引领作用。临时党支部成立以来，先后召开支委会议 4 次，全体党员视频大会 2 次，主题党日活动 1 次，收到一线入党申请书 12 份，一线思想汇报 14 份。支部注重青年的培养与发展，以 35 岁及以下青年队员组建援鄂战“疫”前线青年突击队，由省部级青年文明号号长和优秀共青团干部为队长，充分调动青年一线工作的热情与斗志；积极吸收有思想、有抱负、有活力的青年到党组织中来，分批将 11 名群众列为积极分子，2 名积极分子发展为预备党员，为两位新党员举行了庄严的一线入党宣誓仪式。

主动策划疾控事迹宣传报道，倡导疾控人讲出自己的一线故事。进行个人和团队专访 7 次，完成视频录制及采访 13 次，撰写事迹专访 7 篇、新闻通讯 8 篇，收集、修改一线稿件 30 余篇，文字量超过 3.5 万，在中国疾控中心网站和微信公众号、学习强国 APP、人民网等广泛刊登，在关键时刻彰显党组织的影响力。

发挥暖心服务作用。临时党组织不光要建起来，关键还要高效运行起来。支委会先后起草了临时党支部工作计划和学习计划，制定了临时党支部文件流转制度和支委会例会制度，并实时跟踪党员动态变化，不断强化管理。关心关爱一线队员，收集每个队员的基本信息、工作内容、居住环境、保障条件等情况；每日收集队员健康状况，并形成报告制度，利用零散时间到驻地慰问队员；定期补充应急防护物资和生活物资，落实一线队员轮休制度。畅通队员需求渠道，建立一线队员微信沟通群，每天清晨发布队员所在地天气预报；每日撰写思想感悟，陪伴和鼓励一线队员；为每一位当天生日的队员庆祝，组织队员所在单位录生日祝福视频等，心贴心送温暖，在关键时刻彰显党组织凝聚力。

2020 年 3 月 10 日，中国疾控中心传染病所移动实验室检测组代航同志在室外面对党旗进行入党宣誓。

党徽胸前闪耀

哪里有需要，哪里就有党员当先锋作表率；哪里有疫情，哪里就有疾控共产党员的身影。“我是一名党员”，成为每一位疾控党员最充分且最有底气的理由，真正做到了关键时刻有党组织在、关键岗位有党员在。他们在党旗的召引下，用实打实的行动亮身份表决心，诠释着疾控人的炙热初心！

硬核支部书记。临时党支部书记李群，同时也是中国疾控中心前线工作组组长，已经数不清这是他第几次参加应急工作，本次援鄂任务他也是最早到达一线的队员之一。他说：“每次执行应急任务时，党员占比都非常高，且越是急难险重工作，党员占比就会越高。这次武汉前线，党员数超过六成绝非偶然，这正是疾控党员危急时刻冲锋在前、紧要关头担当作为的集中体现。在疫情防控的关键时期，李群书记始终坚持党建引领，强调“支部是临时的，但党员思想认识不临时、责任担当不临时”，将各工作组的党员干部拧成一股绳，推动劲往一处使，勠力同心、抗击疫情。

党委书记挂帅。流行病学调查组组长、中国疾控中心职业卫生所党委书记倪方，也是中国疾控中心最年长的一线队员。他搭建了武汉地区流行病学调查工作平台，每日撰写《武汉防疫工作队简报》，总结重点工作、发现主要问题、提出工作建议，为疫情防控决策提供最直接的技术支持。移动实验室检测组、中国疾控中心传染病所党委书记卢金星率领移动实验室检测团队日夜兼程23小时赶赴武汉，牵头负责三个方舱医院的样本检测工作，同时担任14个方舱医院的感染控制核心专家组组长，运用科学管理经验，制订精准防控措施，确保医务人员感染风险降到最低。倪方和卢金星，他们都是优秀党员干部的代表，以身作则、勇于担当、身先士卒，凸显榜样力量。

党员率先垂范。流行病学调查组45人，84.4%为党员，自2020年2月17日分9个小组开始在武汉市9个地区协助基层疾控机构开展流行病学调查工作，其中有支流行病学调查小队全部是党员，他们说：“能在一线工作，是荣誉、是责任，作为疾控党员，我们每个人都责无旁贷。”他们每日佩戴党徽工作，时时刻刻以党员身份“亮牌”，是当之无愧的党员先锋团队。疫情当前，巾帼何曾让须眉？疾控女性党员们，她们是女儿、是妻子、是母亲，更是疾控女战士——向妮娟，疫情分析组成员，自1月11日在汉工作，至3月14日已63天；雷雯雯，溯源检测组队员，平均每天休息不足5小时；陈爱珺，孝感检测队队员，每日在实验室连续工作七八个小时不停歇……她们虽没有百毒不侵的身躯，但却有着百折不挠的意志，因为“共产党员”，是他们最闪亮、最“硬核”的名片。

疾风知劲草，淬炼见真金。中国疾控中心党员干部“疫”不容辞、“疫”往直前，让鲜红党旗“疫”路飘扬。

（中国疾病预防控制中心　韩璐）

71

全国疾控系统驰援湖北检测队

20、83、17、18、30、105641，可以讲完一项不可能完成却超乎想象完成的任务，却讲不完疾控系统和疾控人的无所畏惧、夜以继日、通宵达旦的动人故事……

2020年1月30日，按照国务院新冠肺炎联防联控机制（疫情防控组）的安排部署，由中国疾控中心牵头组派20支检测队伍共计83名队员，奔赴湖北省17个地市州开展对口支援实验室检测工作。

他们有一些不同——

他们来自中国疾控中心和全国17个省级疾控中心的18家疾控机构，从全国多地迅速集结出发，辗转乘坐火车、汽车、飞机到达湖北。

他们又有太多太多的相同——

他们有相同的名字：疾控战士；

他们有相同的目的地：疫情最严重的湖北省；

他们有相同的“亲密接触”的敌人：新型冠状病毒；

他们有相同的作息：清晨进实验室、凌晨出结果、清晨报数据，周而复始；

他们有相同的“战袍”：连体防护服、反穿衣、正压头套、N95口罩、护目镜、双层乳胶手套、防水靴套；

他们还有相同的战“疫”状态：神经高度紧绷，不敢喝水、少上厕所，负压环境少则一次进四个小时，多则一天要进出数次，累计十余个小时……这就是实验室检测队员的战“疫”常态。

他们更有相同的心愿：用精准的检测保障疫情防控阻击战的胜利！

要知道，早诊断才能早治疗、早隔离，检测队员们辛苦早一分钟，就能让患者接受治疗早一分钟。所以他们与病毒“零距离”对抗，在刀尖上行走；所以他们争分夺秒，甚至 24 小时连轴不停歇。

2020 年 2 月 29 日，是这支疾控系统高能、高效、高质的超人检测队“满月”的日子，当日检测样本 7 015 份，累计完成检测 105 641 份，帮助确诊病例接近全国总数的 1/10。

尽管他们因高强度连续作战早已疲惫不堪，但当后方指挥部提出队员轮替建议时，各队是这样回复的：

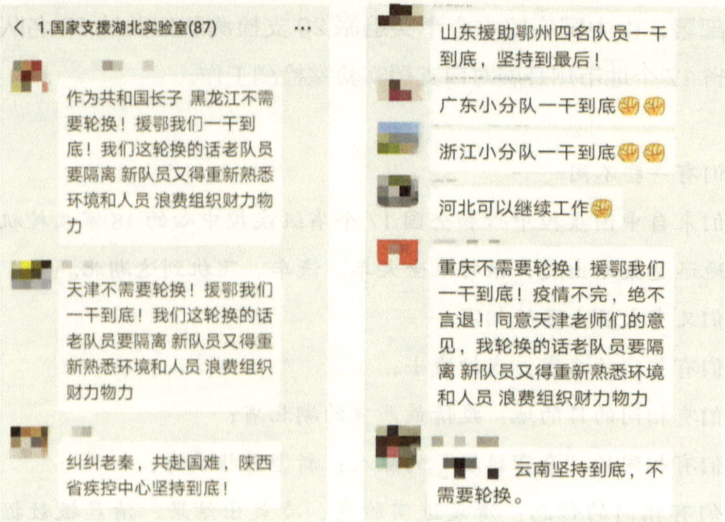

怎能让人不激情澎湃、不为疾控战士们点赞呢？乘风破浪会有时，直挂云帆济沧海，在他们心里只有一个响亮的声音：疫情不退，实验不止，战斗不息。疾控系统检测队，一直在行动！

向疾控英雄们致敬！他们是：

总 队 长：占发先　湖北省疾病预防控制中心

副总队长：刘　军　中国疾病预防控制中心

中国疾病预防控制中心：

潘品良、张晓光、郑　皓、廖玲洁、邱　丰、栗冬梅、赵全壁、王慧玲、徐　帅、黄元铭、洪坤学、车　洁、范雪亭、李慧莹、刘　颖、李　丹、陈爱珺、邱小彤

天津市疾病预防控制中心：

杨东靖、庄志超、李　龙、郑旭坤

河北省疾病预防控制中心：

贾肇一、田美娜、朱怡青、刘　萌

内蒙古自治区综合疾病预防控制中心：

海　岩、卢爱桃、闫　真、南晓伟

辽宁省疾病预防控制中心：

张眉眉、鄂　爽、于维君、王文思

吉林省疾病预防控制中心：

杨　尧、齐　鹏

黑龙江省疾病预防控制中心：

宋　潇、江云飞

江苏省疾病预防控制中心：

郭宏雄、戚宇华、邓秀英、陈　强、黎俊宏、丁咏霞

浙江省疾病预防控制中心：

潘军航、柳正卫、张佳峰、范　钦

安徽省疾病预防控制中心：

史永林、吴建军、秦义组、柴　瑜

福建省疾病预防控制中心：

杨劲松、王金章、李　东、林　建

山东省疾病预防控制中心：

孙晓光、林　彬、吴巨龙、李　岩

广东省疾病预防控制中心：

陈秋霞、孙长云、方　苓、孙文昊、肖　红

广西壮族自治区疾病预防控制中心：

陆　宝、邓丽丽

重庆市疾病预防控制中心：

黄　为、彭靖尧、宗　华、张　鹏

四川省疾病预防控制中心：

祁　腾、张　林、张　书、周　玚

云南省疾病预防控制中心：

李　凯、陈　敏、周晓芳、张美玲

陕西省疾病预防控制中心：

刘东立、张　超、史　伟、王　丽、王艺静（司机）

（中国疾病预防控制中心　席晶晶　韩璐）

家书

一封家书

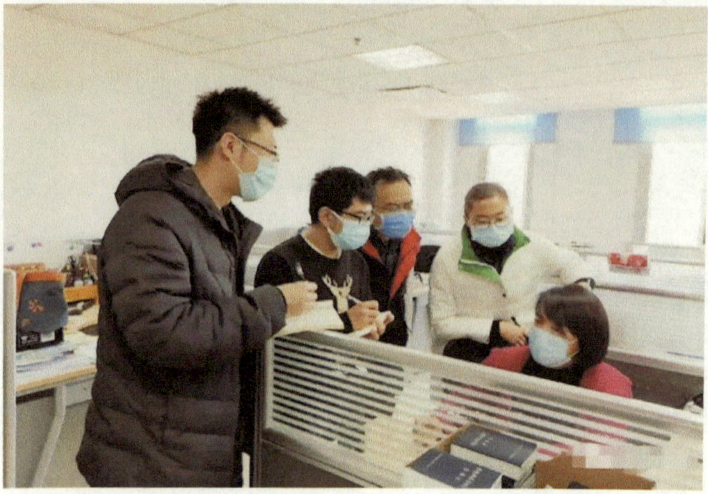

韦懿芸在培训社区服务人员（摄影：鲁宁）。

亲爱的阿爸阿妈：

你们好！

最近总想着找个时间和你们通个电话说说近况，可往往忙完手头上的活，抬头一看时间已是深夜。既然已是深夜，女儿就执笔给你们写一封家书吧。

不记得有多久没有给你们写信了，提起笔来思绪万千却不知从何说起。十多年前，你们倔强而好强的“野丫头”一心想去看看外面的世界，背起行囊离开校园，来到远离家乡的北京。我能感受到你们心里是多么的不舍，但你们选择了支持，唯愿女儿平安幸福。

新冠肺炎疫情快速蔓延肆虐，很快，北京市有了第 1 例新冠病例，接着，海淀区也有了确诊病例。我们投入到了“5+2”“白加黑"的工作模式，那个经常给你们打电话、发微信的女儿"失踪"了。为了不打扰我的工作，你们一直不给我打电话，从来不发微信的阿爸阿妈戴上了老花镜，开始学着给我微信留言——"一切都好吗，阿妹？""没有收到你的消息，家里情况怎样""在百忙之中也要注意保重身体，多喝水，做好防护，回家后注意换鞋和衣服及洗手消毒，保护好家人和孩子""希望我们大家都能顺利平安度过疫情期，千万不能粗心大意"……看着你们微信上的一个个错别字，女儿一次次红了眼眶。听阿哥说，阿妈您一有时间就会坐下来看手机推送的疫情新闻，每次看到关于北京的疫情报道，准会叫来阿爸，大声地念给他听。而阿爸这时就停下手中的活，搬来小板凳，两手放在双膝上，挺直腰板竖起耳朵听。已经耳背的阿爸生怕错过新闻中的关键数据和语句。

阿爸阿妈，我们的工作是很繁忙，在这里，每个人都很敬业地为抗疫战斗着。医院里、居民区、看守所、飞机场可以见到我们提着疫情箱穿着闷热防护服的身影，那是我们的同事在流调采样、疫源地消毒；深夜疾控中心大楼的灯还亮着，那是我们的同事还在伏案清理着流行病学调查资料，撰写流行病学调查报告、研究疫情处理方案和梳理工作流程；凌晨实验室的灯火通明，那是我们的同事在争分夺秒地进行病毒核酸的检测，为临床诊疗争取时间；办公室的电脑几乎没有关机，那是我们的同事在和时间赛跑，进行疫情的监测、分析，为决策疫情防控提供精准、有力的数据支持。当别人晚上进入梦乡的时候，我们还在上夜班，而且高度紧张，生怕晚上打盹出错。

阿爸阿妈，也许你们不明白，我们为什么有那么多事要做？为什么一起疫情耗时那么久？为什么一个流行病学调查环节要跑那么多地方？对于每一个病例的疫情处理来说，我们除了要面临病例自身的家庭外，还需要面对密切接触者背后的多个家庭和社区。我们需要因地制宜、因人施策，针对性地策划不同的疫情处置方案。我们不仅要处理疫情，还需要给予患者和密切接触者心理关怀和疏导。你们知道发生在海淀区的武汉景先生一家六口四人确诊的事情吧？39 天上百人接力救治和温暖陪伴，让这一家有惊无险地度过了艰难时期。在这场抗疫的阻击战中，类似的故事时常发生着，因为我们的疫情处理不仅是专业的防控，更是有温度的防控！在海淀区疫情防控领导组的指挥下，在此次疫情防控中，海淀力量、海淀效率、海淀速度受到了社会的广泛赞誉，为首都人民的健康和安全作出了重大贡献。

阿爸阿妈，女儿还想跟你们说，这场战役，不仅仅是我所在的传染病地方病科在战斗。你们看，我们单位的各个科室的所有人员都加入了疫情防控大队，北京市疾控中心、海淀区卫生监督所和社区卫生服务中心都抽调人员来和我们并肩作战！大家共同出谋划策、分任务、深入疫区、沟通汇报……这个大家庭里的每个成员都互相帮助、互相温暖。女儿常常能感受到这集体的力量，这力量将激励着我在抗疫的路上坚定地走下去！

阿爸阿妈，女儿知道你们担心我的健康安全。请你们相信，专业的防护能够将感染的风险降到最低！即便是在办公区，我们中心也有严格的区域划分和避免交叉感染的组织纪律。我知道，你们也

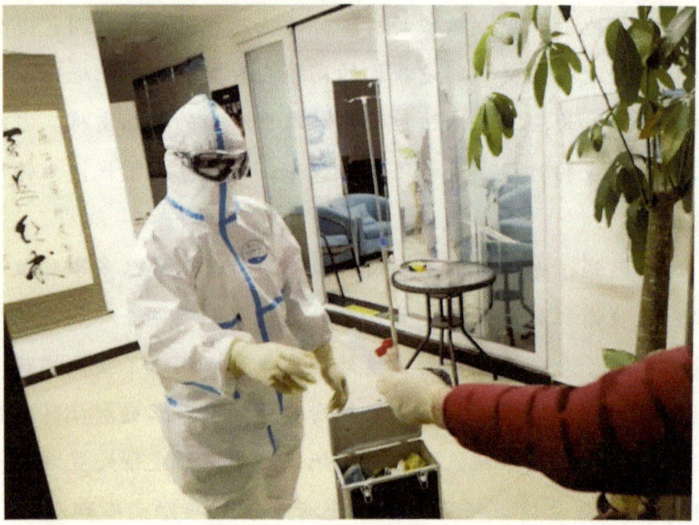

韦懿芸在辖区某诊所为疑似病例的密切接触人员采样（摄影：曹文栋）。

担心女儿是否能休息好，我的两个孩子是否能得到良好的照顾。这段时间，爷爷奶奶将孩子们照顾得很好，9 岁的大女儿每天都能完成网课学习。每次下班回家，2 岁的小女儿会抱着我说：“奶奶说妈妈回家就让她好好休息，宝宝不吵也不闹！”你们的女儿早已学会在做好工作的同时，保存实力，和同事们打一场漂亮的疫情阻击战！

阿爸阿妈，你们常常教育女儿做一个对社会有用的人，我也将为战胜新冠肺炎疫情贡献自己的绵薄之力。走过大雪纷飞的寒冬，迎来了春寒料峭、乍暖还寒的初春，国内疫情已经好转，但全球疫情却在加剧，首都北京面临着“外防输入”的巨大压力。我是你们的女儿，但此刻，我更是一名党员和战士，女儿将继续大步走在抗疫的路上，笃定而坚持！你们会为我感到骄傲的，对吧。

祝：幸福安康！

你们的女儿：韦懿芸

2020 年 3 月 12 日

（北京市海淀区疾病预防控制中心　韦懿芸）

73

但愿人安泰，千里共抗疫

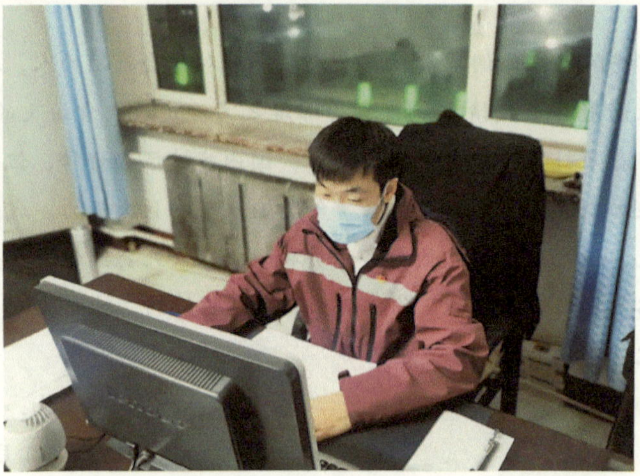

2020年2月14日23点，凌昊在友谊县疾控中心加班开展流行病学调查分析工作。

吾妻：

月明星稀，腕表的时针指在四分之一，此时已是凌晨三点。终于整理好今日的流调信息，我却毫无睡意，离家已半月有余，我们不曾有一次尽兴的通话。每次都是因为我手边的工作，抑或是你突然要赶稿件而匆匆结束，提起笔又觉得胸腔酸胀，喉头哽咽。

说来亏欠，虽然你我新婚不久却总是聚少离多，走出礼堂不足一月我便接到去新疆对口支援的任务。送行前我在你眼中看见了不舍，看见了担忧，但唯独不曾有丁点责怪。轻舒一口气的同时，却越发觉得对不住你。半年之后终于圆满完成任务得以归家与你团聚，却没来得及长相厮守，同为疾控人的我们又迎来了全人类共同的挑战——新冠肺炎。

大年三十你随我归家与父母团聚，爸妈将一年来自己舍不得吃喝的食物一样样拿出来，一边和你探讨做法，一边在年夜饭的菜单上添添改改。这样美满的景象填满了我的胸膛，甜蜜而满足。初一准备好的和父母拜年的吉祥话还未曾来得及说出，黑龙江省对新冠肺炎已进行一级响应。“若有战，召必回”，拎起还没打开的行囊，看着已经切好就差下锅的食材，我们只能和父母道一声珍重便踏上归程。

回归队伍之后每日都在为了抗击疫情而紧张忙碌，你我虽然在一个单位，可白天你忙着联系媒体和科普创作，我忙着参加应急会议掌握最新“抗疫”信息；晚上归家之后又是各自加班继续白天的工作，一天下来竟然只有一起上下班路上那二十多分钟，我们才有机会聊聊天，但往往话题还是离不开疫情相关的事情。那日归家路上我有些沉默，因为不知如何开口告诉你我将去双鸭山市友谊县进行流行病学调查的决定。双鸭山市友谊县严峻的疫情形势，已到了分秒必争的时刻。“我要去双鸭山做流调了，那边流调技术人员短缺。”短暂的思想斗争之后，分别的话还是说出了口。一阵沉默后我听见你问：“什么时候出发，是要去友谊吗？”将胸腔淤积的那口气缓缓叹出后，我对你说：“明天早上五点出发，是去友谊，先别告诉爸妈了，免得他们担心”。其实我想说，我知道你担心我、舍不得我，我又何尝不是如此。只是你我同为疾控人，大疫当前，你我是夫妻更是战友，只有彻底歼灭疫情，百姓们的生活才能回归正常，不用在病魔的恐吓下惶惶不可终日。

晚上你将行李箱填得满满的，却还觉得好多东西没能装进去，我拉住你的手告诉你准备得很充分了，我也不会去太久，我们战胜疫病指日可待。但其实我心里也没底，亦不知何日是归期。到达友谊县第一天就熬了个通宵，当地的疫情形势已十分严峻，必须第一时间分析流行病学调查材料，找到任何一个可能的密切接触者。之后半个月的工作也依然繁杂众多，工作之余就是对爸妈的惦记和对你的想念。现在经常需要加班，天冷路滑你又刚学会开车，一定要慢些开呀；你本来就瘦瘦弱弱，没有我的陪伴也一定要按时吃饭，有个好身体才能更好地抗击疫情；下班到家之后记得将门锁好，你一个弱女子我是真的有一万个不放心，你总说自己胆子大，我知道你只是不想让我担心。有太多太多的话想要对你说……

清晨日出的一缕光芒，透过窗子洒在桌案。我望向窗外，红彤彤的日头裹着轻纱一样的光晕，洒在皑皑白雪上反射出粼粼波光。日出真美，我也即将开始新一天的工作，希望在我们的共同努力之下，早日抗疫胜利！到时我就可以拉着你的手，带着爸爸妈妈们一起赏日出。

（黑龙江省疾病预防控制中心　凌昊）

74

妈妈，我们一起加油

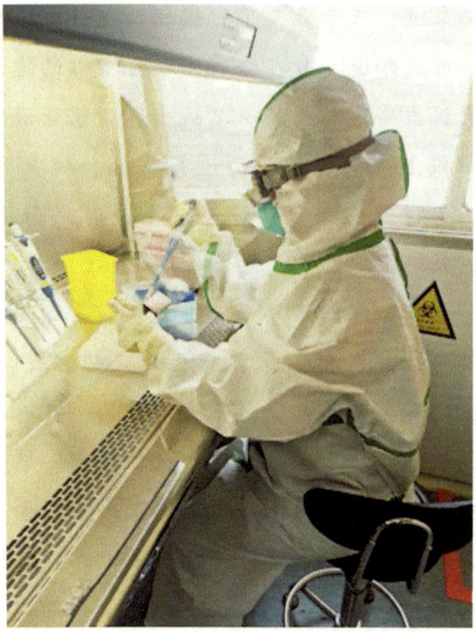

2020 年 3 月，张文艳正在实验室从事核酸病毒检测工作。

2020 年 2 月 23 日晚，当合肥市五十中学西园校区臧世下老师把沈佳玙这封情真意切的信转给她的妈妈——合肥市疾控中心微检科副主任检验技师张文艳时，张文艳的泪水早已模糊了双眼。从年前到现在，张文艳一直吃住在单位，女儿一直是她最大的牵挂，由于她从事的是核酸病毒检测工作，她无法回家。对女儿的学习与生活虽心急如焚却又无可奈何。直到看到女儿的这封信让她悬着的心稍微放下了，感觉孩子比以前更懂事了。信的内容是这样的：

敬爱的妈妈：

您现在还好吗?

春节早就过去了，但家里仍然冷冷清清的。原本热闹的家，因为新冠肺炎疫情一下子变得寂静无比。您从腊月二十九到现在就没有回来过！三十多天了！妈妈，我好想您呀！

可我知道，身在合肥市疾控中心的您，现在还不能回家。您是这次抗击新冠肺炎的一名战士！听爸爸说您和您的同事每天都在把全市报上来的疑似病例进行筛选、核准，然后上报，工作量十分大。据说每天您只能休息几个小时，而且是睡在办公室里……妈妈，我好担心您！

妈妈，以前我总是不听您的话，总想着您要是有几天不回来，我就可以吃外卖；就没有人天天叨叨我；就不会天天检查我的作业；就不会天天监督我体育训练……我总是觉得您很烦。可这么多天，妈妈，您不在我身边，我好想您！想您做的可口的饭菜；想您的唠叨；想您天天检查我的作业；想您监督我训练……

妈妈，您知道吗？我每天早上都会拿起身边的手机，看着那个熟悉的电话号码，纠结好一阵子，终究不会按下去。因为我知道，您忙，每天的睡眠不过四五个小时，我不能打扰你。我最近一次见到您，是在电视上。当我第一眼看到电视上出现您的身影的时候，我差一点儿都没有认出来，因为您变了，变得太多了。您的脸色变得蜡黄，身体也瘦下去了很多，眼睛里透露着疲惫。那一刻，我感觉我这颗心都被揪起来了。一看就知道，您在前线昼夜不停地奋斗有多辛苦啊，您都多久没有好好休息了啊！妈妈，我好心疼您！但我知道，疫情还没有结束，我现在还不能让您回来，您还要用您的智慧学识为打赢这场没有硝烟的战争做贡献。每天晚上您都会抽短暂的时间打电话到家里来，询问我近期的状况，那声音里充斥着疲倦、急切，以及对我的关怀。

妈妈，您说过：在抵御疫情面前，每个人都不是旁观者，妈妈和大家一样，都在尽自己的一份责任。所以我的任务是待在家好好学习，不让爸爸妈妈和老师操心，让你们安心工作，就是我最大的贡献。妈妈，您放心吧！您不在家的这段时间里，我虽有过孤独寂寞，也有过惆怅纠结，但我也成长了许多。我学会了分担家务，我的厨艺越来越精湛了；我的自控力也有所增长，每天我都会跟着学校老师的节奏认真预习功课；我的注意力也集中了许多，作业的准确率比以前高了很多。对了，阿臧老师还夸我的字也比以前写得漂亮了！妈妈，您安心工作吧！等您回来了，您就会看到一个不一样的我。

妈妈，今天的阳光好灿烂，我多么希望疫情早日结束。您和我们每一个人都能正常地生活。妈妈，我们一起加油吧！

愿您

一切安好！

爱您的女儿：沈佳玙

2020 年 2 月 23 日

（安徽省合肥市疾病预防控制中心　张文艳供稿）

75

爸爸，你要去打仗吗

2020年1月24日，除夕夜彭飞接到出征命令，得知爸爸要去和病毒打仗，临走时，孩子给爸爸敬了个礼（摄影：田慧云）。

彭飞，中共党员，湖北省疾控中心学校卫生监测与评价部临时负责人，他是一名卫生应急队队员，也是一名4岁女儿的父亲。

亲爱的女儿：

爸爸现在还在前线驻点，还不能回家陪你，这几个月里，你从懵懂不知，到知而不畏，从害怕的哭泣，到勇敢的鼓励，回想这一幕幕仿佛仍是昨日。

2020年1月24日除夕夜，爸爸接到湖北省疾控中心防疫指挥部的命令，赴仙桃市开展新冠肺炎疫情一线驻点防控工作。

你问爸爸：“爸爸，你要去打仗吗？”

“是的，外面有病毒，爸爸要和叔叔阿姨们一起把它赶走，把它消灭掉，这样你和小朋友们才不会天天被关在家里。”

“哦，那你要快点打败病毒，回来听我背唐诗，带我吹泡泡。”

“好的。”爸爸答应你了。

爸爸抱了抱你，你还给爸爸敬了个礼。

爸爸蹒跚着踏出家门，妈妈在门口埋怨道：“你这腿还有伤，医生要你制动静养，你怎么也不跟单位说一下。”

“没事，韧带撕裂了而已，还没断，这点小伤不要紧，我们同事骨折了还拄着拐杖在一线战斗呢！”爸爸背起行囊连夜踏上了仙桃防控的战场。

晚上10点爸爸和同事何田静阿姨抵达仙桃后，立即与仙桃市防控指挥部对接开展工作，分析疫情现状，寻找防控关键点，对应急人员进行职责分工，建立流调数据库，开展数据分析，积极争取物资耗材资源，迅速理顺工作协调机制。针对定点医院存量病例无法收治问题，提出按照国家规范对患者进行分级分类管理，由仙桃

2020年2月24日彭飞在襄阳市密切接触者隔离点进行调查（摄影：冯娟）。

市第一人民医院负责救治重症、危重症患者，其他定点医院负责收治轻症患者，同时广泛动员摸排医疗资源并进行统一调配，确保应收尽收，最大限度控制传染源，确保仙桃市疫情防控存量去得掉，增量控得住，为后期防控工作的开展打下了良好的基础。

2020年2月14日晚11时，轮休5天后，爸爸又接到了指令，次日去襄阳轮换驻点。

你听到爸爸接电话，本来快睡着的你，一骨碌爬起来："爸爸，你又要去打仗吗？"

"是的，明天早上就走。"

你突然大哭了起来，你一边哭一边喊："爸爸又要去打仗了！"爸爸妈妈怎么安抚你都没用，就这样哭着喊着，直到哭累了、喊累了才睡着了，连梦里都还在不停地喊："爸爸又要去打仗了"。

2月15日，大雪纷飞，气温零下3摄氏度，你在家门口给爸爸送行，"爸爸，加油！你一定要赢！"

"好的，姑娘！"

疫情就是命令，爸爸和同事王兆叔叔一起顶着风雪奔赴襄阳，路上气温过低高速结冰，车底盘被刮坏，只能低速前行，平常3个多小时的路程硬是花了6个小时。抵达襄阳后，爸爸和前期驻守在这里的梅良英伯伯、常登宇叔叔一起了解襄阳市防控现状，他们俩和襄阳市疾控中心的叔叔阿姨们利用信息化手段构建发热门诊就诊患者监测系统，实现了对发热门诊就诊患者的全面跟踪管理。在此基础上，爸爸和王兆叔叔又熬夜分析数据，提出修改完善监测系统的建议，与辽宁省、宁夏回族自治区援鄂援襄医疗队、襄阳市疾控中心的叔叔阿姨们，一起建立了密切接触者调查问卷系统，辅助流行病学调查，为寻找密切接触者提供线索，为高效快捷地搜索密切接触者提供了新的途径。

孩子，你长大了！

爸爸很欣慰，在战火中成长，不愧是疾控人的孩子！

爸爸又很内疚，在你害怕的时候没有在你的身边陪伴你！

但是没有办法，在这个危险的时刻，爸爸必须顶上去，和千千万万个疾控的叔叔阿姨们一样，必须顶到一线去，一切为了人民的健康，团结一心、前赴后继，舍小家、顾大家，轻伤不下火线，与病毒抗争，与时间赛跑，始终奋战在疫情防控的一线。

爸爸希望你长大了，在祖国危难之际，在人民危险之时，也能像爸爸、像千千万万个疾控人一样，顶到一线去。

2020 年 4 月 8 日于襄阳

（湖北省疾病预防控制中心　彭飞）

76 你若安好，我便心安

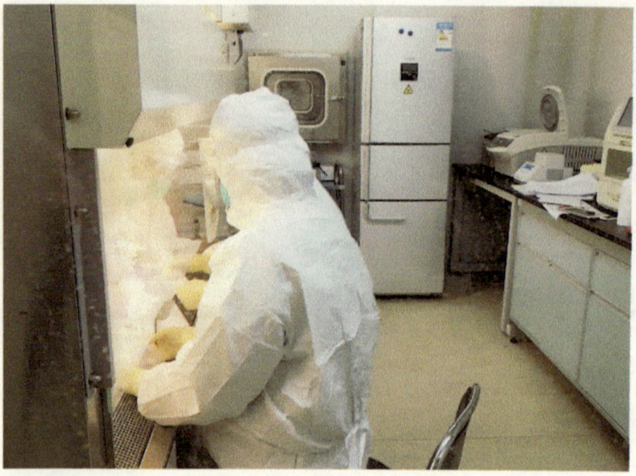

新冠肺炎战“疫”打响后，雷蕾同志一直坚守在黄石市疾控中心大楼的实验室里。

蕾蕾：

现代通讯便捷，写信似乎已是很久远的事了。虽然我们都在黄石这个城市，但你因为职责所在“离开”了我们这个小家，将所有的精力都奉献给了疾控这个大家庭。

农历腊月二十七，各家各户都在准备春节的年货。今天的天气不太好，我和你带着四岁的儿子在家里看绘本。你逗得儿子呵呵笑，父母在看电视，我在一旁看着他们。也许，世界上最幸福的事莫过于此了吧。当天晚上8时许，一通电话，把我从沉浸中的世界拉回了现实。“喂，我知道了，马上到单位。”你接到电话后有些紧张，你说黄石市疾控中心取消所有休假，24小时待命。

作为一名80后的共产党员、一名黄石市疾控中心病毒检测人员，你明白疫情就是命令，防控就是责任。面对突发的疫情，我们没有退缩和畏惧。你奔赴抗疫一线，我们在后方更要给你强有力的支持。

当儿子问我：“妈妈去哪里了？”我回答说：“妈妈在抗击病毒的前线”，儿子懵懂地说：“妈妈真棒。”可能是每天看关于病毒疫情的电视使然，忽然感觉儿子长大了。

你，是一位年轻的“80后”宝妈，同样也是一名黄石市疾控中心实验室的检验技师。接到命令后，你匆匆忙忙地和我、4岁的儿子告别，并把孩子托付给了爷爷、奶奶，义不容辞地奔赴单位，赶往抗击新型冠状病毒的一线。在这场没有硝烟的战场上，你服从组织安排并多次请缨，主动担当，深耕在病毒检测的一线，在每天只能睡四五个小时的同时，依然和同事们用饱满的热情工作在前线，没有叫过苦，抱怨过一声累。

从2020年1月22日起，中心实验室便是单位唯一24小时“不打烊”的地方。疫情初期，全市的疑似病例检测都由黄石市疾控中心来承担，你每天的工作是负责对疑似病例的样本进行核酸提取，通过检测结果判断是否感染了新型冠状病毒。因为人手短缺，你几乎每天除了吃饭睡觉，其余时间都在做实验，常常忘记时间，也忘记给家人报平安。我也不敢主动联系你，怕打扰到你工作，于是每天深夜里互发一个短

雷蕾已经一个多月没有见到老公和孩子。

信便成了我们夫妻之间的小默契。

你在有空的时候也会和我打电话，聊下工作，对我科普防控知识。病毒提取是最危险的环节，按照生物安全检测的相关规定，要配备生物安全三级防护。一次性防护服、N95 口罩、护目镜、双层乳胶手套等防护装备，你每次“全副武装”走进实验室，差不多都要 4 小时以上。在负压实验室里你不能喝水、吃东西、上厕所，一场实验下来，会大汗淋漓、饥肠辘辘。这不仅是对体力的考验，也是对意志力的考验。你和同事们在前面用大无畏的精神、无私的付出，铸就了疾控人的第一道防线，为全市抗击新型冠状病毒提供了重要数据支撑。

尽管你已经一个多月没有回家，没有见到孩子，但你说：“只要疫情不止，我们就战斗不息，请全市人民放心，我们一定能打赢抗击新冠肺炎的战争，只要我们在，我们一定在前面替你们遮风挡雨。”这种“舍小家、顾大家”的精神，誓要和新型冠状病毒死磕的精神，已然成为了疾控人的一面旗帜。

你跟我说，虽然有点累，想家，但黄石人民更需要你，你也为自己能为疫情的防控贡献自己微薄的力量而感到无比自豪和神圣。我们在同一个世界里，拥有同一个梦想，坚决打好疫情防疫攻坚战。我们在家里健健康康地等着你胜利归来……中国加油，湖北加油，黄石加油，老婆加油！

宝爸

2020 年 3 月 10 日

（湖北省黄石市疾病预防控制中心　雷蕾供稿）

77

执一盏灯，为你照亮回家的路

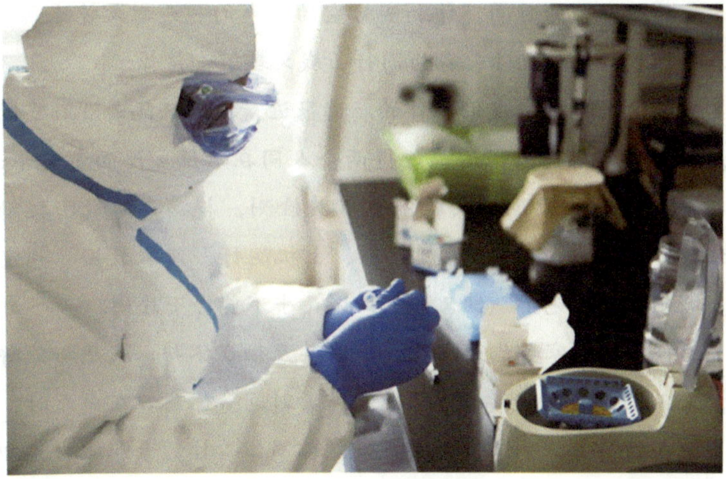

深圳市疾控中心病原生物研究所彭博，正在开展新冠肺炎病例样本检测工作（摄影：吴美美）。

彭博是深圳市疾控中心病原生物研究所呼吸道病毒监测与检测组组长，疫情发生后，他一直负责深圳市新冠病毒阳性病例核酸复核检测工作。妻子王赟与他同在一家单位上班，却连见面都难。这是一封王赟写给彭博的家书，纸短情长，她想告诉爱人，并肩战斗不负初心，携手战“疫”，静盼黎明。

收信人：丈夫彭博，深圳市疾病预防控制中心病原生物研究所呼吸道病毒监测与检测组组长。

写信人：妻子王赟，深圳市疾病预防控制中心员工。

亲爱的彭博：

今天是个周末，阳光暖暖的，楼下的木棉花开了，清晨我还在睡梦中就隐约听到关门的声音，便知道是你上班去了，这是你在实验室连续工作的第 60 天。

整整两个月的时间，你和实验室的同事们一天都未曾休息，身为妻子，我心疼担忧你；身为同行，我又理解支持你。

回望这两个月，我们工作的距离很近，近到只隔着 300 米的长廊，但我们的距离又很远，远得两个人同在单位却连面都见不到。你在全封闭的病原生物实验室做核酸检测，与病毒“亲密接触”，分装样本、提取 RNA、配制试剂、上机运行、读取数据、判定结果。检测样本做完了一批又来一批，几乎不曾停下片刻。

你每次回到家都已是深夜，有时甚至彻夜不归，我想与你聊聊天，又不忍心叨扰你，只希望你能抓紧时间多休息。在白天时，想你了就在微信上留个言，其实我一点都不担心你的专业能力，却还是忍不住叮咛你要做好防护，注意安全。

才两个月的时间，你竟然瘦了 20 斤，每次问你累不累，你总是说“还好”，你温暖淡定的情绪，也逐渐平复了我焦虑的心情。

在别人的镜头下，我看到了那张即使布满口罩勒痕也难掩帅气的脸，看到你脱去防护服后即使衣服湿透也努力挺直的腰背。我心想，没错这就是你，一个向阳而生、逆光而行的人。

两个月里，我也深深感受到了全社会万众一心、众志成城的力量，让我备受鼓舞。我们在一线为防控疫情战斗，政府和单位提供了大后方保障，社会上的各类组织和热心市民为医务工作者提供爱心捐赠，各行各业互帮互助，共渡难关……你看，这就是我们生活的家园，有秩序、有活力，有爱和温暖。

近来我时而会忆起从前在医科大学的校园时光，我们一起宣读希波克拉底誓言，一起许下对未来的美好期许，又一起熬过三年分离异地求学之路，再一路相扶相伴来到今天的工作岗位。回首过往，你依然是当年那个满腔赤诚神采飞扬的少年，敢想敢做、有担当、有正义感，与你携手相伴今生，我真的既幸福，又自豪。

最近你回家的时间比之前早了，深夜接听的工作电话比之前少了，这是不是意味着疫情越来越平稳了，我们离摘掉口罩的日子不远了，已经迫不及待，想与你去海边散散步，沐浴阳光，享受大自然的静谧与安宁。黑夜将过，黎明破晓，愿你披荆斩棘，胜利而归，我就站在你的身后，执一盏灯，为你照亮回家的路。

亲爱的，愿你平安，南风知我意，吹梦到西洲。

妻：王赟

2020 年 3 月 15 日

（广东省深圳市疾病预防控制中心　王赟）

78

共克时艰　静待春来

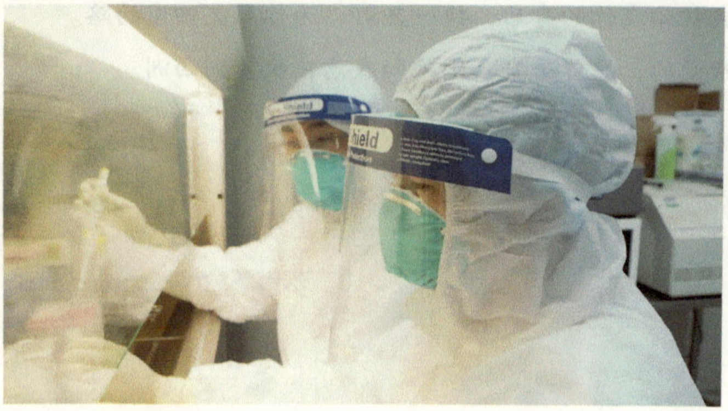
2020 年 1 月 20 日，贵州省疾控中心实验中心 32 名微生物相关科室检验人员在病毒性疾病检验科实验室内 24 小时轮流值守，确保新型冠状病毒实验室核酸应急检测顺利完成（摄影：赵大志）。

亲爱的家人：

你们好！

现在是凌晨三点，你们应该早已入睡了吧。今晚沐沐有没有吵着要见我呢？当他看到新闻里穿着厚厚防护服的前线医护人员时，有没有跑到电视机跟前叫我呢？我在岗位上一切都好，刚刚结束了手里的工作，准备休息了。抬眼望见了窗外孤独的灯火，很想念你们。

2020 年 1 月 23 日，大年三十前一天，还记得我们自驾回到了老家。看着久未见面的亲友相互询问着身体、工作和学习情况，一起准备着一桌丰盛的晚饭。我知道，这个场景就是我们期盼了一整年的团团圆圆。然而，己亥末，庚子春，新型冠状病毒阴霾就已笼罩全国。疫情像魔鬼一样肆意吞噬着一条条鲜活的生命，摧毁着一个个完整的家庭。多少人在本该喜迎新春之时奋战一线，又有多少同胞在那一刻忍受着病痛折磨。团聚可以等待，抗疫刻不容缓。感谢你们，我最敬爱的父母，在得知我当晚必须赶赴前线照常工作时没有任何牢骚与抵触，只有匆匆叮嘱背后的理解和支持。今年的春节对你们及对我来说都有着特殊的意义，也许我们错过了新春晚会团年饭，错过了三世同堂共享天伦，错过了零点钟声敲响时的第一句祝福，但我们却可以共同维护一方稳定，确保一方平安。家是最小国，国是千万家，只有等到阴霾散尽，山河无恙，百花竞开，那时，我们才能真正地一家团圆。

2020 年 2 月 14 日这天，我和同事们一起送战友驰援湖北，他们将作为贵州省“首批援鄂防疫分队”队员前往全国疫情最为严重的鄂州市和武汉市。他们有的家中父母身体欠佳，女儿未满周岁，有的忙完手里的工作已是出征当日凌晨，他们在经过 15 个小时 1 200 公里的长途车程抵达鄂州后，还要拖着疲惫的身体火速投入战斗。其实，这天已是每一个疾控人持续坚守岗位的第 22 日。无论是穿着防护服、戴着口罩和护目镜，进入实验室开展新型冠状病毒核酸应急检测，还是背上沉甸甸的消毒液参与重点场所消杀，又或是在后方保障应急物资分配到位，汇总分析核酸检测数据及研判疫情风险，每个人都只为一个共同的信念：疫情不退，我们不归！这个情人节，特殊而且沉重，因为有同事为了抗疫推迟婚礼，也有同事奔赴前线不知归期。我最亲爱的人，我今年没有准备礼物、鲜花，我们甚至没有相聚，但我还是想对你说：你辛苦了！我知道你明明很担心我，却还要冷静地宽慰父母，细心地照顾着两个小家伙。谢谢你的尊重与包容，把我们的家交给你，我十分放心，当前疫情形势严峻，如果需要出门请一定保护好自己。等到寒冬已去，风和日暖，等我回来了，再亲口对你说上一句“节日快乐！”

2020 年 2 月 24 日，我记得贵州省“阳光校园 空中黔课”小学远程授课在这天开课了。亲爱的芸芸，抱歉我不能陪在你身边和你一起上网课，辅导你的作业了。我想你一定有很多疑问吧，为什么今年的春节格外冷清？为什么街上的行人都戴着口罩？为什么不能去学校上课？孩子，这是因为2020年我们国家来了一只叫“新冠病毒”的小怪兽，这只怪兽会让人生一场很严重的疾病，患病的叔叔阿姨们会发热、咳嗽、呼吸困难，还可能失去宝贵的生命。为了不让小怪兽伤害到更多的人，所以大家一起约定，没有生病的人们尽量留在家中，只派出白衣战士和它对抗，救回受伤的叔叔阿姨。所有的医生、护士、疾控人员、警察、记者、志愿者及社区的叔叔阿姨们都是战场上的白衣战士。也许你看不见他们的脸，也不知道他们的名字，但是他们都是守护人民的卫士。我最亲爱的女儿，你在家里一定要听话，照顾好沐沐弟弟，认真看书学习，等到怪兽走了，我们再一起去公园、一起去游乐场，一起去看一场最美丽的樱花雨。

亲爱的父母、爱人、儿女，这场战争没有飞机大炮与战火轰鸣，有的只是看不见的死神悄无声息地肆虐在祖国大地，张开魔爪极尽疯狂地夺取同胞的生命。作为一名疾控人，我清楚地看到了身边那一张张奋战在疫情防控一线的坚毅面庞，清晰地听到了一份份请战书上的铮铮誓言。他们无论生死，不计报酬，用自己的专业筑起疫情防线。他们是妻子，是丈夫，是年迈父母的儿女，也是年幼儿女的父母，但他们仍旧义无反顾。在这场集结了千军万马的队伍中，尽自己的绵薄之力抗疫是一种荣幸。你们放心，我们有信心疫情很快会过去，祖国、武汉、家乡能重回以前的模样，到那时，筑城广场还会是人潮涌动、黔春立交仍旧会车水马龙、甲秀楼外依然会灯火辉煌。

祝

平安顺利！

爱你们的：贵州省疾控中心实验中心一员

2020年3月10日凌晨

[贵州省疾病预防控制中心　王丹（女）]

79

最浪漫的事莫过于陪你去抗疫

2020年1月31日早上6点，张美玲爱人送她前往云南省疾控中心准备出征。

“一定要去吗，老婆？”

“是。”

那声冷静而坚定的回应久久在我耳边回荡……

转眼间，距离你出发驰援湖北省新冠肺炎疫情防控工作已经过去15天，今天黄冈风雪交加，你一定要注意保暖。尽管你不在我身边，但是我还是想写信和你说声：“老婆，我爱你，你辛苦了。”你夜以继日、拼命三郎似地工作，让老公着实心疼，很多时候只有在夜深人静之时才能听到一声你的回复“老公，我很好，别担心。”

曾记得在春节前夕，你加班开展疫情防控工作，参与了云南省第一例新冠肺炎确诊病例的核酸检测工作。俗话说“每逢佳节倍思亲"，更何况是阖家欢乐的中国年，谁人不想和至亲团聚？特别是像你我这种共同在外地工作、举目无亲的他乡游子。

在春节来临之际，新冠肺炎疫情在武汉逐渐蔓延，在科室其他同事陆续开始年休之时，考虑到科室检测人力不足，长期的科研经验和敏锐的洞察力告诉你，你需要留下来坚守。大年三十，你毅然退了和我回内蒙古呼和浩特的机票，当晚持续加班到大年初一凌晨六点。老婆，那个除夕夜令我至今难忘，起初你说等医院和复核地州送来的新冠疑似病例样本，可能要忙到晚上九点，我欣喜接受，尽管有点晚，但是你还是可以赶回来和我们一起吃年夜饭、看后半程春晚。后来你打电话告诉我可能要加班到初一凌晨两点半，你说你们身为疾控检验技师，要对送来的每一份病例标本负责，坚决避免一例假阴性核酸检测结果出现，耽搁新冠肺炎患者的救治。你说你们至少使用两个以上厂家的核酸检测试剂盒开展实验，这虽然提高了核酸检测结果的精确度，却也大大增加了你们的工作量。凌晨两点半，太晚了，我担心你一个人骑车回家不安全，等到凌晨两点半赶去你们单位接你，在你们单位门口你电话告诉我，为了云南省地州疾控中心能第一时间收到样本复核结果，你们需要通宵，让我先回去休息，不用等你。不知不觉间我竟然在沙发上睡着了，直到

2020年1月30日下午，驰援前线前，张美玲全家合影。

听到熟悉的钥匙开门的声音，我醒来了，抬头一看手机已是早上六点，看到你那张清秀而又疲惫的面庞，我既心疼又感动……

时光如白驹过隙，转眼间，距离你在驰援湖北疫情的请战书上签字已经过去15天。老婆，老公真的很想你，听说你们援助的湖北疫情重灾区黄冈实验室并没有配套的实验室负压条件，你在尽力工作的同时，一定要做好防护，穿好防护服，戴好手套和口罩，注意安全，照顾好自己，多喝开水，按时吃饭，多多保重。家里你就放心吧，爸妈和小孩都很好。时至今日，虽然新冠肺炎疫情的确诊病例继续攀升，但是我坚信有你们这些默默奉献在一线的白衣逆行者先锋，全国上下团结一心，众志成城，中国一定能打赢这场疫情攻坚战。中国加油！湖北加油！武汉加油！

亲爱的老婆，你是我们全家的骄傲，此生有你，是我的福气，你一定要保重身体，待到春花烂漫之时，我和儿子在家等你平安归来……

你亲爱的老公

2020年2月15日

（中国科学院昆明动物研究所　邵永）

80

孩子，爸爸是战斗在春风中的健康卫士

张宇的大女儿张可馨（图右）和小女儿张可爱（图左）。

亲爱的可馨、可爱，我的女儿们：

当你们看到这封信的时候，爸爸已经在武汉市新洲区工作两周有余。

回想爸爸出发的时候，你们还在睡觉，看着你们可爱的样子，爸爸真的好想抱抱、亲亲你们，却不忍吵醒，只是默默坐在床头看着。你俩已经三岁半了，却仍然淘气得要命，有时候真的被你俩气得半死，可现在却只能一个人的时候看着手机里你俩玩耍的照片。真的好想你们，想让你们从我身上跳来跳去，想让你们趴在我背上骑大马。

爸爸其实也不舍得离开你们，更不知道多久才能回到你们身边。其实，从 2020 年 1 月 17 日开始，已经有 40 多天没有好好抱抱你俩了。每天回到宾馆的时候几乎都是深夜，听奶奶说你们一直在问为什么爸爸不回家，周末也不能陪你们看动画片，一起做拼图。每每听到这里，爸爸鼻子都会发酸，你们还太小，不明白为什么爸爸一定要早出晚归，更不会明白这场"战争"的意义所在，你们的世界里本不应该有这样的忧虑。

但是，这次全国上下乃至全世界的人都在对抗病毒，病毒它很坏，伤害了很多爷爷奶奶、叔叔阿姨和像你俩一样的小朋友。爸爸作为一名防疫工作者，一名党员，一名干部，去疫情最严重的一线，这是天职。

张宇身着防护服在发热门诊开展流行病学调查工作（左一）。

还记得那天，你们在视频的时候问我："爸爸是不是去打病毒了？爸爸你要快点打病毒，打完我们就可以上幼儿园了，就可以出去玩了。”听完这些话，爸爸知道你们懂了，也会为爸爸感到骄傲，爸爸很欣慰，更加坚定了工作的信念。爸爸去到武汉，就是去帮助那里的叔叔和阿姨们，和他们一起打病毒，他们需要很多像爸爸一样的人，只有千千万万个我们，齐心合力，才能更快地打跑病毒，还给你们一片蓝天。

爸爸答应你们，一定会好好打病毒，让你俩和小朋友们能够健健康康地生活，快快乐乐地玩耍。爸爸也会小心，打完病毒快点回来陪你们。

祈福武汉，天佑中华，大灾必有大爱，在这个特殊的时期，舍小家顾大家就是必须的。孩子们！爸爸希望将来你们也能像爸爸一样，为祖国和人民贡献力量，到那时爸爸也会为你们感到骄傲！

你们的大肚子爸爸

2020 年 3 月 2 日于湖北新洲

（中国疾病预防控制中心　张宇）

81

写给老母亲的一封信

2020 年 3 月 2 日刘建香与国家卫生健康委监督局李红军副处长去东湖银龄养老院督导疫情防控情况（右一为刘建香，右二为李红军副处长）。

亲爱的妈妈：

您好！

亲爱的妈妈，自从教会您用微信聊天后，我们之间都是用微信或电话联系，我已经有二十几年都没有给您写过信了，明知疫情期间我的这封信发不出去，但是，我还是忍不住想给您写封信。在武汉的日日夜夜，我时时刻刻想念住在姐姐家的您，今天您打电话给我，说在姐姐家的各种趣事，说起外甥女要带着儿子回北京了，您也好想跟她们一起回到北京那阔别2个多月的家。我也努力想办法在12306网站上给您看了火车票，由于现在好多趟火车都停运，真的是没有车票，还要各种核验才能买票，其实我心里还是希望您能在姐姐家多住一段时间。如果您回北京，我没有理由不到火车站去接您，可是身在武汉的我如何分身啊？那我到武汉援助的事情就再也瞒不住您了。

亲爱的妈妈，请原谅我的先斩后奏，我在2020年2月16日晚接到了援助武汉的命令，其实我早在大年初三就瞒着您报了名援助武汉，主要还是怕您为我担心和牵挂。我已于2月17日晚抵达武汉，开始了援助之行，都说援鄂的医护人员是美丽的“逆行者”，现在女儿也要做让您骄傲的“逆行者”！虽然我知道您不会反对我到湖北支援，但由于您已经快80岁的高龄了，真的不忍心让您替我整日担心，也怕您忧心忡忡再伤了自己的身体，所以妈妈，我真的没敢告诉您。还记得在大年初一，您女婿孟煜作为最先报名参加武汉援助的第一梯队，已经参加完培训的他，即将带上我们全家的嘱托，带上帮他收拾好的行装出发，最后因为他所在医院需要有人留守，没有去成。当时他说要去援鄂的第二天我婆婆血压就升高了，吓得我们都不知如何是好，所以，我援鄂的事就更不敢告诉您了。我在武汉的这段时间您可能已经感觉到我们有什么事瞒着您，我作为您亲生的女儿，您是不是有什么心灵感应？是不是早就已经猜到了八九不离十？其实我也很清楚您曾多次试探我，周六周日您看我微信运动的步数总是超过1万步，您问我为什么没有好好休息，跑出去干嘛了？其实我是在发热门诊对就诊的发热患者开展流行病学调查，要对新冠肺炎患者做到早发现、早报告、早隔离、早治疗。您说您学会了视频聊天，要跟我试一下，我也不敢跟您视频啊。当时我在督导我们区的特殊机构、养老机构的疫情防控情况、消毒消杀情况，我怕您看到戴着中国卫生帽子和穿着应急服装的我。您说让我开车去姐姐家接您回来，我也只好撒谎说现在北京的人不能不申报就去外地，回来我还需要隔离14天，就不能上

2020 年 3 月 17 日东湖风景区援汉工作组在卫生健康办合影（从左到右依次为刘天、张亮、殷召雪、刘建香、连怡遥、赵江山、许宁）。

班了。在您的心里，按时上班一直都是非常重要的事情，还好，您相信了。

妈妈，请原谅不孝的女儿，爸爸早在十年前就离开了他挚爱的您和我们兄妹三人。今年恰好是爸爸去世十周年，我本应该在今年的清明节好好地去祭奠一下爸爸的，可是现在的我恐怕难以完成这样的心愿了。哥哥现在也卧病在床，无法自理，姐姐又远在外地，待疫情散去，我定会到爸爸的墓碑前好好请罪。

妈妈，我在这里很好，请您不用担心。我们所在的地方是武汉的东湖生态旅游风景区，每天我和我的小伙伴在风景区的绿道上吃饭，虽然有时会下雨，有时会刮风，但是现在春暖花开了，迎春花、梅花、山茶花、紫荆花、樱花等都相继开放了。绿道边上还有好多不知名的小花，都非常漂亮，东湖里时不时就有大鱼蹦起来，溅起很大的浪花，景色非常迷人，等新冠肺炎的疫情过了，我带您也来游游东湖。

妈妈，请您放心，所里的领导和同事们都非常关心在抗疫一线的我们，给我们捐来了很多生活用品，我们的书记还带队慰问家属，因为您没在北京，我也没敢告诉您，慰问的事儿就等我回去再说了。东湖风景区卫生健康办的同事们也给我们备了很多东西，看天气转暖了，还给我们购置了新衣服。吃的就更不用担心啦，在这里，我们吃的都是来自祖国的大江南北捐献和援助的好东西，比如青海的酸奶、青稞饼干，山东的大头梨，云南的西红柿、大头菜，大理的牛奶，河南的苹果，广西的沃柑，海南的木瓜，还有很多很多。各地援助的防护物资也充足，您一切都不用惦记了，现在武汉的疫情已经得到了有效控制，在 3 月 18 日早上由国家卫生健康委通报，3 月 17 日 0—24 时，湖北新增疑似病例 0 例，现有疑似病例 0 例。这是个值得纪念的时刻，这也是我们疾控人共同努力的结果，这也标志着我们的战“疫”很快就要结束了。等我回去了，我再好好给您讲讲我在武汉这一个多月的故事。

女儿

于湖北武汉怡尚花园酒店

2020 年 3 月 20 日晚 11：00

（中国疾病预防控制中心辐射防护与核安全医学所　刘建香）

82

钱乐的家书

钱乐赴武昌隔离点现场培训消毒知识。

亲爱的刘娟：

坐在宾馆的桌子旁给你写一些话，距2020年2月5日离家来到武汉支援疫情防控工作已过去40多天了，我作为一名身负环境卫生专业，并且有责任感的年轻人，在单位组织疫情防控后备应急队伍时，毫不犹豫地报了名。刚过完大年初一，所里打电话通知去单位培训，随时准备出发去武汉，我问你害怕吗，记得你当时说的一句话“作为一名中医大夫，如果我够资格也会毫不犹豫去武汉支援一线的。”老婆听到你这样讲，我得到了莫大的精神支持。

作为防控组驻武汉市环境卫生与消毒专家工作队队员之一，每天忙得马不停蹄，要到方舱医院、疑似病例集中点、密切接触者隔离点、社区等场所实地考察、制定方案、现场培训等。忙碌紧张中日子过得很快，还能想起出发前头发实在是太长了，你大手一挥，拿起剪刀，把一件雨披披在我身上，就开始咔咔咔剪，结果剪的并不比理发店差，老婆你太牛了。出发那天北京下着整个冬天最大的一场雪，不好打车，只能硬着头皮让你开车送我，自你拿到驾照也没开过几次，你一个人开车回家的那段路程我特别担心，半个小时的车程你一个多小时才回电话，你说停了 20 多分钟终于把车停到车位里面了，还拍了照给我看，得意地说停得方方正正的。老婆，你辛苦了！

在抗击疫情的第一线，每天要忙到很晚，但好在全国的数据一直在下降，武汉也在变得越来越好，每天看着更新的数据，觉得再累都是值得的。跟你视频的时间很少，你每天都发微信让我测体温，出发前给我带了碘伏棉签，让我每天回去用棉签蘸碘伏消毒鼻孔，说这是你们护士长提醒的，还一再嘱咐让我把这个方法告诉我同事，毕竟我们住的宾馆离事发地只有几百米。你的担心我能感觉到，虽然你怕影响我的情绪每次都在给我打气加油。前天回到宾馆已经晚上十点半了，跟你视频，你终于绷不住了，大哭，这次是我们分开时间最长的一次，我也只能嘱咐你每天把门窗关好，注意安全。

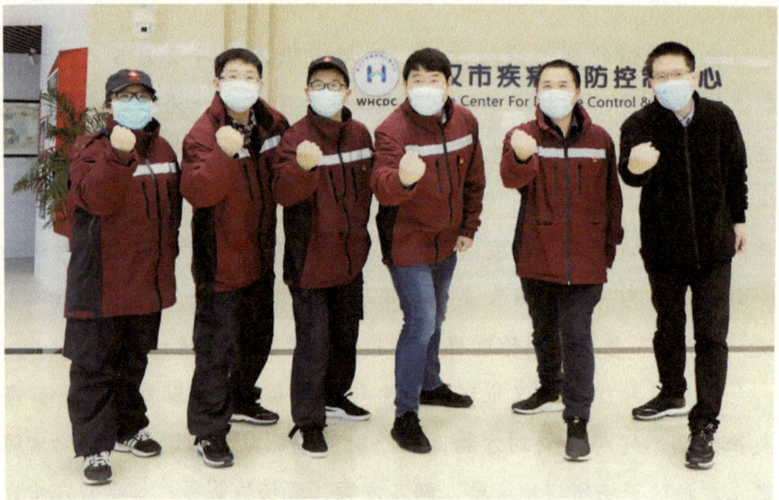

工作队在武汉市疾控中心合影。

老婆，全国人民都在努力着，尤其是每天奋战在一线的医护人员，他们更加辛苦，相信我们一定会不辱使命、不负重托，打赢这场疫情战，也希望你和亲朋好友都保持健康，不要着急，我们也即将凯旋。

钱乐

（中国疾病预防控制中心环境与健康相关产品安全所　钱乐）

83

写给父亲的一封家书

2020年1月25日，中国疾控中心昌平新址应急中心，陈方方同志在态势分析与风险评估组参与每日态势简报编写工作，疫情期间她主要从事新冠肺炎疫情分析和态势风险评估工作。

亲爱的老爸：

见字如面。

夜已深。希望您已安然入眠。

合上手中整理的工作文档，侧身看到依偎身旁刚刚哄睡的孩子，眼角的泪花似乎还没褪去，顿时觉得最近工作忙碌，有些对不住她。抬头望一眼窗外，夜空格外清澈，三两个星星影影绰绰地眨着，此刻心里终于有了片刻的安宁。

两个月前，我接到领导的紧急电话，来不及征得您和其他家人的同意，当即答应了投入新冠肺炎疫情防控的应急工作。当时，连电脑都没来得及关，我就一路飞奔到了应急中心报到。为了快速熟悉并开展工作，那天我和同事们忙到很晚，每个人都既紧张又一丝不苟，因为大家心里明白中心的一级响应意味着什么。

深夜返回家中，我才突然晃过神，第二天回乡的火车票还未退掉，更忘了及时告知您和妈妈。夜里，我慌张地拨通您的电话，上来就听到您急切地说：“家里早就准备好了，明天我和你妈提早去车站接你们一家三口”。老爸，您知道我当时有多么不忍跟您说出“今年回不去”吗？您停顿数秒，没有回话，女儿明白，您当时一定很失落。平时我们工作太忙，几乎没有时间回去，好不容易，您和妈妈盼了一年才等到这个团聚时刻，却突然落空了。

因为应急工作的性质，没有办法向您多做解释。但后来，国内疫情形势变得严峻，您从新闻上得知消息后，第一时间打来了电话，关切地问我是不是在参与这项工作。让我更加踏实的是，您又一次用老党员的口吻，安慰起我来：“国家正需要你们，踏踏实实干好工作。家里不用挂念，我们一切都好。”老爸，您不知道，您这几句鼓励，让我充满了力量，心中积存数日的不安也得到了释放。

其实，一直以来，您和妈妈都在义无反顾地支持我。还记得去年暑期，我婆婆刚做完腰椎手术不能下床，我和爱人一个要出差两个月，一个要早出晚归忙工作，家里只剩下五岁的孩子，无人照看。当时，我真是焦急万分。但您和妈妈得到消息后，二话不说，当天夜里就买了火车票赶到北京。正是你们的呵护，才使得我们年轻人能够放心工作、生活照常运行。

老爸，妈妈悄悄告诉我了。您为了不多打扰我工作，最近故意减少了给我打电话的次数。每周至多打一次，每次话语也很简短。妈妈说，您时常望着家里的全家福发呆。她说，那是您又想念我和孩子了。我这才意识到，为什么您电话中对家里的事儿只字未提，却只是叮嘱我，把工作干好、照顾好身体、注意休息、按时吃饭。您那是不想让女儿在工作中分心，为家里担心，对吗？老爸，谢谢您无私而深沉的爱！

老爸，您知道吗？这次疫情，我们单位不但向湖北一线支援了抗疫顶级设备——移动P3实验室，还向湖北等疫情严重地区多次派驻数百位同事直接参与当地工作。我也两次报名了前线工作，但遗憾的是，由于已经接手工作的需要，未能奔赴前线。不过，话说我们后方阵容也很强大呢，涉及疫情分析、防控策略、科普宣教、国际合作等各个方面。虽然大家没有身处一线，但也毫不示弱，很多同事都通宵达旦地工作，甚至吃住在单位，两个月不回家。

就拿我所在的工作组来说，我和组里小伙伴们两个月来一刻都没停歇过。每天清晨，5点起床工作，分析每日疫情，梳理最新资讯和科研动态，汇稿后报给组长和相关领导审核，上午九十点前就能完成当天两个版本的态势简报，并发送相关部门、领导、专家和基层人员。您说是不是够神速的！但是您知道吗，这才只是我们全天工作时间的三分之一。从中午到晚上，我们又会马不停蹄地开始新一轮的工作，搜集整理次日素材。除了这些，我们还要时常根据工作需要适时地开展专题性疫情风险评估，撰写报告。跟您汇报下我在组里的工作，主要任务是利用监测数据对疫情特征进行每日分析和空间展示，同时，还要和其他伙伴实时跟踪国内外疫情资讯动态和科研进展。用一句话概括：我们的工作嘛，就是足不出户知天下。您有没有觉得很酷？

老爸，您可能觉得日复一日的工作看上去或许有些枯燥，但一份份态势简报、风险评估报告传递出去，能听到同行们的反馈和回应，甚至被政策制定者参考和采用，我们觉得所有的付出都值得。您知道吗？2020年1月30日李克强总理来我们中心考察疫情防控工作时，对我们的疫情分析报告提出了要求和期待，希望能更加准确、有效地为国家疫情防控提供政策指导。当时，别提同事们有多激动了！大家深切体会到，后方工作一样很重要、很有价值。我们还自诩自己是不可或缺的“幕后英雄”。疫情面前，曾经对于工作的抱怨，此刻都已经微不足道，我们只清楚记得自己的防疫工作者身份。在大疫面前，我们必须迎难而上、逆向而行。

从1月份至今，我们身边不计其数的基层疾控人员在为疫情排查、流行病学调查而四处奔波，在分秒必争地做着检测工作，与病毒赛跑。当疫情消退，上万名白衣天使纷纷撤离湖北时，人们可能并不知道，还有一群疾控人仍在当地坚守，他们要守护到疫情结束的最后一刻。最近国外新冠疫情告急，我的许多同事们又不顾个人安危，背起行囊、率先出征，一批批奔赴海外疫情现场。我打心底里佩服这些一线的疾控同事们，他们应该被歌颂和尊敬！

老爸，您曾教导我，做人要始终有一种向上、向善的力量，忠于内心、从容豁达，脚踏实地地做事。作为一名党员，一名“80后”疾控人，我想，这次战役中，我和我的疾控同伴们做到了全力以赴、无愧于心。

此刻，疫情还未完全结束，我们不能有丝毫松懈，仍需拼尽全力！

盼疫情过去，每个家庭都能早日团聚。

女儿：方方敬上

2020年3月19日

（中国疾病预防控制中心性病艾滋病预防控制中心　陈方方）

手记

84

宝贝，让我把咱们一起抗疫的故事讲给你听

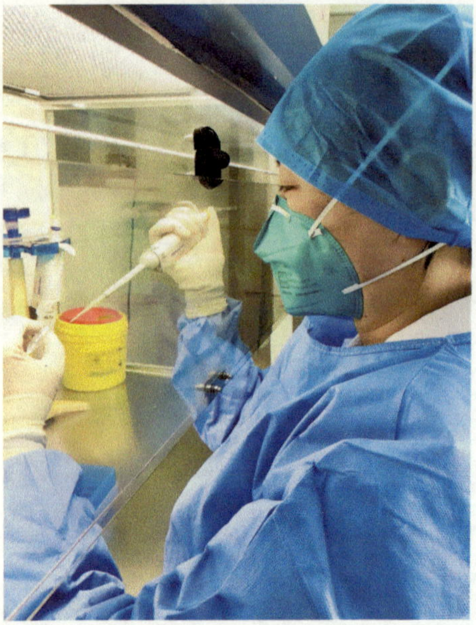

顺义区疾控中心张爽在进行新型冠状病毒的PCR检测工作（摄影：王磊）。

宝贝，虽然你现在还是妈妈肚子里的一颗小肉丸，妈妈甚至都没有真的见过你一面。但是，你在我腹中的勇敢、坚韧和对妈妈无时无刻的支持和陪伴，让妈妈在这个“疫”字当头的春节中拥有了比以前更多的“毅”力。

宝贝，请你原谅妈妈不能退居二线。

今年的疫情来得太过突然，妈妈是在小年夜的全体职工会上得知了新冠肺炎的流行形势已经十分严峻。紧接着妈妈又参加了很多疫情部署会、培训会，这些会议的目的只有一个，那就是在保障像妈妈一样的工作人员生命健康安全的同时，让我们迅速出击，控制好疫情，消灭掉病毒。宝贝，你有没有觉得妈妈像即将出征要去打败小怪兽的奥特曼？妈妈的形象在你心中是不是又高大了一些？

宝贝，其实面对这次疫情，妈妈挺害怕的。这次的新型冠状病毒可能和SARS很像，你才两个月，让你和妈妈一起对付它，妈妈不忍心。可是，妈妈的团队要拆成一天四个班次，妈妈不能当个局外人啊。美娟阿姨家有两个宝宝，他们的爸爸也在抗疫一线，而爷爷奶奶都被困在了湖北，美娟阿姨是让大姐姐带着小弟弟在家自己来上班的呀；园园阿姨是把女儿放在邻居家，偷偷溜出来上班的呀。所以，妈妈这个时候也不能退缩。你答应妈妈一定要坚强，就像当年你姐姐在妈妈肚子里的时候一样坚强，妈妈相信你一定做得到。再等一个月，你就在妈妈肚子里三个月了，到那时你就安全了。

宝贝，大年三十那天你辛苦了。

妈妈大年三十一大早就起来了，是不是把睡梦中的宝贝吵醒了？我们今天有很多的新冠肺炎PCR检测工作要做，你要乖乖的呀。早上8点我们就开始了新一天的第一轮检测工作，看着叔叔阿姨们穿上厚厚的白色防护服，是不是有点像马上要进行太空行走的宇航员？妈妈则从冰箱里拿出很多不同颜色的小管管，左一点右一点地把它们混合在一起，再分装到一个个小管里，加上叔叔阿姨提取出的核酸，放进仪器进行反应，这就叫PCR实验呦。整个过程下来，4个小时不知不觉就过去了，宝贝你饿了吧？咱们简单吃一点盒饭，下午还要再来一轮实验呢，当然，晚上还有第3轮实验。这晚上的最后一轮实验就是考验你我的关键了，到了晚上11点多，叔叔阿姨还没有把核酸递出来，妈妈的腰好酸，宝贝你还好吧？宝贝你再坚持一下，等咱们把实验做完，妈妈就能带你出去休息一下了。宝贝，你知道吗？你真的很坚强，跟着妈妈辛苦了一整天，还不到3个月的你还是听话地安然待在妈妈的肚子里，甚至陪妈妈在大年三十这天在工作岗位上守

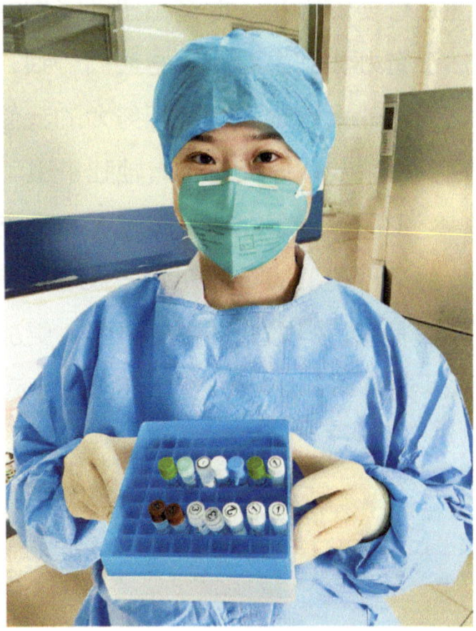

顺义区疾控中心张爽在进行新型冠状病毒的PCR检测工作（摄影：王磊）。

了岁，妈妈真的为你骄傲。

宝贝，咱们有很给力的家人呢。

宝贝，你知道吗？你的爸爸很爱我们。不管我们每天多晚结束工作，他都会在楼下接我们一起回家哦。还有你的姥姥姥爷，为了支持我们的抗疫工作，果断放弃了回老家过年的想法，留在北京照顾我们。

可是，在这次疫情期间，还是有一件事情，成为了妈妈永远的遗憾。那就是一手把妈妈带大的太姥姥去世了。你的姥姥、姥爷怕妈妈担心，只说是太姥姥病重，让你爸爸开车带他们回老家，于是爸爸就连夜开车出发了。宝贝，你知道吗？那天下了一天雪，路上的积雪让很多高速公路都封了路。你爸爸开了整整 14 个小时才到老家。而妈妈则跟你一起在宿舍里夜不能寐。那时我问你，宝贝，你说太姥姥会化险为夷吗？你没有回答。后来，妈妈得知太姥姥真的离开了我们。妈妈以后再也见不到她了，妈妈哭得好伤心。太姥姥再也不会用她长满老茧、布满裂痕的手抚摸妈妈的头，告诉妈妈“没事的，孩子，一切困难都会过去的”，妈妈也再也没有机会带你去见太姥姥一眼了。我多想让太姥姥见你一眼呀，我真的好想问问她，“我的宝贝是不是跟我小时候一样可爱？一样讨你喜欢？”妈妈好想她，妈妈舍不得她走。可能是想要安慰我，你竟然扭动了你的小身子，妈妈感觉到了，你知道吗？既然没有办法回去看太姥姥最后一眼，至少，我们要把手头的工作做好吧。也让天上的太姥姥看到一起努力的我们，她会高兴的。她应该也会想：我没有白养出来我外孙女，还有她肚子里可爱的小宝贝。

宝贝，感谢你陪我度过了一个充满困难和挑战的特殊的春节，并且在接近两个月的疫情防控期间一直陪着我坚守在一线工作岗位上，一起成长。有你陪着我，妈妈变得更加坚强、更加勇敢。宝贝，我想把咱们一起抗疫的这些小故事讲给你听，感谢你陪我一起见证我们必将胜利的疫情防控阻击战。

（北京市顺义区疾病预防控制中心　张爽）

85

遇见最美的自己

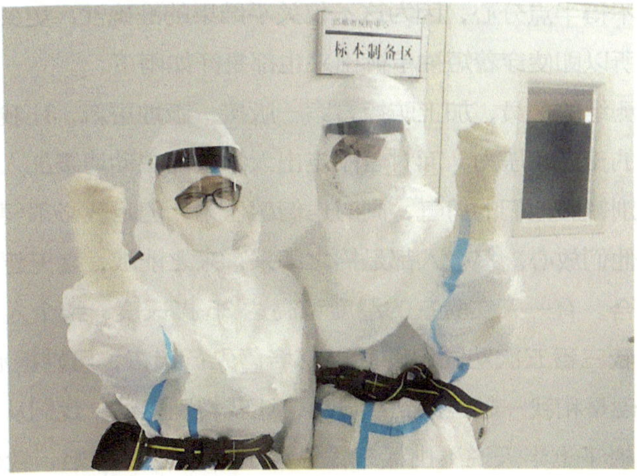

赵培蓓（左）和闫永飞（右）于 2020 年 2 月 29 日在分子生物实验室穿戴整齐，准备进行核酸检测工作。

和往常一样，准备好了过年的新衣服，打算享受这阖家团圆、万家灯火的幸福时刻，却被突然暴发的由新型冠状病毒感染的肺炎疫情打乱了，使得 2020 年的春节变得尤为不同。疫情就是命令，防控就是责任！在全国上下防控“新型冠状病毒”的特殊时刻，作为检验人员的我们更是首当其冲，担负起核酸检测这一艰巨的任务。

接到上级通知，腊月廿九上午刘晓娟科长就带领我们全科同志集中学习防护服的穿脱顺序、研读防控方案和生物安全知识。当天下午就接到第一份疑似病例标本，穿上厚厚的防护服，戴上沉重的呼吸面罩，这是我第一次穿成这样走进熟悉多年的实验室，突然觉得格外陌生。其实核酸检测是我的本行，是很得心应手的工作，但是当时我却很紧张，竟然有点手足无措，直到实验开始了才变得从容淡定。

也就是从这一天开始，我们的检测工作正式拉开大幕，每天 24 小时不停地收集各县区的标本、核对标本信息、按照方案要求处理标本、检测标本、看结果、写报告……人员的不足及疫情的突然让我们持续连轴转，很多次都是披星戴月地进实验室又披星戴月地出实验室。由于是三级防护，又在密闭的实验室待得太久，我们必须克服身体上的不适，保持精神高度集中，每一步都容不得半点分心，因为这不仅关乎结果的准确性，更关系到我们的自身安全，所以即使穿着短袖单裤出来也都是汗如雨下。

作为检测组的一员，加上防控方案一版接一版地更新，让我深深感到肩膀上沉甸甸的责任和压力，面对着刚走出大学校门主动请缨加入战斗的小同事们，我特别佩服他们的勇气，同时也倍感压力，但是我必须要有一个大姐姐的样子让他们放心。每个人都是招之即来，来之能战，毫无怨言地听候指令，积极配合。有一天实验室的温度竟高达 35 摄氏度，整个人感觉都要窒息了，其间我三番五次劝同组的同事赵培蓓先行出去，可她担心我，80 斤的瘦弱身躯硬是和我一起坚持到了最后，让我特别感动，我们从实验室出来直接瘫坐在椅子上半天说不出话来，等缓了一阵她说："姐，我想我妈了。"然后我俩都哭了……更让我深有感触的是，作为疾控人的坚持和永不言弃！做完实验还不算完，更重要的是看曲线，分析结果。不同的试剂，不同的机器都要很认真地分析，这更容不得有丝毫的差错，每一个反应孔对应一个标本，比实验操作还要考验人的耐心。遇到有争议的或是阳性的心里不禁一揪，就感觉一个幸福的家庭被笼上了阴霾！

一直到今天，我们不分昼夜地检测，数以万计，这些固然辛苦，但是这打不垮我们，一进到实验室我们就满血复活；可一旦提及家人，这估计是每个人的软肋。父母经常说你们是党员，现在是关键时刻不能退缩，我们做好后备支援；爱人是驻村干部，在帮扶的村里挨家挨户进行排查，宣传个人防护知识和家庭消毒常识，有时候视频还开玩笑说："咱俩现在是同事了，感觉自己都快成医生了。"而我已然是两个女儿眼里那个"狼来了"的妈妈，那个"说话不算数"的妈妈，不过我坚信等她们长大了肯定会为有我这样的妈妈而骄傲的。公婆也经常安慰我们说："一个参加了脱贫攻坚战，一个参加了疫情阻击战，咱们家很光荣啊……"每每想起这些就会泪目。无论是家人还是单位的同事都给了我们莫大的支持和理解，这也是我们能在前线安心奋战的最大动力。“舍小家为大家”不仅是疾控人的精神，更是我们作为共产党员的职责。

是的，我们是女儿、是妻子、是妈妈；是儿子、是丈夫、是爸爸；但是在这场没有硝烟的战争里，我们都是一线的“战士”，拿着手中的“武器”和看不见的敌人做顽强的斗争！相信我们才是最终的胜利者，就像我们的防护服上写的“winner”！唯有众志成城，把抗击疫情作为我们“践初心，担使命”的实际行动，才能筑起无数道疫情防火墙。而我们将在这份“一方有难，八方支援”的中国力量的支持下持续鏖战，让党旗在防控疫情的第一线高高飘扬！

（河北省邯郸市疾病预防控制中心　闫永飞）

86

待到春暖花开 一起笑对阳光

2020 年 2 月 17 日，山西派出的首批援鄂防疫队伍在机场合影（摄影：刘少云）。

2020 年 2 月 16 日晚十点多，一阵急促的手机铃声响起，来电显示是中心办公室主任张庆。一时间我有种预感，自己要上湖北一线了。因为一个小时前，当得知省里准备派出援鄂疾控人员时，我就主动报了名。果然，张庆主任在电话里通知：“中心决定让你代表单位明天带队赴湖北省仙桃市对口开展疫情援助工作。”我毫不犹豫地答道：“服从组织安排，保证完成任务！”挂断电话后的我心潮澎湃，思绪万千，一夜无眠。

2020 年 2 月 17 日一早，我就来到单位整装防护物资、生活必需品、相关资料文件。很多同事闻讯赶来帮忙，就这样一直忙碌到下午，终于到了出发的时刻。出征仪式上，我带领全体队员庄严宣誓：“以生命守护生命，以行动落实‘两个维护’，为打赢疫情防控战，奉献疾控力量、山西力量！”

当我们异口同声高喊“以生命守护生命”的誓词时，我禁不住热泪盈眶，真要冲锋陷阵了，这是实战，不是演习，我将是三晋援鄂大军中的一份子！临行前，中心张睿孚主任叮嘱我一定要做好个人防护，带领团队以斗志昂扬的精神面貌支援湖北，把所有队员平安带回家。

山西派出的首批援鄂防疫队伍出征了。太原武宿机场隆重的仪式、热情的道别、媒体的采访，让我热血沸腾，同时又深感肩上的担子很重。当地的情况怎样，如何对接开展工作，这都需要我提早谋划、通盘考虑。东航的服务很贴心，空乘给了我们每人一面国旗，一个她们亲手折叠的千纸鹤和一封感谢信，带领大家高唱《阳光总在风雨后》，鼓舞着我们的士气，让我们心底油然而生一种自豪感和使命感。

飞机徐徐降落在武汉天河国际机场，我望着夜色中的武汉，星星点点的灯火，没有了往日的热闹气息。山西支援湖北抗击疫情前方指挥部副总指挥陈利民、仙桃市宣传部和卫生健康委领导到机场迎接我们，短暂的寒暄和嘱咐后，我们登上大巴车于次日零时许到达仙桃市。

俗话说：万事开头难。第十批援鄂医疗队人数较多，医疗、疾控一起抵达，初始对接工作有些困难。经多方联系，我们与仙桃市卫生健康委杜主任取得了联系，他对我们表示了感谢和欢迎。第二天一早，我们与杜主任及仙桃市疾控中心赵淑军副主任在酒店院内见面了，我的心一下子踏实了许多。

2020 年 2 月 22 日晚，山西支援湖北抗击疫情前方指挥部召开第一次视频会议，强调了援鄂工作的要求，指挥部按照“三办六组十三队”组织构架对职能做了分工，我任疫情防控组组长。总指挥冯立忠和仙桃驻地指挥来看望我们，一再叮嘱要加强个人防护，认真做好每一项工作。副总指挥陈利民通过微信和电话指导学习国家方案。仙桃市市长、第十批医疗队李斌队长及队友，仙桃市疾控的同仁们都对我们的工作和生活鼎力支持，让我们能及时全身心投入到工作中，在此表示衷心感谢。

我们和湖北省疾控中心驻仙桃技术指导组、仙桃市疾控中心相关人员进行座谈，了解当地在前期掌握的疫情防控情况、流行病学调查工作进展和存在的困难。基于仙桃市疾控中心的工作需求，我们立足“补短扬长、突出效用、重视推广、团结协作”，整理、完善、追踪了符合标准的聚集性疫情，

2020 年 2 月 25 日，山西省卫生健康委副主任、支援湖北医疗队总指挥冯立忠到仙桃市看望一线人员。

查找潜在威胁并提出传染病相关理论，对病例流行病学个案调查资料进行梳理和剖析，撰写了聚集性疫情流行病学分析报告，为研判疫情态势和趋势提供有力参考；整理核对完善 20 例死亡病例信息，并与相关数据库进行了整合对接，分析其流行病学特征，找出死亡相关因素，为进一步优化诊疗提供数据支持；及时集中研讨新发病例，针对性提出防控措施，及时根据研判防治动态结果，提出强化和弥补为主的措施，确保防治工作强度和持续性；与湖北省疾控中心驻点队员一道对仙桃市监狱、精神病院、养老院、社会福利院等特殊场所开展巡查指导工作；向仙桃市疾控中心推荐了山西在全国率先发布的 5 项疫情防控地方标准，指导当地消杀工作；参与编制《医院终末消毒流程》《仙桃市养老机构消毒指南》《企业复工复产防控要点》等，协助仙桃市疾控中心细化污染场所和污染物品的消毒方法和防控管理，共培训 7 家单位、50 余人次。

每天工作结束，我们都要视频连线，总结经验，查找不足。我也一再告诉大家流行病学调查工作处在疾病防控最前沿，最危险，必须规范流程，强化纪律，注意防护。

最后向大家介绍一下我和我的小伙伴：

山西省疾控中心帖萍，地方病防控科科长，山西省援鄂仙桃市首批防疫队队长，山西省第十批援鄂医疗队仙桃临时党支部第四党小组组长，年龄最大，全力保障大家的工作、生活和安全。

山西省疾控中心穆生财，队内唯一的帅哥，负责防控指导及后勤保障工作，因在支援任务中表现突出，已在一线被吸纳为中共预备党员。

太原市疾控中心韩婷，脚踏实地、默默工作，统计图做得很漂亮。

阳泉市疾控中心高艳云，是大家的贴心小棉袄，细腻周到，负责每日工作简报和动态撰写。

阳泉市疾控中心王晓晓，全组的小宝贝，年龄小但工作经验不少，也积极要求火线入党。

在这场战“疫”中，哪里有困难，哪里就有四面援助、八方支持。作为一名疾控老兵，我坚信，在党中央的领导下，在全国人民的共同努力下，我们一定会打赢这场疫情防控战。到那时，我们一起笑对阳光，胜利而归。

仙桃必胜！武汉必胜！湖北必胜！中国必胜！

（山西省疾病预防控制中心　帖萍）

防疫战线，铿锵玫瑰骄傲绽放

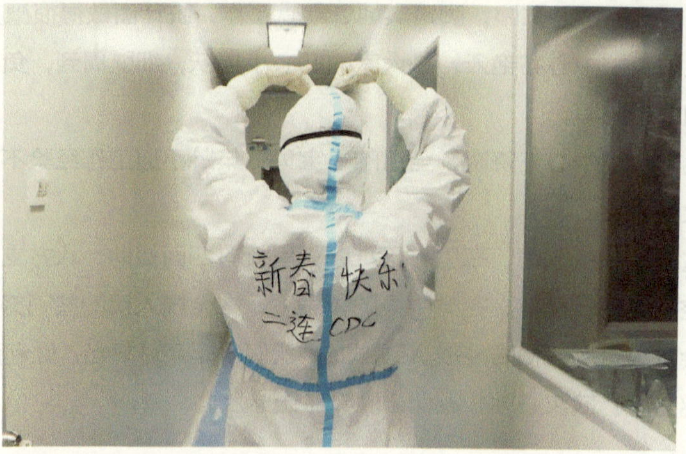

2020年1月24日，除夕，晚上8点，二连浩特市疾控中心流感实验室内，李晓辉在防护服背后写上了祝福单位同仁“新春快乐”的字样（摄影：郭志敬）。

现在是2020年3月8日凌晨4点，在等待新型冠状病毒核酸检测结果的两个小时里，躺在办公室行军床上的我，却怎么也睡不着了，回想起近两个月的经历，如梦一场。

时间退回到2020年1月22日，那是我永生难忘的一天。晚上10点多，本来要休息的我，突然接到了主任的电话，要我立刻赶到单位准备，在K3列车上发现了一位湖北武汉籍发热患者，可能要进行新型冠状病毒核酸检测。虽然我早已做好了工作准备，但是我没想到疫情会来得这么快，来不及仔细思考，我以最快的速度赶到了单位，穿好防护服，做好实验室前期准备。晚上12点左右，我接到了第一份样本，便立即开始了检测，因为这是我第一次做新型冠状病毒的核酸检测，实验过程中我打起了十二分的精神，生怕出现一丝纰漏。样本终于上机了，我松了口气，可这时又突然送来两个样本，于是没有片刻的休息时间，我便又投入到实验中。凌晨 4 点多，第一份样本的检测结果出来了，是阴性；5 点多，第二批 2 个样本结果也出来了，也是阴性。这让所有人紧悬着的心都放松了下来，我也得到了可以回家休息的通知。

可谁知，刚刚踏出单位门，我又接到了电话，马上又要送来一份样本！可这时我已身心俱疲，连腰都直不起来，但是为了不耽误诊断，我义无反顾地返回了奋战一晚的实验室，又经过了近 7 个多小时的实验后，新型冠状病毒核酸检测呈阳性。下午 3 点，这份样本被送往内蒙古疾控中心实验室进行复核。在等待复核的过程中，我的心情是无比忐忑，这毕竟是我们检测出的第一份新型冠状病毒核酸阳性，是否是准确的呢？凌晨一点左右，内蒙古疾控中心专家传来消息，是阳性，说我做得没问题，做得非常好！终于我可以踏踏实实地睡个觉了，此时我已经近 30 个小时没睡了。但是，所有的付出都是值得的。

经过了一晚的休整，1 月 24 号下午我又接到了 6 例密切接触者的样本。离家前，妈妈问我：“今天是大年三十，什么时候能回来？想吃什么妈给你做。”她的眼中满是担心，但是纵然有千般的不舍，我也只能回答：“妈，你们别等我吃晚饭了，万一又有阳性我就不回家了，以后就在单位住了。”虽然走得坚决，但是下楼的时候我还是放慢了脚步。此刻，我多么想与家人一起包着饺子，晚上一起热热闹闹地吃饭，但是我的身后是万家灯火的安危，我不能停下，耽搁一秒，患者便多一分危险，防控便多一分困难。赶到单位，因为实验室刚刚做完阳性样本，我不敢贸然进去继续实验，只好先进行反复地消毒，做完这一批样本，回到家时，已是新年的钟声即将敲响的时刻。到今天，我已经记不清在实验室里有多少天通宵达旦地检测样本了，在近 7 个小时的实验里，我不能喝水，不能上厕所，这样的工作过程对我来说已成常态。

“你天天这样熬夜，身体的免疫力也会下降的，接触样本，多危险啊？”我妈常常这样问我，在我每次离家做实验前，她总是叮嘱我要格外注意安全，为了让她安心，我总是说：“没事的，我防护得很好的，放心。”可是我明白，虽然我不像医护人员那样密切接触患者，但是实验过程中稍有疏忽也

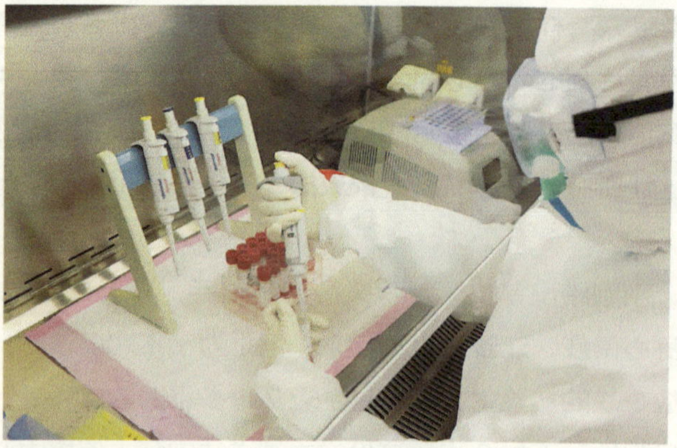

2020 年 3 月 8 日凌晨 2 点，二连浩特市疾控中心流感实验室内，李晓辉正在加样，准备进行新型冠状病毒核酸提取（摄影：郭志敬）。

会造成感染。作为身处抗击疫情第一线的检验员，此时与身处“战场前线”没什么区别，我的心中也不免总是忐忑。我常常问自己，“这份工作既辛苦，又无人知晓，自从疫情出现，我连一个完整的好觉都没有，这样的付出值得吗？”但是看着身边的同事们夜以继日、废寝忘食地奋斗在一线，我坚定地告诉自己：“既然我已经选定了这样的事业，就该无所畏惧，因为在我的背后便是人民，所以我不能退缩！”

偶然之中，我在网上看到沈阳医疗系统公开招聘，简化流程、直接面试的公告，作为一名临时工，面对这样的诱惑，我动摇了，产生了去试一试的冲动。但是二连浩特是口岸城市，疫情防控马虎不得。作为一名疾控中心的检验员，一面是可能一辈子的工作，一面是肩头的责任与担当，我陷入了纠结，不禁流泪。但是经过了一晚上的精神斗争，我毅然决然地决定，放弃这样的机会，留下来！不仅是为我长久以来奋斗的单位负责，更是为全市市民的生命安全负责。

2020 年 2 月 1 日，在抗击疫情的同时，我毅然递交了入党申请书，要求火线入党。2 月 7 日下午，经上级党组织研究决定，疾控中心党支部召开党员大会同意我成为中国共产党预备党员。今后我会以党员的标准严格要求自己，冲在前面，全力以赴，抗击病毒，逆向而行，为保障人民的生命健康而奋斗，成为一个名副其实的“抗疫狙击手”。

对于我们疾控人来说，疫情就是命令，防控就是责任，我们日夜奋战在抗疫第一线，不曾有丝毫懈怠。巾帼不让须眉，我要用热血和担当让这朵“铿锵玫瑰”在防疫战线上骄傲绽放。

（内蒙古二连浩特市疾病预防控制中心　李晓辉）

88

紧守门户，筑起疫情防火墙

2020 年 2 月 23 日南京市疾控中心派驻南京禄口机场防控小组与江宁区卫生健康部门机场防控小组合影。

当前新冠肺炎疫情防控已经到了最为关键的阶段，在社区传播防控已取得阶段性成果的情况下，守好城市的门户，严防输入性传染已成为疫情防控的重要环节。南京市疾控中心的两位防疫老兵自 2020 年 1 月 27 日起就主动请缨，一直守护在南京禄口国际机场，24 小时才能轮换一班。

徐庆，54 岁，共产党员，先后参与“非典”“甲流”、H5N1 人感染高致病性禽流感等大型突发公共卫生事件的现场疫情处置工作。他曾面对各种自然灾害，2008 年汶川地震、2016 年高淳水灾的一线处置中都有他的身影，他还参与了华商大会、苏商大会、青奥会等众多大型活动的现场保障工作。

刘辉，52 岁，农工党员，主任医师，中国学生营养与健康促进会理事，江苏省儿少卫生专业委员会常务委员，鼓楼区政协委员，2003 年“非典”疫情防控南京市专家组成员。

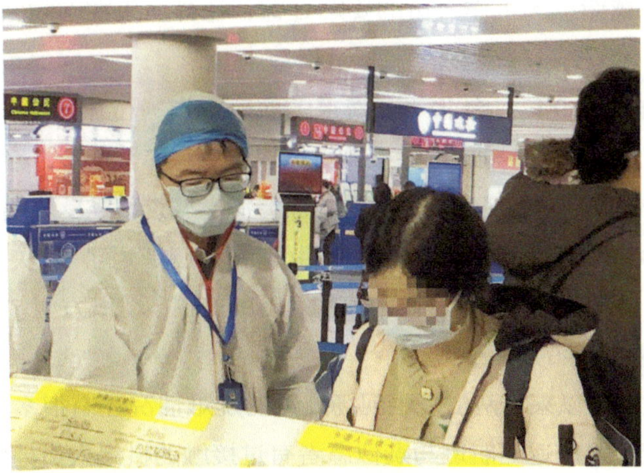

2020 年 2 月 23 日刘辉在南京禄口国际机场指导入境旅客。

他们自 2020 年 1 月 27 日起进驻禄口机场，主要负责国际航班中湖北及其他重点地区旅客、机组人员的处置，发热及其密切接触旅客、机组人员的处置，包括送定点医院检查，隔离或医学观察等。机场是城市的门户，准确的处置，既要保证旅客的正常出行，又要保证不漏掉一个危险因素，责任重大。

进驻初期客流量很大，一天下来往往会有十几个班次的旅客有情况需要处置，两位老兵经常需要穿着严实的防护服在边检一站就是一整天，但他们深知肩上的责任重大，毫无怨言。航班最早是早上 6 点，最晚是凌晨 2 点，再加上机场指挥部新成立时条件艰苦，他们夜里 3 点回来休息，有时只能用两把椅子拼一下，稍稍休息几个小时，就要投入到新一天的战斗中去。

2020年2月1日，凌晨1：30。接到机场报告，安检时发现4名印尼在华留学生在离港时有1名有发热症状，徐庆医生第一时间赶到现场进行流行病学调查。得知其中3人来自湖北理工大学，1月20日离开黄石来宁。对此情况，处置组高度重视，在语言交流困难的情况下，想方设法，克服困难，耐心细致地询问个案信息，按疫情处置方案的要求，妥善处置了发热患者，并对随行人员予以医学观察。有解除医学观察的旅客给他发微信，感谢机场工作人员的妥贴处置，让外乡人在南京感受到了家的温暖。

2020年2月9日，台北飞至南京的航班上有一位旅客1月25—30日接触过新冠肺炎病例，刘辉医生接到机场报告后，不惧危险，在做好个人防护后，第一时间到达现场对该旅客进行流行病学调查。经反复确认，确定该旅客与确诊病例最后的接触时间为1月25日，已超过了14天的最长潜伏期，按规定予以放行。在保证防范疫情风险的前提下，既方便了旅客，也避免了疫情防控资源的浪费。

自进驻机场以来，两位医生现场处置的疑难情况还有很多，如机组人员发热处置，韩国返回航班与疑似患者有过接触的机组人员处置，对疫情处置有抵触旅客的宣传、告知、安抚，对执行湖北支援任务机组人员的处置等。本着高度的责任心，以及过硬的专业素质，两位老兵实现了所有航班、所有事件处置“零”差错，省疾控督导组对现场处置情况也给予了高度评价。除了做好疫情应对的本职工作外，两位医生还不忘在空余时间加强学习，第一时间学习、掌握相关文件、方案。徐庆医生还在现场开展了对江宁区现场处置组的业务培训，认真学习最新版的新冠肺炎诊疗方案、防控方案。

在机场，两位医生与文旅局、机场、海关、边检、江宁区疾控中心等单位密切合作，遇到难点问题、个性问题共同研讨、研判，力争拿出最佳处置方案。同时，在确保疫情处置安全的前提下，尽力为旅客着想，对不同年龄段的密切接触者进行心理上的疏导，并尽可能提供生活上的便利，至今未发生一起因密切接触者人员情绪不稳造成不配合的事件。

2020年1月27日至2020年2月21日，禄口机场工作组共保障国际国内航班3 196架次，旅客总数244 223人。现阶段，随着疫情防控战

“役”的深入，疫情防控形势也有了新的变化，国际航班数减少，国内复工复学的包机增加，预示着机场防控也应随新的情况的出现做好必要的准备。对此，两位老兵都表示，越是在这样的时刻，越不能放松警惕，要始终认真对待每一条可疑信息，在机场防控指挥部的统一领导下，认真处置好每一起事件，让新型冠状病毒绝无可乘之机！

（江苏省南京市疾病预防控制中心　刘辉）

89

专车“押”送新冠肺炎病例阳性样本的人

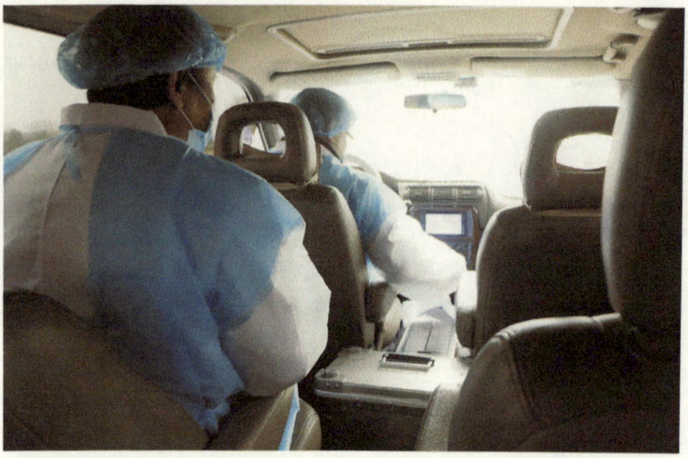

2020 年 2 月 11 日，安庆市疾控中心两位护送员专车装着新冠肺炎病例阳性样本的 A 类生物包装箱前往安徽省疾控中心送检。

14 份新冠肺炎病例阳性样本，就放在安庆市疾控中心驾驶员王振龙所驾驶的疫情处理车座位后面，而离这个装着样本包装箱最近的人是武辛勤医生。尽管这 14 份新冠肺炎病例阳性样本用 A 类生物包装箱装着，但放在他身边两个座椅之间卡着，着实还是让人有点害怕。“放在面前放心些，如果放在后面没有人看着，车子急刹车我怕它倒。”说这话时，这位退伍军人，54 岁的共产党员，安庆市疾控中心结防科医生一脸轻松。

根据 2020 年 2 月 6 日安徽省新型冠状病毒肺炎疫情防控应急指挥部要求：市疾控中心负责将属地阳性样本在生物安全二级实验室的生物安全柜内分装，每周二将所有样本，严格按照感染性生物材料 UN2814 标准进行 A 类三层包装，并办理《准运证书》，专人专车送至省疾控中心微检科保藏。

2020 年 2 月 11 日上午 7：50，武辛勤医生和王振龙师傅接到了“押”送的任务准备出发。

2020 年 2 月 11 日，怀着忐忑的心情，笔者身穿防护服陪着两位安庆市疾控中心护送员，专车“押”送安庆市 2 月 6—10 日新冠肺炎病例阳性样本到安徽省疾控中心实验室。

2020 年 1 月 23 日，安庆市发现第一例新冠肺炎病例后，从初期的每天送一次，到现在每周送一次，他们专车运送阳性样本去省疾控中心复核已经十几次了。每天早上 8 点到实验室办理交接，前一天夜间实验室分装好的样本，一路不停歇，安全送达安徽省疾控中心。疫情期间，返程路上无法吃午饭，每次送样回到单位要到下午 2 点左右，才能在食堂吃上午饭。

空旷的食堂就他们两个人。问他们：“运送传染性这么强的病毒你们害怕吗？”武辛勤说：“刚开始不害怕是假，但你不干总得有人干，我们俩人搭档很默契，我们只要做好个人防护，安全应该是没有问题的。”

疫情无情，人有情。他们，一个是普通党员、一个是普通疾控人，用自己的坚持，和千千万万疾控人一起，建立起了一个严密的防控链条，护卫着人民群众的身体健康。

（安徽省安庆市疾病预防控制中心　刘革）

待疫情过后，我许你春暖花开

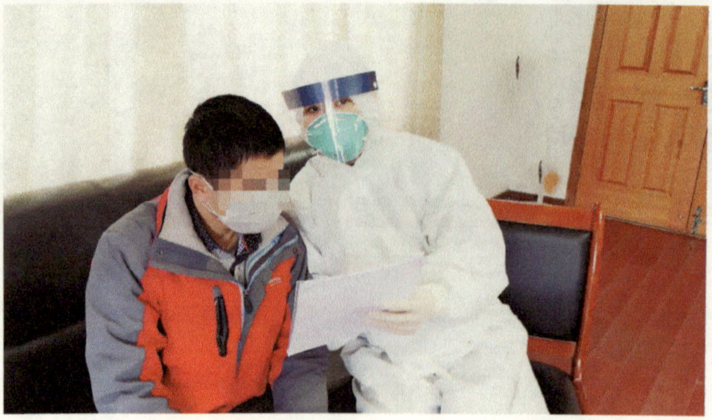

2020 年 2 月 15 日，于丹在江西省鹰潭市人民医院进行流行病学调查。

2019 年形如白驹，在薄如蝉翼的时光中，倏然而去。对于身处南方的我还来不及感慨今年冬天的温暖，便匆忙地迎来了这场突如其来的严峻考验。新冠肺炎来势汹汹，不断攀升的确诊病例，让这个冬天又变得格外寒冷。

寒假前，优宝就像只叽叽喳喳的麻雀一样，不停地围着我问："妈妈，今年过年爸爸不值班，我们一家人去海南旅游吧！妈妈，我要去南昌吃海底捞！妈妈，你说话会算数的，对吧？"然而，新型冠状病毒的信息突然从天而降，信息各种各样，让人紧张的，让人感动的，让人担忧的……一场疫情，像一块巨石砸入了我原本平静有序的生活。在疾控中心工作，有着 24 年工龄的我和我的同事们出于对专业的敏感性突然意识到这不是一场普通的战役，"不会又是一场'非典'吧？新型病毒？变异？毒性会不会更强？"各种猜测，接踵而来。唯一肯定的是，我们今年的春节假期估计要泡汤了。果不其然，2020 年 1 月 21 日，国家卫生健康委确认了江西省首例新冠肺炎确诊病例，随后江西省启动了重大突发公共卫生事件一级响应。鹰潭市疾控中心立即下文，全中心职工取消休假，投入到这场没有硝烟的战役。

大年初三，鹰潭月湖区出现了疑似病例，检验科马上进行样本检测，我们每一个人都瞬间紧张了起来，希望可以是一个好的结果。事与愿违，初筛结果为阳性。作为全省地级市人数最少的疾控中心，我们每一位科长都加入了应急值班，当天确诊后的流行病学调查轮到我们小组负责。流行病学调查，简称“流调”。如果说，“流调”是预防控制新冠肺炎的“关口”，那么，“流调”人员就是前沿阵地上的“侦察兵”。我们的“流调”工作就是直接与患者和密切接触者面对面交流，摸清患者就诊前的每一个活动细节，把所有和患者接触过的人员、去过的地点、乘坐的交通工具逐一登记，犹如大海捞针却一个都不能漏掉，工作的危险程度不亚于一线的临床医生。在清洁区，我们首先戴上橡皮手套、N95 口罩、工作帽、护目镜，再穿上一次性连体防护服，套上鞋套，戴上防护面罩。最后，戴上第二层橡皮手套，第二层橡皮手套则要套在防护服的袖子外面。此刻的我们，已完全隐去了本来面目，根本分不清谁是谁，就连声音也似乎变得虚无缥缈。所有进到病房的人，只能通过身高体型来判断彼此。N95 口罩上的鼻夹牢牢地架在鼻梁上，夹得鼻子疼得厉害，连呼吸也会变得不顺畅，就像是离开了水的鱼儿一样，似乎要大口喘气才能呼吸。呼出的气息很快在护目镜上形成了一层薄雾，遮住了视线，继而凝成无数颗晶莹的小水珠，在封闭的护目镜中游弋。隔离区的病房显得格外安静，捂在隔离服里面的我们已觉得呼吸困难、汗流浃背。“流调”工作进行了一个多小时，脱掉防护服、摘去口罩后，我第一个动作就是贪婪地深呼吸，感觉获得了新生。

“流调”工作存在潜在的危险因素，接触完患者后，我和同事就把自己暂时和家人隔离了，优宝被我赶到了楼下妈妈家暂住。一个三楼一个四楼，虽是咫尺，犹隔天涯。多日不回家，只能在电话里听听女儿和爸妈的声音。90 岁的姥姥在电话里对我说加油，老妈看到我微信朋友圈发的方便面，心疼地对我说：“工作累更要吃好，别天天吃快餐，你快回家前跟妈妈说，妈妈给你做好饭菜端到楼上去。”就连一贯比较严肃的老爸，这次都变得格外温柔，一句一个女儿，一口一声注意安全，注意防护，家里不用你担心，照顾好自己就行。老公也坚守在自己的工作岗位，天天不能回家，虽对我是满心担忧，却依然对我说着土味情话安慰我：“别担心，肯定不会染上，就算染上了新冠也没事，我去医院陪你！”随后我进入了紧张的工作中，消杀、防疫宣传，忙起来连打电话的时间都没有，实在是无暇顾及家人。一家三口三个地方，此刻的优宝也变得格外黏人：“妈妈我想你和爸爸了，妈妈你什么时候能回来？妈妈，你千万要小心一点哈！”有一次回家，优宝对我说妈妈我隔着门缝看看你行吗？看到隔着门缝里的妈妈和女儿，听着女儿说：“国是千万家，有国才有家。妈妈，虽然我很担心你，但我知道你这是舍小家顾大家。妈妈，隔着门抱一下你吧，我为你感到骄傲。”这一刻，我的眼泪终于忍不住往下流。元宵佳节，本是万家团圆的日子，我和我的同事们依旧坚守岗

2020 年 2 月 7 日，于丹和女儿、母亲在鹰潭市清波雅苑隔门抱。

位不能陪伴在家人身边，此刻的我是多么想抱抱爸妈，搂搂女儿。作为儿女，作为父母，作为爱人，也许我并不称职。但作为一名医务工作者，我深知疫情就是命令，疫情防控就是战斗，我必须不忘初心，牢记使命。作为一名共产党员，我必须牢记共产党员的使命与担当，践行入党时的誓言。扶危渡厄，医者担当。如果这个世界真有天使，我想那一定就是我们这般模样！

没有一个冬天不能逾越，没有一个春天不会到来，疫情终会结束，很快，阴霾散尽。很快，山河无恙。很快，春暖花开。有人问，疫情过后，你最想见到谁？我想那一定是我的家人，待疫情过后，我许你们登黄鹤楼，吃热干面，赏蝶飞蜂舞，听燕子呢喃，看万山红遍，闻花香四溢！

（江西省鹰潭市疾病预防控制中心　于丹）

91

战“疫”前沿：一个普通疾控人的春节记忆

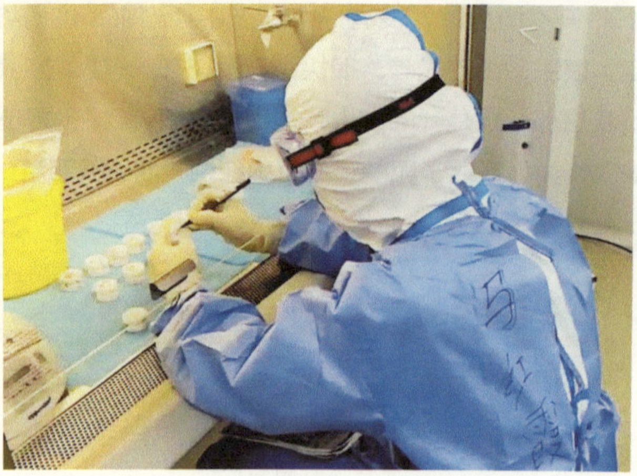

马红霞在进行实验操作（摄影：孙国清）。

2020 年 2 月 12 日，这是本周马红霞在办公室留宿的第 3 天了，上周她也只回家住了一天，是工作需要，也是一位天天接触新冠肺炎病例标本的妈妈对女儿的一种保护。4 岁的女儿最大的愿望就是妈妈能够陪她睡觉，给她讲故事。

这个春节对于所有的中国人来说都是一个极其难忘的节日，这场肺炎疫情牵动着所有中国人的心，自从国家第一版防控方案出来以后，中心就开始紧锣密鼓地制定河南省防控方案，采购应急物资，提前做好各项预案，宁可备而无用，不能用而无备。虽然有应急物资储备，内心却希望一直不要用到。

2020 年 1 月 19 日临近中午，黄学勇所长表情严肃地跟我说：“抓紧时间去吃午饭，午饭后有肺炎病例标本送来，需要马上检测。”

不用多说，经历了太多次应急工作的洗礼，我知道这意味着什么。对于未知的病原体，对于一个呼吸道传染的病原体，对于一个国家方案要求生物安全三级实验室方可开展培养的新病原体，我深知这意味着什么。和实验室的两个小伙子张白帆、李懿一起接受了检测任务。技术不是问题，我们个个都是技术骨干！但是，面对这样一个艰巨的任务，如果这例患者感染的真的就是据说和SARS同源性很高的冠状病毒的话，我首先想到的是如何保证实验人员的安全，保证这两位天天喊我“马姐”的小伙子的人身安全。不放过任何一个防护细节，连体防护服、N95口罩、护目镜、靴套、双层口罩……说不清是压力还是防护服的作用，脱下防护服时，我们每个人都满头大汗。

第一轮实验结果出来，夜幕已降临，而检测结果刚好是需要再次复核确证的临界阳性。2020年1月19日，全国除了湖北还没有其他省份报告新型冠状病毒感染病例的时候，在这个决定湖北疫情是否已扩散的关键时刻，领导都在等待实验结果。重新检测，这一次比上一次检测要更加小心谨慎，结果还是临界阳性。

新型冠状病毒扩散到了河南？按规定程序首例患者确诊必须由中国疾控中心进一步复核，许多工作需要同时开展，一边请教中国疾控中心病毒病预防控制所相关问题，一边联系中国疾控中心了解送检程序，同时及时向领导汇报每一步进展。这一日，我回到家已经接近凌晨。后续经过国家复核，再次确认了我们省的检测结果，这就是河南省新冠肺炎的首例确诊病例。从这一天开始，便拉开了河南省疾控人的战“疫”序幕，也是从这一天开始，我便开启了“无休”的工作模式。

新冠肺炎病例数字持续攀升，点开日历发现已经连续上班26天了，虽然元宵节已过，却总有种错觉，春节还没过呢。作为河南省疾控中心的检测组成员，也是全省疾控系统实验室检测的技术指导，在没有检测任务的时候，也要负责完成各种数据的统计报告。全天24小时待命，手机24小时待机，全省18个地市的问题咨询随时解答。有一次凌晨手机振动，却没有把极度疲劳的我从睡梦中叫醒，同事赵嘉咏毫不犹豫地承担了本该我来承担的检测任务，这让我很自责。从此，我的手机铃声再也没有调过振动。

这个年，面对4岁多的女儿，我是心怀愧疚的，这个寒假我一天都没有陪过她。作为一位妈妈，一位做新型冠状病毒检测的妈妈，回到家都不敢给孩子一个拥抱。孩子问我，妈妈为什么你一直没有周末，我只能说：“孩子，妈妈要和病毒做斗争，好让你早日出门找你的小伙伴玩耍。”愿这一天早点到来！愿山河无恙，愿你我安康！

道固远，笃行可至；事虽巨，坚为必成。这句致敬病毒斗士侯云德院士的话，正是无数疾控人不畏艰险、甘于奉献的初心。战友们！疫情没有结束，战斗还在继续，同仇敌忾，战必胜矣！

（河南省疾病预防控制中心　马红霞）

92
抗疫随笔

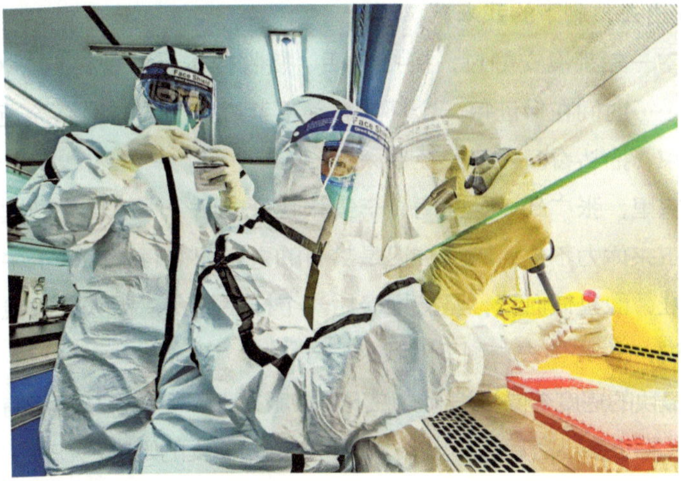

2020 年 2 月 15 日，刘笑洁与同事李莹正在实验室进行病毒核酸检测实验（摄影：曾宪平）。

“有事，最近不回家了”

2020 年年初，新闻里不时有新冠疫情的消息，大家心照不宣地开始了假期间的应战准备，但还是存着一丝侥幸：希望洛阳平安，疫情最好不要来，抑或将脚步放缓一些，过完年再来……没想到洛阳的疫情来得这么突然，令人猝不及防。

2020 年 1 月 21 日，当双份试剂、双份平行对照结果和电脑屏幕上的“S”形曲线呈现在我们面前时，大家都沉默了。几个人面对面坐在办公室里没说话，但都知道这意味着什么。随即大家向上级汇报，联系各种试剂物资，整理各种文书，备案，整理生物样本的准运证书，连夜送样至河南省疾控中心……从这一刻开始，洛阳新型冠状病毒应急检测的序幕正式拉开。

没有预告，没有商量，甚至都没有来得及跟家人打声招呼，我们就这样开始了“紧急备战”的抗疫生活。

实验数据和职业操守注定了要对家人撒“善意的谎言”，退掉回家的车票，面对妈妈在电话里的疑问，只能淡淡笑着说一句“没事儿，过几天就回去了。”没想到，时间一晃就是 31 天。

“你先出去，剩下的我来。”

办公室一刻都没安静过，接打电话、接收样本、准备材料、准备实验、不停消毒……时间在保证每一个环节有条不紊进行的同时悄然流逝。经常几个环节结束，抬头看窗外就已经是深夜。

实验室里，张广武、孙向南、李莹和我分成两个小组轮流做实验。轮流实验一天下来体力不支、饭点推迟是常有的事。记得有一次，下午实验过程中感觉想吐，像是低血糖，坚持把最后一个样品加完，和队友说我快撑不住了，李莹说：“你先出去，剩下的我来。”

我用最快的速度奔向洗消间，脱下防护服，大口呼吸，从来没有觉得这么需要氧气。一个多小时后队友出来了，同样体力不支的她脸色苍白，对晚饭也没什么胃口，她说她也是努力撑到最后，站着走出来，“不能晕倒在里面”。

数九寒冬做实验，大家的防护服里却只有一件薄 T 恤。即使这样，密不透风的防护服下能不断浸出汗水把衣服打湿，护目镜戴上没多久就因为出汗起雾。走了无数遍的实验室，穿上防护服之后却突然像马拉松那么远，每走一步体力消耗都很大。从实验室出来头发被汗打过，黏腻地贴着头皮，脸被勒得脱皮，N95 戴得时间过长导致过敏，脸上起了很多痒痒的痘痘。戴护目镜时间太长，手被汗水泡出褶皱发疼，还需要忍着皲裂去不停地消毒洗手……看似一个个常人难以忍受的行为，却是我们每一位战友的日常轨迹。

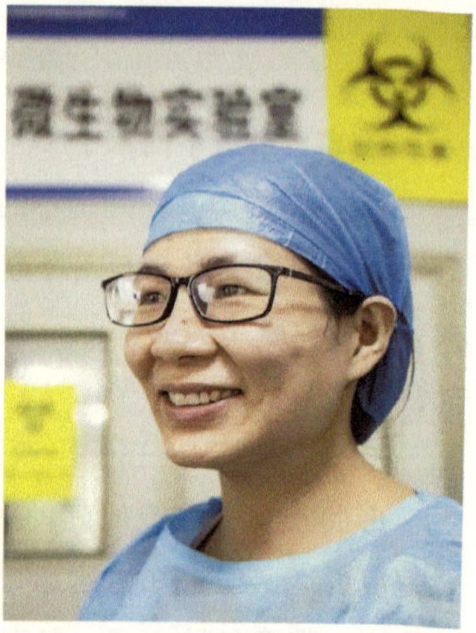

2020 年 3 月 6 日，出了实验室的刘笑洁准备接受洛阳日报的采访，脸上还有口罩的勒痕（摄影：曾宪平）。

虽然身体疲惫咬牙坚持，心里的压力一点也不比身体上的少。高强度的实验，并没有让我倒床就能睡着，那种担忧和焦虑经常让我半夜醒好多次，每天睁眼第一件事就是看看疫情数据。看着一条条的武汉报道，看着看着就哭了……

家国有难，在疫情面前每个人都是弱小的个体，而我们能做的仅仅只有穿上防护服，进入实验室和时间赛跑，多检验一次，等待的时间就会缩短一分钟。我们能做的就是用我们的技术，为社会的群防共治增加一份力量。

“我都认不出来妈妈了。”

高压的抗疫节奏下也伴有一部分温暖。各地市的同行们在微信群里互相转发学习各种有指导意义的视频教程，大家相互沟通交流，鼓励打气。过年期间，检验中心的同事们自发组织起来轮流值班，为我们保障饭菜的供应。随着样本量的增多，微生物实验室第二梯队的队员们也开始陆续加入实验室帮我们。疫情在扩散，但我们的团队力量在不断壮大，我们有信心，相信黑夜结束，太阳就会升起来。

有一天老公突然向我要我穿防护服的工作照片，我不理解，随即应付说现在没有时间和心情去照相。第二天他在网上找了很多穿着防护服的照片，给三岁多的孩子看。孩子说：“妈妈就是穿着这样的衣服吗？我都认不出来妈妈了。”老公说，孩子梦里都在叫妈妈。听到这，眼泪不争气地流了下来。妈妈何尝不想宝宝，不想抱抱宝宝！

终于洛阳疫情出现了清零的转机。连续多日没有新增阳性，我们可以回家了！打开家门的一刹那，孩子飞快地跑过来，我紧紧抱住孩子。回家真好……

从业十年，这一次疫情让我成长了很多。回想起抗疫期间的每一天，感慨我这点坚持和远在武汉的同胞比起来，真的相差太远了。办公室对面的写字楼总是亮着灯幅字幕：“中国加油！洛阳加油！”每天下班前，我总是会看上一眼，不停地给自己打气，远方有我们不认识的战友们仍旧在负重前行，我们要守好后方，我们都在为同一个目标努力：中国加油！

敬畏生命，敬畏职责。愿山河无恙，祖国安康！

（河南省洛阳市疾病预防控制中心　刘笑洁　梁秀梅）

93

援鄂纪事

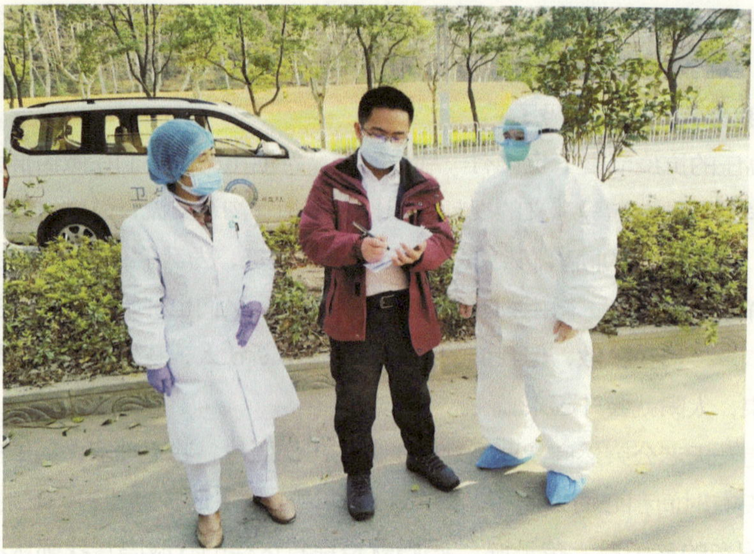

2020 年 3 月 7 日，陆皓泉同志（中）在武汉九峰社区的隔离点进行防控措施落实情况调查和指导。

从 2020 年的寒冬一路行来，今天是我到达武汉的第 27 天了。三月的武汉，已不再是昔日那座万人惶恐、紧张、焦虑、伤痛的空城，它带着清新丽人的色彩，春回大地，暖意融融。最可贵的是那如约而至的樱花，次第绽放，漫天盛开，仿佛每一株每一簇都饱含深情，蕴满生机，温柔抚慰着这座刚经历磨难却坚强不屈的城市，诉说着爱与希望。此时，我心底不禁吟出毛主席的那首诗，“天连五岭银锄落，地动三河铁臂摇。借问瘟君欲何往，纸船明烛照天烧。”

一腔热血勤珍重——出发

2020年2月21日下午，我正在广西都安县参加新冠肺炎疫情防控工作，突然接到单位办公室朱金辉主任打来的电话，广西要组建一个新的疾控队，赴鄂支援疫情防控工作。通知紧急，我来不及多想，匆匆跟都安防控工作组的李主任和同事们告别，当日便返回南宁，准备赴鄂事宜。

那时距中心2020年1月25日紧急召集全体职工返回岗位投入新冠疫情防控工作已将近一个月了，眼下自己又要前往武汉支援，归期未定，家里老人念及我挂念还在老家的一岁多的儿子，为了在临行前见上一面，2月22日带着他从老家返回南宁。中午抽了个空，到南宁东站接站。分别近一个月，向来都黏我的儿子，乍见之下竟似乎显得有些生分。由于那天下午要参加出发前培训，无法陪他一同返回。将他们送上出租车，在车窗边道别时，他才意识到我又要离开他了，着急地向我伸手哭着喊：“爸爸、爸爸……”那一刹那，我不禁心头一酸，强笑着把他哄进车里。终于，儿子的哭喊声随着渐行渐远的车子一道消失在了路的尽头，我只感愧疚涌上心间！

家人对我的担心虽从不说出口，可字字句句都写在脸上，至于我自己，内心并非没有挣扎。那时武汉市每日确诊人数节节攀升，面临的疫情防控形势异常严峻。前路凶险，茫茫难料，万一自己不幸被感染，家人怎么办？儿子尚在蹒跚学步……

然而，念己及人，为了这场抗“疫”战争的胜利，4万多名白衣执甲的勇士，哪一个不是抛开儿女绕膝的温情，或是含着对花甲之年父母的愧疚，义无反顾地投身援鄂的浩荡队伍之中！尤其看到很多昔日同袍，早已战斗在抗疫一线，如果我此时退缩懈怠，不与他们一同并肩战斗，那一定会成为自己终生的遗憾！

作为一名中共党员，学生时代师长前辈们所彰显的医者情怀、谆谆教导，我始终难忘。工作以后，国家和单位曾大力培养我，参加CFETP（中国现场流行病培训项目）为期两年的培训，这一切依然记忆犹新。更何况，防控疫情本就是我们疾控人不可推卸的责任。苟利国家生死以，岂因祸福避趋之。如今正是尽己所能，慷慨报效国家的时候，义无反顾，唯有出征。

2020 年 2 月 22 日，我在中心紧急接受了出发前培训和出征仪式。

2020 年 2 月 23 日，迎着春寒料峭的晨风，与广西其他 5 名同事向目的地武汉进发。

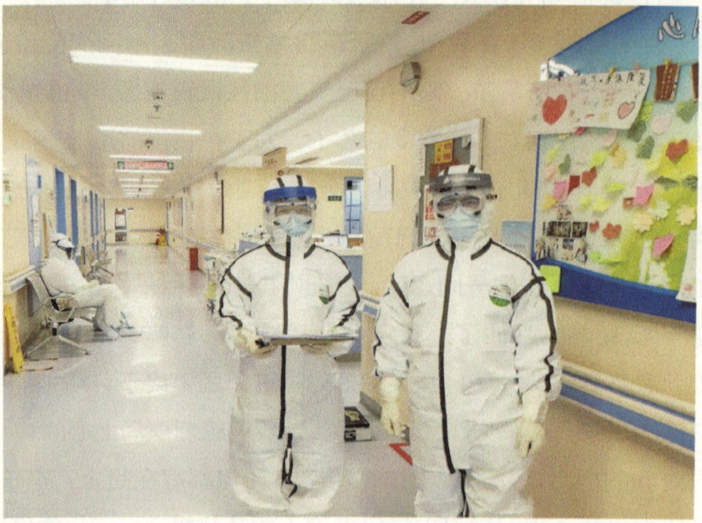

2020 年 3 月 13 日，陆皓泉同志（右）与队友在武汉同济医院光谷院区开展流行病学调查。

遥知百战胜，定扫鬼方还——征程

初到武汉，我就深感抗疫工作确实复杂。记得第一次进入医院的隔离病区开展流行病学调查工作的紧张心情，为了梳理传播链，明确感染源，有一名确诊病例的一些重要信息需要进一步核实，我和另外一位队友需要进入武汉同济医院光谷院区的隔离病房。虽然自己曾多次练习过防护服的穿脱，对其规范早已了然于胸，但当真正身处实境，体验医院严格的穿脱程序及从旁协助的医院同事们一丝不苟的态度时，心头的凝重感顿时油然而生。想到马上就要直面新冠肺炎患者，心中不免忐忑，同时对每日坚守在此的医护人员更是暗暗增添了几分敬佩之情。见到患者，正式开始了流行病学调查工作，自己这份紧张的心情才逐渐慢慢平复。通过对病例面对面的详细流行病学调查，传播链的梳理有了新线索，蒙在我心头的诸多疑问得以一一解开。

还记得另一次，在处置一家拥有 200 余名老年人的养老院聚集性疫情中，由于养老院工作人员防护意识不足，以及前期对此类场所防控工作的疏忽，院内的交叉感染非常严重，我和队友们连续四次前往现场调查和采样。养老院许多老年人行动不便或交流有障碍，我们只能穿着防护服，一间一间走进屋子核对老年人信息，一遍一遍寻找知情人员开展流行病学调查工作。每次调查都要忙到晚上九十点钟才能回到入住的酒店。经过大家一番不懈努力，最终通过采样检测，排查出了阳性感染者，通过流行病学调查，查找到了密切接触者。艰苦的现场调查使我们获取了宝贵的一手资料，为指挥部正确决策提供了有力保障，为最终平息疫情作出了不可或缺的贡献。

能有效地开展疫情防控工作，自然离不开我那些勤奋、敬业的队友们，他们有中国疾控中心的老师，也有新疆和广西各地的同事。通常，上午我和队友们进区入户，对新发确诊病例、无症状感染者和疑似病例开展流行病学调查，通过走访、查看监控和现场询问等方式，分析病例的外出规律，寻找感染原因的证据。下午和队友们前往定点隔离酒店或定点医院，对新发病例开展流行病学调查，询问发病经过、生活轨迹等信息，了解调查对象家庭、共事关系，查找导致其感染的危险因素。晚上，和大家一起讨论疫情，理清目前确诊病例、阳性检测病例、密切接触者与各种社会关系人群之间的时间轴和传播链，提出防控建议。虽然早出晚归大家常常略显疲惫，但却因工作取得进展，脸上每每都洋溢着无法抑制的兴奋。这是我们普通的一天，我想也是每一个援鄂工作队寻常的一天。

病树前头万木春——心路

来到一线后，尽管疫情防控工作复杂而繁重，但武汉人民积极的抗疫精神和秩序井然的社会局面，颠覆了我对这场防控战役原有的想象。这里有很多平凡人的抗疫行动感动着我：疫情发生后，在养老院门口冒着寒风坚持值班的社区工作人员；由于现场调查工作延迟了三个多小时，依旧坚守原地等着接送我们的公交车师傅；每日采集几百甚至上千份样品也无怨无悔的采样小队……他们都是这个特殊时期我们身边可爱可敬的人。这些人中，东湖高新区社区卫生服务中心主任吴晓东的事迹最为打动我。他身先士卒，除了需要协调各方开展各项抗疫工作，还需要具体负责组织病例的流行病学调查、死亡病例遗体的处理、终末消杀和样本采集工作。由于经常使用消毒液进行手卫生，他的双手表皮整体脱落了一层。即使在援助队伍到来之后，他也因为采样和调度各项工作，常常忙到凌晨一两点。在他的带领下，这所只有三十余人且外地职工占 80% 的公共卫生服务中心，不但没有一人请假或申请周末轮休，还顶住了百万人口的东湖高新区的防控工作压力，为东湖高新区坚持到抗疫胜利发挥了强有力的作用。

如今，武汉乃至整个湖北因为大家的努力，疫情形势正迅速好转。到今天，我们的队伍抵达武汉已经 27 天了，没人想到要轮休，大家仍是斗志不减，精神饱满。正是受到队友们的努力和坚持的感染，我在武汉的每一天都过得充实，充满能量。

回首来路，无悔自己当初做了这个决定，能成为万千抗疫战士的一员，我感到无比荣幸。其实最开始，我也曾困惑，在如此严峻的疫情形势下，为何身边许多人总能满怀那么坚定的信念，保持如此旺盛的热情，奋不顾身地投入到抗疫工作的洪流里。直到听到一名土生土长的武汉人，哽咽地向我的一位队友说起，他特别感谢全国各地一批批赶来的援鄂队伍，每多一支队伍，每多一个人，就能点燃武汉人民更多战胜疫情的希望。

是啊，他们是照亮武汉的点点星火，因为有了这点点星火，一度阴云笼罩的武汉终于等到了拨云见日的一天；我们的民族也因为这次众志成城的援助行动变得更加团结和强大。

作为其中一分子，我想我个人的人生也许会因为某一时刻曾经照亮过他人生命的暗夜而变得些许不同。但是，未来自己将会一如既往地坚守在这个平凡的工作岗位上，守护好祖国的防控事业，初心不改，使命依然，如此想来，人生也并没什么不同。

（广西壮族自治区疾病预防控制中心　陆皓泉　符劲）

94

黎明前的光亮

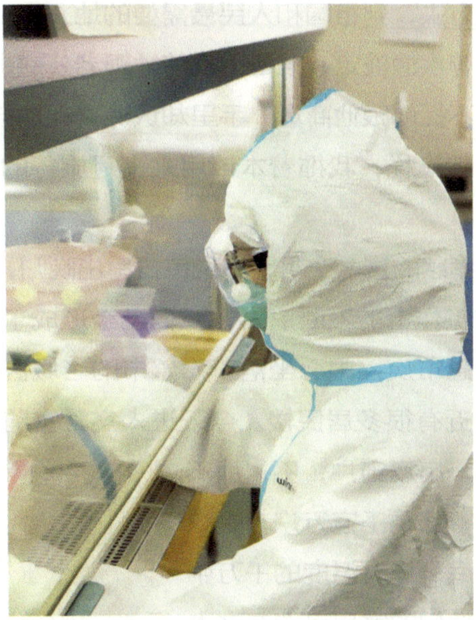

2020 年 2 月 6 日，邱小彤在孝感市疾控中心实验室内进行新型冠状病毒样本的实验室核酸检测（摄影：刘颖）。

我喜欢大海，尤其喜欢在拂晓之时，静悄悄地看海边的日出。起初光线很是微弱，仿佛被什么东西所束缚，但它们挣扎着，拼搏着，挣脱着，不过一会儿的功夫，这一缕缕阳光便聚拢了起来。这时你再抬头往前看，黎明的光就会透过这远方的天际线，穿过层层云雾将光辉洒向海平面，太阳的温暖也会随着沙沙的海浪声一同传递到心里，让人们感受到无限的希望和勇气。

今天是 2020 年 2 月 29 日，是一个四年才出现一次的日子。而今天，也是自新冠肺炎疫情发生以来，我所支援的孝感市第一次新增确诊病例数为“0”。今天工作结束回到酒店，发现房卡过期，才意识到从离开家由北京奔赴孝感进行实验室检测援助工作至今已经整整一个月了。我们去前台续住，酒店经理给我们续到了 3 月 31 日，并祝福我们在下次房卡到期之前可以完成任务回家。

回想一个多月前还和老公计划着新婚蜜月之旅，却没想到疫情的突然出现，让我们措手不及。然而，我深知此时正是国家和人民需要我们的时候。作为一名党员，一名疾控人，主动放弃婚假报名奔赴战场，本就是责无旁贷的事情。于是，在接到动员令的第一时间，我便主动报名奔赴一线，到最困难的地方去，到祖国和人民最需要的地方去。报名时我没有也来不及与家人商量，等事情敲定，准备出发前才跟老公道出了实情。老公虽然嘴上埋怨我为什么不提前跟他商量，手里却认认真真地给我打包行李，穿的用的，一件不落。就这样，我拖着本该用来蜜月旅行的行李箱，踏上了开往湖北的列车。

来到孝感的这一个月，虽说每日早出晚归，但通过与孝感市疾控中心的同仁们在工作上的不断磨合，我们已经形成了默契，工作也越来越得心应手了。孝感市疾控中心坐落于孝感市的老城区内，我们做实验所在的检验检测所附近有很多居民楼。今天进入实验室前，我望向窗外，看到对面居民楼的那一扇扇窗户，不，那不只是窗户，那是千家万户，是像你我的家庭一样有温度的千万中国家庭！他们的家里可能有老人坐在摇椅上看着报，可能有孩子光着脚丫在房间里奔跑，可能有女主人在厨房里叮叮当当地炒着菜，可能也有男主人在客厅里大声地打着电话……可是，当疫情来临，这一切似乎变了味道。为了减少人员流动和聚集，他们可能不得不暂时分居，原本其乐融融的中国家庭，似乎因为病毒的存在而笼罩在阴云之中。曾经车水马龙，充满欢声笑语的城市瞬间沉寂，道路两侧的商铺大门紧

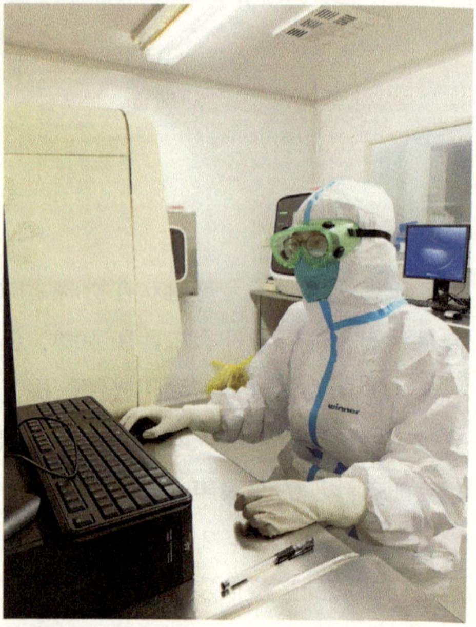

2020 年 2 月 11 日，邱小彤在孝感市疾控中心实验室内查看和分析新型冠状病毒样本的核酸检测结果（摄影：刘颖）。

闭，宽阔的马路上只有红绿灯还在闪烁，偶尔几只流浪狗耷拉着尾巴沿着马路觅食。在疫情发生之前，又有谁能预见到这个城市现在的模样？但也许正是在这样“战时”的状态下，才能更加深刻地体会到“和平”的可贵。

疫情是一场没有硝烟的战争。在这场战争中，我们国家付出了很多，但我们的目的却只有一个，那就是人民的生命健康。疫情发生后，我见到一批又一批的白衣战士舍小家为大家，面对未知的风险冲锋在前，我们的“战友”中有的人倒下了，但剩下的人从不后退，因为我们心中只有两个字，那就是坚持，坚持就是胜利。当社区人员对我们竖起大拇指喊“你们是英雄”时；当深夜到达孝感入住酒店，酒店经理对我们说“孝感人民感谢你们”时；当许久未联系的老同学得知我在一线，为我加油，以我为傲时……作为一名疾控人，我的责任感和使命感在这一刻变得更强烈，对于工作的成就感和满足感也更加深刻。这一个月里，我听到别人对我说“辛苦了”这三个字可能比我二十几年来听到的次数累加起来还要多。但每次别人对我说“辛苦了”，我总会说“不辛苦”——这是真心话。因为在这场疫情中，没有任何一个人是旁观者，大家都在扮演好自己的角色。如果说辛苦，那大家都很辛苦，即便是只能居家隔离的普通百姓也是如此，而我们作为疾控人，也只是在做着自己的本职工作，又有何辛苦可言？

在这里过的每一天都使我对生活和周围的人们更热爱一些。虽然我的力量微乎其微，能做的事情并不多，但也许做好本职工作，将实验室检测做得更及时、更细致，就是我能为疫情防控，为这千万户家庭所做的贡献。

想到这里，我穿上防护服，带着我的使命感和责任感，走进了实验室，开始了新一天的工作。在战“疫”的前线中，我个人的力量或许很微弱，但我愿意做一缕微弱的晨光。而或许正是这一缕缕晨光汇聚起来，才能形成那温暖的太阳，最终穿过病毒的“疫霾”，成为人们心中的希望。衷心希望疫情早日结束，原本幸福的中国家庭可以重新回到原来的温度，再共同沐浴这黎明的光亮。

孝感实验室检测组　邱小彤

2020 年 2 月 29 日于湖北孝感

（中国疾病预防控制中心传染病预防控制所　邱小彤）

95

坚守岗位，永不退缩

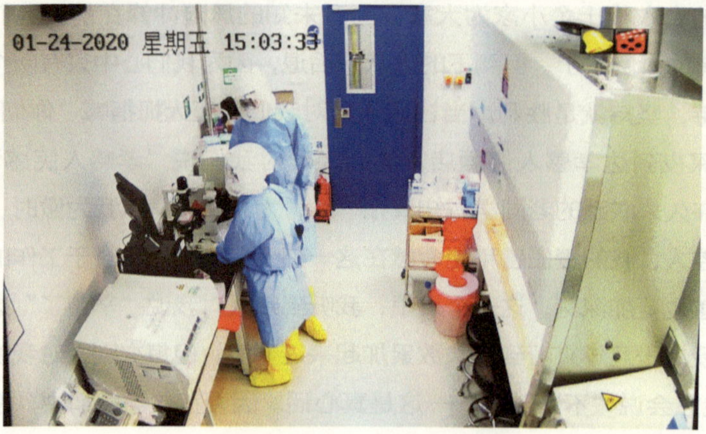

2020 年 1 月 24 日，除夕，中国疾控中心病毒病预防控制所实验室人员（黄保英、叶飞）在 BSL-3 实验室观察新型冠状病毒感染后的细胞病变（摄影：高宏明）。

记得 2019 年最后一天的晚上，我正在陪着孩子在商场儿童游乐园玩耍，等着小家伙玩够了一起回家跨年，这时突然接到了应急任务的电话，我立即打电话给爱人："单位有应急任务，我得马上赶回去，麻烦你来商场接一下孩子吧。"只是没有想到，这匆匆一别便是 40 多天……

从 2019 年 12 月 31 日开始应急准备和演练，到 2020 年 1 月 2 日接到第一批标本，我们对整个实验过程进行了多次充分的模拟，确保程序和细节万无一失。2020 年 1 月 2 日中午，武汉送检第一批标本终于送到病毒病所。我们迅速行动起来，我成为了首批进入生物安全三级实验室核心工作区的队员之一，面对未知的病毒，我内心很平静，因为作为曾经援助塞拉利昂抗击埃博拉疫情的一员，我已有过与世界上烈性病毒之一——埃博拉病毒近距离交手的经验。曾经我们走出国门，帮助西非人民抗击疫情，如今在自己国境内，岂有畏惧退缩的道理？我在大脑中再一次想了一遍实验细节，从容又坚定地与同事开始了检测实验。之后经过3个小时紧凑地奋战，获得了实时荧光定量RT-PCR检测阳性的结果，检测结果显示是一种冠状病毒，顾不上在负压下操作实验数小时的疲劳，我们立即将结果上报。等一系列工作结束以后，拖着疲惫的身体走出实验楼时，东方已经泛白，竟然在不觉间已经过了一夜。

之后的日子过得飞快，我陆续投入到病毒分离、全国各个省首例阳性样本的复核检测、新型冠状病毒疫苗的研制及有效药物验证等一系列工作中。通过大家昼夜奋战，病毒病所成功研制出高特异性PCR检测试剂，5天成功从临床样本中分离病毒，得到了世界卫生组织的高度赞誉。每当自己一次次头顶着朝阳来到实验室，我都充满了力量，手中的移液枪就是我的战斧，方寸实验台就是我的战场，在这场与病毒的战役中，我守住了自己的阵地，并取得了一次次的胜利！

记得有一天，当我还在实验室如往常一样进行着实验，从监控室传来了让我们对着监控摄像头招手的指令，我和同事虽然有些不明所以，但还是招了招手。之后我们俩招手的画面出现在了北京卫视《养生堂》的节目中，原来当天北京卫视来录制节目，并对我们的工作进行了详细的报道。节目播出当天，我收到了很多朋友的消息，有些不算熟悉的人第一次知道了我所从事的工作，大家说得最多的两个词就是“感谢”和“致敬”。当我回看这段视频的时候，想到朋友们的鼓励，不经意间竟然流下了眼泪。我一直认为，作为一名党员，作为一名疾控人，疫情就是命令，责任重于泰山，克服困难，迎难而上，坚守岗

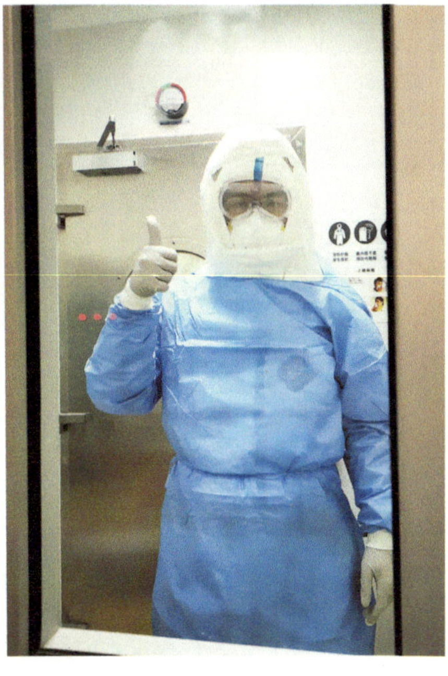

即将进入BSL-3实验室核心区的叶飞（摄影：高宏明）。

位，坚持到底，这些都是我们的本分。没想到，我们的工作得到了那么多人的关注和关爱，我感到十分骄傲和自豪！不忘初心，牢记使命，听党指挥，祖国的需要就是我的选择，这是我来到病毒病所 5 年来，从这支优秀的队伍中学到的最宝贵精神。我想，这也是我们这个社会需要的正能量。

虽然抗击新型冠状病毒疫情的战斗还没有结束，我相信在党中央强有力的领导下，在全国人民的团结下，武汉、湖北、中国一定能够获得胜利，而我们只需要在自己的岗位，做到最好。此刻，我也在心中默默许下心愿，待到胜利时，带着家人和孩子，饱览祖国的大好河山，我想到时候一定春色满神州，到时候再给孩子讲讲在这场疫情中，那些为未来美好生活默默奋斗的人和事！

（中国疾病预防控制中心病毒病预防控制所　叶飞　高宏明）

2020年的“春天”来得比往年更晚一些

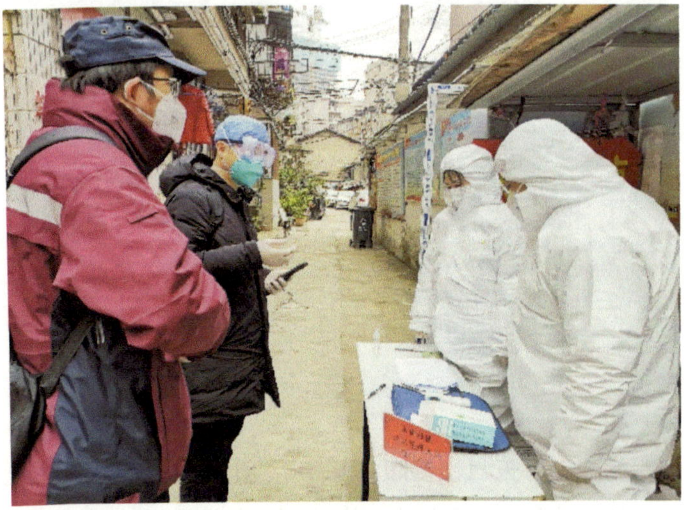

2020年2月8日，在江汉区北湖街道一值守点走访（左一为周何军，左二为尹德卢，右侧两位为下沉干部值守人员）。

武汉这个“冬天”特别冷、特别长。经过全国人民的努力，“冬天”终于要被赶走，“春天”即将来到。

2020年2月7日，来到武汉江汉区时正好是冬天最冷的时候。街道上冷冷清清、空空荡荡，路口偶尔有一两位身着白色防护服、戴着N95口罩和防护眼罩的工作人员在值守。偶尔走过一两个行人，行色匆匆，略带恐慌之色。路上的车很少，显得道路特别宽广。来到社区，只见社区门口被一张桌子拦住，桌子后面的社区工作人员身着隔离服，脸上的口罩完全掩盖不住疲惫的面容。她警惕地望着我们这些不速之客。当我们说明来意后，他们好像看到了救星，顿时滔滔不绝，对我们诉说社区防控的各种艰辛……

2020 年 3 月 10 日，在江汉区万松街道凌云小区访谈（左为社区工作人员，右为周何军）。

一个月后的今天，天气慢慢暖和起来，“春天的信息”慢慢渗入了武汉的每个角落。路上的车开始多起来，为战“疫”的最后胜利提供着坚实的后勤保障。街道上的行人渐渐多起来，他们脸上洋溢着春天的微笑，手上提着大大小小的袋子，为社区群众四处奔忙。路口的值守人员也多了起来，他们脱下了严实的隔离服，但对出入人员进行着更加严格的检测和登记。而变化最为明显的是社区工作人员，他们不再喋喋不休，面对我们的询问，他们应答自如，各项工作进行得井井有条。

武汉的这个“春天”着实来之不易。它离不开街道干部忙碌的身影，离不开社区卫生工作者舍生忘死的工作，离不开下沉干部和志愿者的无私奉献，离不开民警的昼夜值守……当然这里面也有我们社区防控小分队的些许努力。

（中国疾病预防控制中心寄生虫病预防控制所　周何军）

2020 年 2 月 24 日，支援武汉东湖新技术开发区的疾控队员在光谷公共卫生服务中心门前合影（从左至右，前排：中国疾控中心李力，广西壮族自治区疾控中心宫晨，广西壮族自治区玉林市疾控中心李英梅，广西壮族自治区疾控中心陆皓泉，广西壮族自治区梧州市疾控中心陆茂琪；后排：广西壮族自治区防城港市疾控中心李锋华，新疆维吾尔自治区疾控中心王启果，广西壮族自治区疾控中心魏超，中国疾控中心汉锋，中国疾控中心赵冰，中国疾控中心杨振宇）（摄影：周丽君）。

牢记习近平总书记慎终如始、再接再厉、善作善成的要求，支援武汉东湖新技术开发区的疾控队伍全身心投入辖区疫情防控，用好疫情信息快速把握战局，点面结合及时排查风险隐患，出谋划策实施精准防控，倾囊相授，提升各方防控能力，坚决打赢疫情抗击战。

疫情就是命令，防控就是责任。逆行的疾控队伍如何抗击疫情呢？让我们跟随支援东湖高新区 11 名疾控队员的匆匆步伐，看看他们在队长杨振宇同志的带领下，紧张忙碌、平凡又不平凡的一天。

辰时：先计后战

早上 8：30，全队到岗，负责疫情分析的李力和汉锋同志首先通报本区疫情和新病例的基本信息，大家一起分析今天需要重点关注的病例、家庭、社区、企业、特殊场所及机构，确定任务内容，结合队员专长，杨队长迅速做出当天的工作部署。

巳时：踏破铁鞋

杨振宇、陆皓泉、王启果、魏超、赵冰和李锋华同志最早出发，兵分三路前往不同社区，对新发确诊病例、无症状感染者及疑似病例开展现场流行病学调查。深入街道和社区，走街串巷、边访边问，梳理千头万绪，侦察新冠病毒传播的蛛丝马迹。

午时：专心致志

得知患者发病前后可能外出，队员赶紧联系社区保安负责人调取监控录像，分析患者外出规律，全神贯注摸排可疑暴露风险。然而，病毒这个“看不见的厉害对手”行踪极为隐蔽，从数十小时的录像里锁定它的身影，既要靠实力，也要靠运气。目不转睛之下，5~6 个小时很快过去，午饭暂且顾不上吃。

未时：一干二净

返回区疾控，稍事休整。14：30 魏超、陆茂琪同志与东湖新技术开发区疾控中心余建华同志前往消杀场所，对医务人员、护工等开展消毒培训，参与现场消杀，对消杀管理和效果评估进行技术指导，对防控措施落实情况进行巡查督导。

申时：顺藤摸瓜

15：30 接到紧急通知，杨振宇、陆皓泉、李力、李英梅、王启果和汉锋同志与东湖新技术开发区疾控中心吴晓东同志立即出发，对新报告住址相同的多例阳性检测者开展流行病学调查，询问病例健康状况、活动轨迹，调查病例间的家庭关系、工作接触情况，探查引发聚集性感染的危险因素。

酉时：抽丝剥茧

18：00 全队返回东湖新技术开发区疾控中心，立即汇总流行病学调查情况，研究病例社会关系、分析暴露风险，梳理发病时间轴和病毒传播链，绘制聚集性疫情图谱。

针对病例、密切接触者之间存在亲属、老乡、好友、同事等多重社会关系叠加的复杂情况，集思广益提出尽快疏散、分散隔离、加强监测、再次检测、彻底消杀等可行的防控措施。

2020 年 3 月 14 日，东湖新技术开发区疾控中心三楼会议室，支援队与区疾控工作人员聚精会神讨论聚集病例之间的联系（摄影：魏超）。

戌时：披星戴月

20：30 全队坐上公交专线返回驻地，略显疲惫的脸上带着收获的笑容。驻地的保温箱里留着晚饭，正在等待忙碌了一天的疾控人。

（中国疾病预防控制中心性病艾滋病预防控制中心　李力；
广西壮族自治区玉林市疾病预防控制中心　李英梅）

98

是战士，就要上战场

2020 年 3 月 2 日，连怡遥（左一）与工作组一行在梨园医院进行感染控制与消毒风险现场评估（摄影：刘天）。

庚子元日常委会，抗击疫情战鼓擂。

习总书记亲指挥，周密部署要全胜。

疾控青年勇当先，当仁不让我出列。

武汉前线斗冠魔，巾帼决不让须眉。

春节前后，我们一家人每天坐在电视机前关注着疫情的最新信息，武汉已经封城，确诊病例数依旧与日俱增，我心中焦急万分又倍感无奈。全国上下吹响了“支援湖北”“支援武汉”和“抗击疫情”的集结号，作为一名疾控人，2 月 16 日傍晚我收到了国家卫生健康委派人前往武汉援助的通知，

“职责”和“使命”这两个一直在我脑海里萦绕的词再次深入我的灵魂，收到通知的那一瞬间我对这两个词突然有了更加深入的认识，作为“90后”年轻一代的疾控人，我义无反顾地报了名。第二天我们在丁钢强所长的带领下，肩负守护人民群众生命安全的使命，踏上了出发来武汉的列车……出发之前，我还有些紧张忐忑，但是，踏上武汉这个城市的时候，反而踏实了下来。既然来到了战场，就要像战士一样，鼓足勇气，以不破楼兰终不还的决心投入到工作中。

疫情就是命令，防控就是责任。到达武汉当天下午，我被分到了东湖风景区卫生健康办，这是一个生态涵养区，成立也就刚十年的时间，虽一步一景，景色优美，但是部门建设不完善，没有专门的疾控机构，面对突如其来的疫情，更需要我们投入百分之百的精力。

2020年3月6日，连怡遥（右一）与上海市青浦区疾控中心刘天（左一）在曜阳托老所进行防控措施督导和消毒指导（摄影：许宁）。

初到武汉东湖风景区卫生健康办，侯艳红主任为我们介绍了当时的疫情形势和工作需求，我们立马会同当地工作人员梳理工作流程，解决积压问题，迎接新的挑战，工作很快步入正轨，无形之中我们已经融入了大家。我们援鄂工作组和当地工作人员一起对病例和密切接触者进行详细地流行病学调查，一起到医院进行感染控制与消毒风险现场评估，一起到养老机构进行防控措施督导，一起走访西藏中学调查疫情期间学生的健康状况和防控措施，一起到社区指导消毒、到发热门诊做流行病学调查，撰写疫情分析报告、病例调查报告，分析病例传播链，撰写督导方案、应急预案，每天的工作紧张又有序地进行着。我作为工作组的信息员，每天还承担着撰写当日工作简报的任务，填写表格汇报工作量。看着疫情一天天趋于好转，我们也越干越起劲。

在前线是对业务能力的考验，也是加强学习的好机会。我们对病毒、对新冠肺炎疫情的认识是一个循序渐进的过程，国家一版又一版地修改方案，完善政策。我必须督促自己不断学习，学习各种防控方案、诊疗方案、消毒方案及最新的疫情防控政策，工作上才能游刃有余。

出征到现在，一路走来，我被不断温暖和感动着。出征前的动员会上，高福主任感谢我们挺身而出，自己却哽咽了；所里的领导和专家特意从南纬路到昌平园区为我们送行，事无巨细，叮嘱我们一路平安，零感染归来；出发仓促，所里的老师亲自为我们采购生活用品，送到火车站；高铁上列车员为我们送来暖心的茶水，下车列车长带队帮助我们搬运物资。在武汉的日子，家人每天的问候，朋友的支持，给了我精神支撑；科室领导、单位老师隔三岔五的关心，让我越战越勇。由于年龄最小，工作组的老师包括当地的领导工作上关心我，生活上关照我，暴露风险大的工作都会有老师挡在我前面。当地卫生健康办各位工作人员认真负责的处事态度和饱满的工作热情也感染着我。

前线的日子总能让人快速成长。疫情当前，我出列，这既是疾控人的职责和使命，也是对我的考验。站在前线，我成长了许多，第一次经历这么大的疫情，第一次真正明白什么叫坚守和担当，第一次体会到了生命的意义。出发到现在，我做着有生以来最让自己骄傲的事情，这段经历注定让我铭记终生。

武汉是一座英雄的城市，在这个特殊的时期，我奔赴前线，为这座英雄的城市和她英雄的人民贡献自己有限的力量。虽为萤火之光，愿不负国家期望，以铮铮之气照亮暗淡星河。是战士，就要上战场，没有生而英勇，但要选择无畏。我坚信，在三阳开泰的大好时节，一定会唤醒春的芬芳。

（中国疾病预防控制中心营养与健康所　连怡遥）

99

让筛查变得有“温度”

2020 年 2 月 10 日，工作组在常青花园第四社区了解社区排查工作开展情况，书记向我们介绍该社区以楼为单位建群，微信群除了用于居民每日体温打卡外，还成为居民交流的平台，正月十五晚居民自发组织了网上联欢会。

2020 年 2 月 10 日，小雨稀稀落落地飘落下来，为已封城数日的武汉又增添了几分清冷的感觉。

这一天也是我作为一名驰援工作者，来这里工作的第五天。此次驰援是由国家卫生健康委基层司领导牵头带队，总共 26 人、每两人一组分别在武汉 13 个区县协助当地强化社区疫情防控工作。我作为中国疾控中心的一员，与另外一位长期从事基层工作的同志组成一个小组驻扎东西湖区，共同帮助当地把住社区关口，尽早发现传染源头。

到今天，我和搭档已经走访了东西湖区的 6 个街道和社区、3 个卫生院，以及 2 个隔离点。而今天天气虽冷，但我发现，社区的筛查工作却变得越来越有“温度”。

首先是大家的责任心很强。在我走访的几个地方，我都深刻地感受到当地的社区排查人员所做的事情早已不只是为了完成一项工作，而是设身处地为当地居民的健康和生活着想。面对居民提出的各式各样的问题，他们都愿意耐心解答，消除大家的疑虑和紧张。

在责任到人方面，李家墩社区就是一个很好的典范。社区制定了排查分工表，近 4 000 户居民被分为 14 个小网格，每个网格包括 1 名网格员、1 名下沉党员和 1~3 名志愿者，这为实现“不落一户、不漏一人”的排查目标打下了坚实的基础，也让当地居民感觉到放心、有依靠。

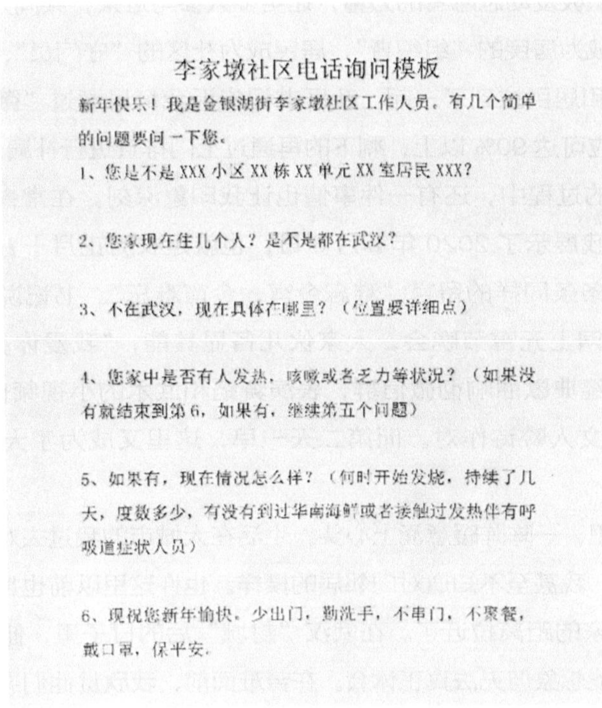

李家墩社区电话询问模板

新年快乐！我是金银湖街李家墩社区工作人员，有几个简单的问题要问一下您。

1、您是不是 XXX 小区 XX 栋 XX 单元 XX 室居民 XXX?

2、您家现在住几个人？是不是都在武汉？

3、不在武汉，现在具体在哪里？（位置要详细点）

4、您家中是否有人发热，咳嗽或者乏力等状况？（如果没有就结束到第 6，如果有，继续第五个问题）

5、如果有，现在情况怎么样？（何时开始发烧，持续了几天，度数多少，有没有到过华南海鲜或者接触过发热伴有呼吸道症状人员）

6、现祝您新年愉快。少出门，勤洗手，不串门，不聚餐，戴口罩，保平安.

2020 年 2 月 10 日，工作组在李家墩社区了解到该社区制定了电话询问模板，并给志愿者进行培训，统一了问询标准。

其次是工作方法更加的细化，社区制定了电话询问模板，问询标准统一。社区的工作人员告诉我，由于这次排查工作时间紧、任务重，很多人又没有太多医学背景，为了让排查工作更加科学规范、防止表述错误、有歧义，他们从一开始就制定了标准的电话询问模板，保证在问询的时候做到准确、清晰。与此同时，他们还特别注意问询时的语气、语调。他们说，这个阶段，每一个居民都有心理压力，开展询问工作时，多一份对居民的理解，多说一句“麻烦了”“打扰了”“谢谢支持”，就能换回一份理解和支持。

而这样“暖”的工作方法不仅是在电话问询时使用，在回应社区居民提出的各式各样疑问时也同样在做要求。疫情时期，社区居民自身会有一些实际的困难和担心。比如有的居民特别紧张，虽然没有被感染，却整日提心吊胆，甚至每天都会咨询自己的情况。而社区的工作人员针对居民的各种疑问及时总结，整理汇总，也提出了一套标准的回答方式。

再次是积极发动志愿者的力量，让更多人参与进来，共同开展防疫排查工作。社区成为居民的“组织者”，居民成为社区的“守门员”，这种互助的模式把社区和居民拉到了一起。社区书记告诉我每日通过“微信 + 电话双打卡”的响应可达 90% 以上，剩下的再通过上门排查进行补漏。

在走访的过程中，还有一件事情也让我印象深刻。在常青花园第四社区，书记给我展示了 2020 年 2 月 8 日，也就是农历正月十五晚来自居民微信群的一条条同样的留言“难忘今宵，今宵难忘”。书记说当晚大家伙自发办起了网上元宵节晚会，大家伙儿各显其能，“我爱你，中国”“难忘今宵”等经典歌曲响彻微信群，表演舞蹈和武术的小视频也别出心裁，还有社区的文人吟诗作对。而第二天一早，这里又成为了大家测体温打卡的平台。

写到这里，一阵阵暖意涌上心头，生活在大城市的我过去对于社区的概念是模糊的，我甚至不知道对门邻居的模样。也许这里以前也是这样，但一场疫情把大家的距离拉近了。在武汉“封城”后的日子里，他们经历了什么，我们只能想象但无法真正体会。在苦难面前，我欣赏他们这种勇气和乐观，我真心希望“快乐防疫”的观念可以传递给更多的人，社区的防疫工作可以，也应该做到有“温度”。

在写完这篇日记的时候，东西湖区指挥部社区组的工作人员给我发来微信，指挥部对我们今天的工作建议很重视，已经向各街道下发了重要事项督办单，并感谢我们的工作。这种肯定是对我们工作最大的支持，有这样的上下一心，我对早日战胜疫情有了更大的信心。

（中国疾病预防控制中心结核病预防控制中心　王倪）

100

致敬最美战“疫”疾控者：深夜的守候，晨起的约定

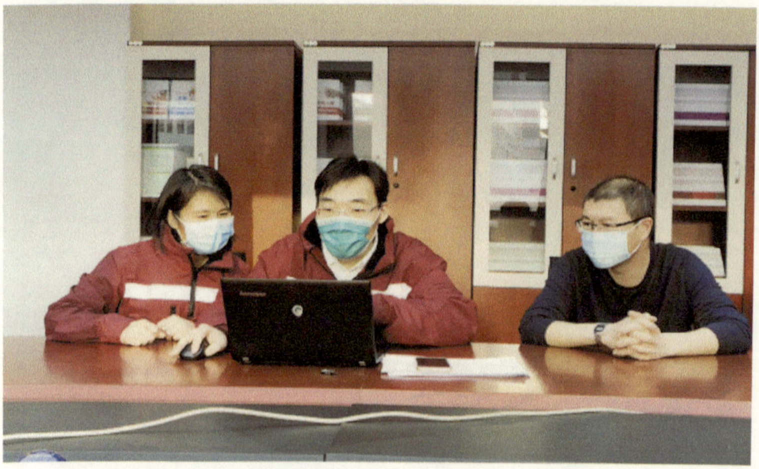

王亚丽、马超、赵自雄在讨论“每日疫情早报”内容。

新冠肺炎疫情发生以来，整个中国疾控中心立即行动起来。既在“后方”夜以继日制定各种指南、方案等提供技术支持，又相继奔赴武汉抗击新冠肺炎战“疫”的“一线”。免疫规划中心马超副研究员从2020年1月21日开始就加入了中心新冠肺炎疫情一级响应防控技术组这个“后方”，整个春节都是在夜以继日地起草新冠肺炎防控的各种指南和方案中度过的。与此同时，卫生应急中心的王亚丽研究员，1月25日（大年初一）就收拾行囊奔赴武汉“一线”；2月21日，马超和信息中心赵自雄副研究员也同时接到奔赴武汉的指令。他们共同顺应疾控人的初心使命，践行着最美逆行，在国家卫生健康委前线指挥部防控组的疫情分析组，三人组成撰写“每日疫情早报”团队。

从2020年1月27日开始，“每日疫情早报”一直由王亚丽研究员负责。她的作息随疫情而变，每天夜里收集整理相关数据和信息，凌晨2点

多稍事休息，4：30准时起床继续分析当日疫情并撰写早报，只为每天早上7：00将当日早报准时上报指挥部。随着防控工作的深入，撰写早报的工作量不断增加，马超、赵自雄的加入充实了这个团队的力量。分析这个团队的工作特点，可用“深夜、晨起、餐前”三个关键词概括，并有着“准确、繁重、求实”这三个属性。

“深夜”守候。“每日疫情早报”团队成员的工作特点，是日出而作、日落不息。他们白天要完成既定的新冠肺炎疫情现场调查调研、数据分析和专题讨论等工作任务，更要抓紧时间养精蓄锐，守候到夜里零点继续开工。之所以必须等到深夜，是因为每天通报的疫情数字是前一日截至24时，他们必须等传染病疫情网络直报信息系统在24时数据报告截止后，才能下载数据库进行分析。也只有这时，才能收到防控组各工作队的进展信息，以进行汇总整理。每个深夜，武汉市疾控中心大楼里总有一盏灯，留给这个团队。

“晨起”校对。“每日疫情早报”反映的是武汉、湖北乃至全国新冠肺炎疫情的最新进展，内容既不能缺项，又必须保证精准。这个团队在完成初稿撰写后，清晨要提交组长罗会明主任医师和国家卫生健康委疾控局张树彬副处长、雷正龙副局长审核校对。这个过程是个拉锯战，因为要多轮次地修改，甚至为了一个数字反复打电话核对、确认无误。这个过程更是个闪电战，因为早晨的时间有限，所有校对、核实、修改工作都必须一小时内完成。

“餐前”报告。“每日疫情早报”的核心功能，是将报告每天早上7：00准时上报给中央指导组和国家卫生健康委负责同志，作为指挥部领导早餐之前的“餐前报告”，供其及时准确了解新冠肺炎防控工作进展，为及时调整防控策略和出台相关政策措施提供科学依据。里面一些疫情数字，更是要在早上迅速公开通报全国。

“每日疫情早报”的重要作用，决定了这个团队的工作，有以下三个属性。

严把准确关。“喂，是××疾控中心的××吗？你们上报的这个数据，能否再核实一下？”“喂，是××流调队吗？这个重点病例的流调结论不太清晰，麻烦再看看个案调查表，梳理一下……”夜里两点多，王亚丽研究员、马超副研究员和赵自雄副研究员相继拨通身在湖北省疾控中心同事及武汉市不同县区流行病学调查队员的电话，追问疫情分析中的任何疑点。因为准确、严谨是他们的至高信念，这是要把好的第一道关。

工作量繁重。来到武汉之初，“每日疫情早报”的内容只有单一的疫情流行病学“三间分布”信息。随着疫情防控工作的深入和疫情形势的演变，内容涵盖了疫情数字、流行病学特征分析、核酸检测、疫情趋势预测、专题分析、防控工作进展等，内容和体量不断增大，内含十多幅图、12 张简表，力图全方位、多角度呈现新冠肺炎疫情防控的最新进展与形势。其工作量是非常繁重的，况且要在每日后半夜完成。这个团队自始至终需要保持昂扬的战斗精神，确保每日早报都高质量完成。

严谨求实证。在撰写早报和分析数据过程中发现的任何问题，这个团队都不会放过，必须实地调查和走访调研，获得一手信息、求得实证。刚刚来到武汉，赵自雄副研究员就先后三次到黄冈、孝感等地区，现场核实新冠肺炎病例的报告情况。马超副研究员根据发现的解除隔离后复检核酸阳性的情况，和同事们深入武汉市相关区进行实地调查。此外，他还对武汉市新冠肺炎病例的核酸检测、密切接触者管理的数据库严谨地进行专题分析，从数据中总结信息并提出建议。

马超在武汉市黄陂区开展新冠肺炎防控的密切接触者管理调查。

从 2020 年 1 月 27 日算起，至 4 月底，这个团队已撰写“每日疫情早报”88 份，每一份都是深夜守候，晨起完成。这一份份早报，记录了全国、湖北、武汉抗击新冠肺炎主战役的过程，见证了武汉从疫情的黑夜迎来天明；记载了从“形势极其严峻”到“积极向好”，再到“取得决定性成果”，用数字铺就迎来全国新冠肺炎疫情防控阻击战决定性胜利的历程。

（中国疾病预防控制中心　马超）

版权所有，侵权必究！

图书在版编目（CIP）数据

致敬最美战“疫”疾控者 / 中国疾病预防控制中心，人民卫生出版社组织编写；高福，李新华主编．—北京：人民卫生出版社，2020.6（2023.9 重印）
（白衣执甲 逆行出征：致敬最美战“疫”医务工作者丛书）
ISBN 978-7-117-30098-8

Ⅰ.①致… Ⅱ.①中… ②人… ③高… ④李… Ⅲ.①医药卫生人员 – 先进事迹 – 中国 – 现代 Ⅳ.①K826.2

中国版本图书馆 CIP 数据核字（2020）第 106465 号

人卫智网	www.ipmph.com	医学教育、学术、考试、健康，购书智慧智能综合服务平台
人卫官网	www.pmph.com	人卫官方资讯发布平台

致敬最美战“疫”疾控者
Zhijing Zui Mei Zhan “Yi” Jikong Zhe

组织编写：中国疾病预防控制中心 人民卫生出版社
主　　编：高　福　李新华
出版发行：人民卫生出版社（中继线 010-59780011）
地　　址：北京市朝阳区潘家园南里 19 号
邮　　编：100021
E - mail：pmph @ pmph.com
购书热线：010-59787592　010-59787584　010-65264830
印　　刷：北京建宏印刷有限公司印刷
经　　销：新华书店
开　　本：710 × 1000　1/16　印张：24
字　　数：380 千字
版　　次：2020 年 6 月第 1 版
印　　次：2023 年 9 月第 1 版第 5 次印刷
标准书号：ISBN 978-7-117-30098-8
定　　价：96.00 元
打击盗版举报电话：010-59787491　E-mail：WQ @ pmph.com
质量问题联系电话：010-59787234　E-mail：zhiliang @ pmph.com